PEDRO HESPANHA | SÍLVIA PORTUGAL
CLÁUDIA NOGUEIRA | JOSÉ MORGADO PEREIRA
MARIA JOSÉ HESPANHA

Doença Mental, Instituições e Famílias

Os desafios da desinstitucionalização em Portugal

DOENÇA MENTAL, INSTITUIÇÕES E FAMÍLIAS
OS DESAFIOS DA DESINSTITUCIONALIZAÇÃO EM PORTUGAL

AUTORES
Pedro Hespanha | Sílvia Portugal | Cláudia Nogueira | José Morgado Pereira
Maria José Hespanha

REVISÃO
Victor Ferreira

EDITOR
EDIÇÕES ALMEDINA, S.A.
Rua Fernandes Tomás, n.os 76, 78 e 80 – 3000-167 Coimbra
Tel.: 239 851 904 · Fax: 239 851 901
www.almedina.net · editora@almedina.net

DESIGN DE CAPA
FBA.

PAGINAÇÃO
Jorge Sêco

IMPRESSÃO E ACABAMENTO
PAPELMUNDE, SMG, LDA.
Vila Nova de Famalicão

Outubro, 2012

DEPÓSITO LEGAL
349968/12

GRUPOALMEDINA

BIBLIOTECA NACIONAL DE PORTUGAL – CATALOGAÇÃO NA PUBLICAÇÃO

DOENÇA MENTAL, INSTITUIÇÕES E FAMÍLIAS

Doença Mental, Instituições e Famílias: Os desafios da desinstitucionalização em Portugal
Pedro Hespanha... [et al.]. – (CES: políticas sociais)
ISBN 978-972-40-4925-0

I - HESPANHA, Pedro, 1946-

CDU 616
614

ÍNDICE

Lista de quadros

AGRADECIMENTOS

Este livro é o resultado de um projeto de investigação financiado pela Fundação para a Ciência e Tecnologia[1] e, sendo esta a instituição que nos concedeu os recursos para avançarmos com o projeto, é a ela que devemos o nosso primeiro agradecimento.

Ao longo da sua realização, muitas foram as instituições e as pessoas cuja ajuda foi decisiva para o nosso trabalho e a quem queremos também aqui manifestar o nosso reconhecimento. Mencioná-las-emos sem preocupação de hierarquizar a importância do seu contributo, aliás sempre difícil de medir, antes seguindo a ordem em que elas foram surgindo no curso da investigação.

O Conselho de Administração e a Direção Clínica do Hospital Psiquiátrico Sobral Cid (como à altura era designada esta instituição) foram decisivos, pela sua compreensão e acolhimento, para a opção que tomáramos de realizar o estudo junto da população utente de uma instituição psiquiátrica com internamento, clínica de casos agudos e ambulatório. Dentro do Hospital, a referenciação de doentes e a mediação de contactos beneficiou muito da colaboração dos Coordenadores dos Serviços da Clínica Feminina (Dr. José Cunha Oliveira) e de Clínica Masculina (Dr. Joaquim Matos Cabeças) e do Hospital de Dia (Dra. Luísa Rosa). Muitos outros profissionais, com funções diretivas ou não, foram igualmente preciosos na informação, esclarecimento e mediação que nos proporcionaram. Da parte das pessoas que utilizavam os serviços do Hospital como doentes ou familiares recebemos bem mais do que esperávamos e do que poderíamos retribuir, constituindo os testemunhos e relatos de experiência que delas recolhemos um material riquíssimo de reflexão e de questionamento.

Ainda no Hospital, contámos com a colaboração de alunas nossas que se disponibilizaram a estagiar em serviços estratégicos para o estudo e a enriquecê-lo com os resultados da sua observação discreta mas permanente – foi o caso da

[1] FCT PTDC/SDE/65653/2006.

Bárbara Rodrigues e da Marta Rodrigues – ou que participaram no projeto como bolseiras de investigação – foi o caso da Sara Rocha e da Filipa Queirós – e, mais tarde, como assistentes de investigação – foi o caso da Catarina Medeiros e da Nélia Nobre. Todas elas constituíram uma ajuda preciosa para o estudo e são, por isso, credoras da nossa gratidão.

De outras pessoas, com estatutos diversos e em diferentes fases do projeto, beneficiámos muito da partilha do seu conhecimento e da sua experiência, bem como das observações pertinentes que foram fazendo à nossa aproximação ao terreno. Referiremos apenas uma: Carlos Araújo, fundador da "VIME", uma associação de familiares de pessoas com doença mental. Saudamos todos os profissionais, técnicos e dirigentes associativos que aceitaram ser entrevistados.

Por último, mas não menos importante, um agradecimento às pessoas com diagnósticos de doença mental, seus familiares e outros elementos das suas redes – amigos, colegas e vizinhos – que aceitaram confiar-nos uma parte das suas histórias e da sua experiência de vida, apesar das dificuldades e do dramatismo de que estas se rodeiam. A confiança que nos foi concedida é um dos recursos mais inestimáveis deste trabalho.

INTRODUÇÃO

A doença mental é um dos temas que mais interpela as sociedades quanto à sua capacidade de lidar com a diferença e com o incomum, de integrar e cuidar das pessoas dependentes, de se organizar para minorar o sofrimento dessas pessoas e das suas famílias. Por isso, tem constituído desde sempre um objeto de estudo preferencial para as ciências sociais, associado às mais diversas problemáticas, desde a da integração e do desvio social até à da distinção entre normal e patológico ou entre biológico e social ou desde a das crenças e mitos sobre a doença, sobre curadores e sobre a cura até à das representações sociais e dos processos de rotulagem e estigmatização.

Mesmo na atualidade, em que recursos tão vultuosos são disponibilizados para superar as limitações humanas, a doença mental continua a ser um problema não resolvido, uma prioridade secundária para os decisores e uma fonte de sofrimento social e de marginalização. Muito para além da dor física e das dependências, a doença mental é uma fonte de sofrimento social pois o mal-estar que traz para as pessoas que dela sofrem e para os seus familiares próximos resulta, em grande parte, da discriminação e da estigmatização social que lhe estão associadas. Em proporção escandalosa, quem sofre de doença mental grave continua ainda a ser excluído dos direitos fundamentais da cidadania e de padrões de vida minimamente dignos, para além de ser privado de participar nas decisões que afetam a sua vida pela simples razão de que se generalizou a ideia de que essas pessoas não podem assumir quaisquer responsabilidades.

A filosofia da desinstitucionalização das pessoas com doença mental defende o fim do seu confinamento ao espaço das instituições psiquiátricas e é hoje defendida com bons argumentos, quer de princípio, quer baseados na evidência empírica. Fora dos hospitais psiquiátricos, o risco de isolamento e de estigma é muito mais reduzido. As pessoas permanecem no seu meio conhecido, as suas famílias não perdem o contacto com elas e a comunidade é mais tolerante e compreensiva. Por outro lado, onde existem serviços de apoio na comunidade, o acompanhamento torna-se mais eficaz e os casos agudos de doença podem ser encaminhados para os hospitais gerais nas melhores condições. As pessoas com doença mental e as suas famílias podem beneficiar de um conjunto de apoios em consultas, psicoterapias e terapias ocupacionais, reabilitação e mesmo de suporte residencial para os casos que dele necessitem.

Este livro resulta de um projeto de investigação que se centra nestas questões e visa conhecer melhor as relações que se estabelecem entre as instituições de saúde e os cidadãos, procurando identificar os agentes de produção de cuidados e os respetivos modos de ação. Ao mesmo tempo, propõe-se traçar a evolução das políticas de saúde mental em Portugal, identificando os seus pressupostos e os resultados a que chegaram, com vista a avaliar o impacto que a desinstitucionalização teve nos serviços de saúde mental e também nas pessoas com doença mental e nas suas famílias, bem como o modo como se articulam os cuidados formais e informais de saúde mental.

Tanto a pertinência quanto a oportunidade do tema são indiscutíveis decorridos quase cinquenta anos sobre a primeira legislação desinstitucionalizadora em Portugal e num momento, como o atual, em que uma nova tentativa de repor essa filosofia parece estar presa, de novo, em dificuldades e impasses.

O processo de desinstitucionalização psiquiátrica

A construção de instituições psiquiátricas ao longo do século XIX obedeceu a imperativos humanitários e permitiu retirar de prisões, cárceres privados ou do simples abandono um grande número de pessoas com doença mental. Muitos desses pacientes tinham também problemas de pobreza e má nutrição, doenças infecciosas e parasitárias, passando a ser tratados medicamente e com uma compreensão e tolerância muito maiores do que no meio ambiente de onde provinham. Até meados do século XX, um número de admissões elevado era encarado como sinal de eficiência. O asilo (depois renomeado hospital) foi, assim, durante muito tempo a solução para o problema da doença mental. As suas principais funções eram oferecer custódia e proteção, tratamento e socialização. Protegia a sociedade de pessoas que podiam oferecer perigo para as outras e também para si próprias, protegendo essas pessoas vulneráveis da exploração de terceiros. Além do tratamento, a socialização visava restituir aos internados a capacidade de fazer uma vida normal.

Os hospitais foram crescendo em número, e também aumentou o número de pacientes, tornando-se para os finais do século XIX superlotados e desumanizados. Não era fácil combinar funções de asilo e proteção para os mais vulneráveis com a contenção dos potencialmente perigosos, na ausência de meios terapêuticos eficazes e com recursos clínicos e financeiros muito limitados.

Apesar de desenvolvimentos como as terapêuticas ocupacionais e o sistema de *open-door*, a população internada continuou a aumentar. Só depois da segunda grande guerra se começaram a desenvolver comunidades terapêuticas, a valorizar decisões tomadas em reuniões com os internados e o funcionamento grupal, traduzindo um respeito diferente pela pessoa. Na década de 1960, surgem mudanças mais drásticas embora com grandes variações de país para país. As preocupações do seguimento pós-alta já se tinham desenvolvido na década de 1930, mas agora é a ideia de cuidados alternativos que surge, tentando-se evitar a hospitalização. Começa a falar-se de "serviços de saúde mental", em que o hospital é apenas um elemento entre outros: clínicas, hospitais de dia, clubes de doentes e unidades extra-hospitalares de pós-cura. Também surgem programas educacionais envolvendo clínicos gerais, professores, religiosos, empregadores, etc. Os hospitais psiquiátricos tornam-se mais pequenos e mais dinâmicos. Nos Estados Unidos surgem os centros comunitários de saúde mental (1963), com financiamento federal, com preocupações de defesa dos direitos cívicos, com entusiasmo e com idealismo. Em França, faz caminho a ideia de "sectorização", que se torna ideologia oficial. Nesta perspetiva, uma equipa multidisciplinar passa a ser responsável pelas questões de saúde mental de uma determinada área geodemográfica.

Significativamente, na década de 1960, a população dos hospitais psiquiátricos tinha começado a decrescer nos países industrializados. O sucesso dos psicofármacos, o êxito de programas terapêuticos mais ativos, o desenvolvimento de práticas comunitárias de acompanhamento, a relutância em fazer admissões contra a vontade dos pacientes são razões que acabaram por se conjugar. Mas houve também razões economicistas: os hospitais podiam ser substituídos porque estatisticamente se verificava um declínio continuado e constante da sua população, conseguindo-se assim efetuar cortes importantes na despesa pública. Nos Estados Unidos, onde a desinstitucionalização foi mais radical, houve uma clara conjugação de aspetos ideológicos (os profissionais achavam que os cuidados comunitários seriam melhores para os doentes), cívicos (os seus defensores queriam dar direitos e liberdade aos doentes mentais) e económicos (governos e políticos achavam que os cuidados comunitários eram mais baratos). Relembre-se que são também da década de 1960 os primeiros códigos dos direitos dos doentes: acabar com o paternalismo, informar os pacientes, afirmar o direito a dispor do próprio corpo e o direito ao consentimento informado.

Ora o paternalismo foi especialmente evidente em psiquiatria, compreendendo-se pois a convicção de que a emancipação dos doentes mentais devia começar pela libertação do hospital psiquiátrico. Abrir os hospitais psiquiátricos e integrar o doente na sociedade era a única maneira de não o marginalizar e respeitar os seus direitos como cidadão.

No entanto, a chamada psiquiatria comunitária deve significar muito mais do que a mera transferência de atividade dos hospitais psiquiátricos. Como ideologia, tem sido capaz de encorajar o desenvolvimento de um largo espectro de serviços – do hospital até aos cuidados primários. Em termos gerais, talvez não haja atualmente alternativas aos seus princípios básicos, embora haja diferentes interpretações da política a adotar e enorme variação na forma de a implementar de país para país e, às vezes, até de região para região. Leona Bachrach (1976) define desinstitucionalização sucintamente como «contração dos *settings* institucionais tradicionais, com a concorrente expansão de serviços centrados na comunidade». Outro componente essencial é a prevenção de admissões hospitalares inapropriadas. Uma distinção fundamental é entre asilo como instituição e asilo como função: esta não está necessariamente relacionada com uma instituição definida e é componente essencial de qualquer organização de serviços de saúde mental (Wing, 1990). Como já foi referido, o reconhecimento do institucionalismo contribuiu poderosamente para a criação de um conjunto de serviços diversificados acreditando os profissionais que a «saúde mental comunitária é a mais efetiva e humana forma de cuidar da maioria das pessoas mentalmente doentes» (Bachrach, 1976).

Numa revisão do tema, Thornicroft e Bebbington (1989) apontam os riscos de uma desinstitucionalização mal implementada: doentes em risco constante proveniente de isolamento, segregação, ausência de tratamento, admissões recorrentes, doentes negligenciados, hipóteses de se tornarem sem-abrigo e objeto de reinstitucionalização. Se forem bem organizados e apoiados, os cuidados podem melhorar a qualidade de vida dos doentes mentais, mas será necessário providenciar continuadamente asilo para os mais incapacitados. Os autores enfatizam que os cuidados comunitários não são mais baratos do que os institucionais e serão até mais onerosos no período de transição. Os serviços só poderão dar a sua melhor resposta quando as estruturas administrativas e financeiras integrarem os serviços locais num programa coordenado de cuidados.

Nos Estados Unidos, a dimensão da desinstitucionalização é revelada por números: em 1955 havia 559 mil pessoas nos hospitais estatais numa população de 165 milhões, em 1993 havia cerca de 103 mil numa população de

248 milhões. Para Richard Lamb (1993), o balanço é simultaneamente positivo e negativo. Muitos doentes conseguiram alcançar níveis de independência e habilitação profissional que lhes permitiram recuperar a sua identidade e a autonomia individual. Mas muitos outros não foram bem apoiados neste processo, ficando entregues a si próprios: dificuldades de abrigo e trabalho, alterações graves do comportamento, adição a álcool ou drogas, recusa de tratamento, marginalização social, dificuldade em ser hospitalizado por falta de colaboração e por falta de lugares onde ser admitido. Principalmente nos Estados Unidos, o peso da desinstitucionalização acabou muitas vezes por cair em cima das famílias e é considerada por muitos comentadores um desastre humanitário (Torrey, 1989).

Com a experiência adquirida, considera-se que é indispensável assegurar a criação de um conjunto de respostas às necessidades fundamentais: a) número adequado de recursos comunitários habitacionais de variados tipos; b) serviços psiquiátricos e serviços reabilitativos adequados e acessíveis; c) serviços ou unidades de crise acessíveis; e d) um sistema responsável pelos doentes mentais crónicos a viver na comunidade, para assegurar que cada paciente tem um técnico de saúde mental responsável pela avaliação médica e psiquiátrica, capaz de formular com o paciente um tratamento individualizado e um plano reabilitativo, incluindo farmacoterapia, monitorização do doente e assistência na resolução de problemas.

Acrescente-se que alguns doentes não podem efetivamente ser tratados na comunidade e, nas palavras de Richard Lamb, «tratar não é uma questão ideológica, é uma decisão baseada nas necessidades clínicas individuais» (Lamb, 1993). A abrangência de cada programa individual deve ter em conta o princípio da continuidade de cuidados, garantia de unificação de todo o processo de cuidar.

Há novos desafios criados pela evolução das formas de cuidar os doentes mentais. Dois dos mais importantes desafios são a realidade dos doentes mentais sem abrigo, e a criminalização do comportamento dos doentes – uma espécie de desvio para o sistema da justiça criminal a partir do sistema de saúde mental. Tais realidades correspondem a autênticas falências do sistema público de saúde mental, assim como a dificuldade de admissão em unidades de internamento hospitalar. Curiosamente, a nova geração de doentes mentais crónicos sem-abrigo tende a ser jovem e constituída por pessoas que nunca foram institucionalizadas e que não aceitam facilmente o internamento ou tratamento.

Em Portugal, a Lei de Saúde Mental (de 1998) enumera os direitos fundamentais dos doentes e determina que a prestação de cuidados seja promovida prioritariamente ao nível da comunidade. Os serviços locais, sendo a base do sistema nacional de saúde mental, devem funcionar de forma integrada e em estreita articulação com os centros de saúde e demais serviços e estabelecimentos de saúde. São ainda valorizadas unidades de reabilitação, estruturas residenciais para doentes de evolução prolongada e estruturas para formação e reinserção profissional.

Ainda em 1998, foram publicadas orientações reguladoras da intervenção articulada do apoio social e dos cuidados de saúde continuados dirigidos às pessoas em situação de dependência, definindo-se respostas sócio-ocupacionais e residenciais com três tipos de unidades.

A verdade é que não foram criados serviços locais de saúde mental, as unidades de reabilitação são escassas, as respostas sócio-ocupacionais e residenciais muito insuficientes e também não se conhecem projetos para esta área. Em 2005, foi anunciado de forma sensacionalista, pelos órgãos de informação, o encerramento de vários hospitais psiquiátricos sem que fossem definidos serviços alternativos de cuidados. Como é frequente em Portugal, existe legislação muitas vezes vanguardista mas que não é aplicada. Os Hospitais Psiquiátricos têm evoluído lentamente mas, de modo geral, no sentido de diferenciação e mudança (diminuição de doentes institucionalizados, diversidade terapêutica, hospitais de dia, serviços de reabilitação, etc.). Os recursos técnicos de que atualmente dispõem tornam-nos dificilmente substituíveis a curto prazo. A crise continuada do modelo ou caminho a adotar coloca todo o sistema de saúde mental em posição defensiva, sempre subfinanciado e com as necessárias reformas sucessivamente adiadas.

Os cuidados informais: a família e as redes sociais

A ineficácia das respostas institucionais obriga, hoje, a olhar com mais atenção para outras esferas de produção de cuidados, nomeadamente a família. Os anos dourados do Estado-Providência arrastaram consigo a ideia do "declínio da família". A desintegração dos laços de parentesco e a perda de importância da família alargada como unidade económica e providencial foi vista, muitas vezes, como uma condição estrutural dos modelos de desenvolvimento económico das sociedades modernas. No entanto, muitos foram os estudos que, desde a década de 1960, se interrogaram sobre o papel das relações de parentesco no funcionamento da família moderna. Longe de confirmarem a ideia da rutura entre a família conjugal e os seus parentes em linha vertical e horizontal, a maioria dos estudos empíricos afirma exatamente o contrário. Em Portugal, uma revisão dos trabalhos sobre esta matéria permite sublinhar três traços fundamentais: a importância das solidariedades familiares na produção de bem-estar; a persistência de sentimentos muito fortes de obrigação familiar; o papel crucial das mulheres no trabalho de cuidado. Em primeiro lugar, as pesquisas salientam a abertura do grupo doméstico ao exterior e a existência de extensas trocas materiais e afetivas entre família conjugal e rede de parentesco. Quer se fale de "rede de relações extradomésticas" (Pina Cabral, 2003: 120), de "rede de trocas informal" (Almeida, 1993: 109), de "cultura familiar de solidariedade" (Wall, 1998: 66), de "vicinalidades" (Pina Cabral, 1991: 185) ou de "redes de solidariedade horizontais" (Pereira, G. M., 1995: 111), a investigação sobre a família no nosso país aponta para a existência de uma forte proximidade geográfica e emocional entre diferentes grupos domésticos e para o papel fundamental dos laços de parentesco na proteção social.

Os estudos mostram, também, que as solidariedades familiares estão ancoradas em sentimentos de obrigação familiar muito fortes. Nas comunidades rurais ou urbanas persiste «uma norma cultural que preconiza o mútuo auxílio entre parentes próximos» (Wall, 1998: 329). Os valores familistas marcam profundamente as relações sociais no nosso país (Portugal, 2006), enraizados nas representações e práticas dos indivíduos e, também, no enquadramento jurídico que rege as relações familiares. É impossível ignorar, ainda hoje, a importância da herança da ideologia ruralista e familista do Estado Novo neste domínio. O Código Civil de 1966 consagrava a figura do chefe de família e proclamava obrigações muito estritas não só para a família nuclear, mas também para um leque mais vasto de parentes. As obrigações de sustento e apoio eram devidas não apenas entre pais e filhos, mas também para com avós, tios e sobrinhos. Lei e ideologia alimentam a ideia de que a família tem que contar com os seus próprios recursos para fazer face aos problemas. As alterações ao Código Civil introduzidas em 1977 acabaram com a figura do chefe de família, estabeleceram a igualdade entre homens e mulheres, estabeleceram o reconhecimento dos filhos fora do casamento, mas mantiveram a consagração das obrigações entre pais e filhos, permanecendo de uma forma bastante vincada a ideia de pais e filhos se deverem auxílio mútuo (artigo 1874.º, nº. 1).

Deste modo, as obrigações familiares continuam consagradas nas leis fundamentais que regem os cidadãos e continuam, também, a persistir nos valores que regulam as relações familiares. Todos os inquéritos aos valores que têm sido realizados em Portugal apontam neste sentido. O laço de sangue impõe-se como um dado natural com um valor normativo muito forte. Quer se fale do conjunto da população ou dos grupos etários mais jovens, persiste a ideia de que os pais têm obrigação de cuidar dos filhos, e os filhos têm obrigação de cuidar dos pais (Vasconcelos, 1998; Almeida, 2003).

Se as normas sobre a obrigação de cuidar são interiorizadas por todos, o trabalho parece, no entanto, ser assumido pelas mulheres. Todos os estudos realizados em Portugal revelam enormes desigualdades na repartição do trabalho não remunerado no interior da família. Teresa Joaquim demonstra como todo este trabalho feminino de cuidar dos outros constitui «um sistema não oficial de saúde» (Joaquim, 2000: 19). A autora mostra como as socializações diferenciadas de homens e mulheres e as noções diversas de cuidado de si e dos outros, de saúde e de doença, de morte, de vida e de dor, por um lado, explicam a responsabilidade feminina pelas práticas quotidianas de cuidar dos outros e, por outro, a resistência masculina em assumir essas práticas, exceto quando exercidas num contexto profissional. Deste modo, os cuidados de saúde inscrevem-se, para as mulheres, num quadro mais amplo de prestação de cuidados dos "vulneráveis": os doentes, mas também, as crianças e os idosos.

No entanto, face às atuais mudanças sociais, económicas e demográficas, cada vez são maiores os limites impostos à ação das solidariedades familiares. Dados como o crescente ingresso das mulheres no mercado de trabalho, a baixa da fecundidade e consequente diminuição da dimensão da família, o aumento da esperança de vida e o envelhecimento demográfico são alguns dos factos que obrigam a (re)pensar o papel da família na proteção social. Sendo, tradicionalmente, as grandes prestadoras de cuidados, as famílias deparam-se hoje, no nosso país, com problemas complexos ligados ao aumento da população dependente e à crescente diminuição de recursos para prestação de cuidados, dado o aumento da participação feminina no mercado de trabalho. A crescente incapacidade para "cuidar dos seus", prende-se quer com questões de ordem interna e de alteração dos padrões morfológicos da família, quer com questões mais gerais, relacionadas com as amplas transformações sociais das últimas décadas, por exemplo, de relação com a esfera do trabalho, ou com outras instâncias de prestação de cuidados como o Estado e o mercado. Deste modo, é fundamental apreender quais as implicações destas dinâmicas atuais nas reconfigurações da realidade das famílias. A discussão sobre o papel da família na produção de cuidados de saúde tem que ter em conta quer a diversidade de modelos de família, quer as múltiplas esferas de inserção em que as famílias se enquadram, quer as estruturas relacionais em que se movem.

Este último aspeto remete-nos para a importância das redes sociais e para o seu papel estruturador das práticas de cuidados. Uma abordagem a partir da "teoria das redes" permite-nos mapear os atores envolvidos na provisão de cuidados de saúde, identificando apoios formais e informais. Permite-nos analisar, simultaneamente, a forma e o conteúdo das relações, identificando laços sociais e fluxos de recursos (materiais e imateriais).

Os estudos realizados no âmbito da "teoria das redes" têm demonstrado que as pessoas que conhecemos e aquelas "com quem podemos contar" influenciam o nosso estilo de vida, os nossos sucessos e insucessos, a nossa segurança e sentimento de bem-estar e a nossa saúde (Martins e Fontes, 2004).[1]

A perspetiva a partir das redes sociais permite analisar uma forma de circulação das coisas que difere dos mecanismos do Estado e do mercado – a dádiva. Entende-se por dádiva «toda a prestação de bem ou serviço efetuada sem garantia de retorno, com vista a criar, alimentar ou recriar o vínculo social entre as pessoas» (Godbout, 1992: 32; Caillé, 2000: 124). Godbout (2000) analisa as diferenças entre as prestações do Estado, do mercado e das redes sociais, chegando à conclusão de que estas não introduzem a rutura entre produtores e utilizadores, característica da ação do Estado e do mercado.

Este autor utiliza a distinção entre aparelho e rede (Lemieux, 1999) que se revela bastante útil para a compreensão do modo como se definem diferentes esferas de produção de cuidados. Os aparelhos são sistemas de atores sociais (individuais ou coletivos) organizados em função do ambiente externo. Os aparelhos têm um público, um conjunto de indivíduos que mantêm com eles uma relação de exterioridade (Lemieux, 1999: 11-24; Godbout, 2000: 10-11). As redes não têm público. Os atores envolvidos são membros, os indivíduos fazem parte do conjunto, que funciona por autorregulação, as fronteiras são fluidas, não existe rutura entre quem cuida e quem é cuidado. Esta distinção revela-se bastante profícua para o objeto em análise neste estudo.

O desenho do estudo

A investigação que está na base deste texto analisa o processo de desinstitucionalização da doença mental à luz do conhecimento existente sobre a produção do cuidado no nosso país. A proteção social em Portugal assume contornos específicos, em grande parte partilhados com os restantes países do Sul da Europa (Espanha, Itália e Grécia). Maurizio Ferrera (1996) caracterizou este "modelo social do Sul" em quatro traços fundamentais: 1) um sistema altamente

---

[1] A análise estrutural americana fez escola com os estudos sobre as redes sociais enquanto fonte de suporte social (Fischer, 1982; Wellman, 1985; Wellman *et al.*, 1991).

fragmentado e corporativista, onde coexiste uma proteção generosa para alguns sectores da população com a ausência total para outros; 2) o estabelecimento de um Sistema Nacional de Saúde fundado sobre princípios universalistas; 3) uma baixa penetração do Estado na proteção social com uma complexa articulação entre atores e instituições públicas e privadas; 4) a persistência do clientelismo no acesso à proteção social do Estado.

Para o autor, apesar das instituições destes países formalmente se assemelharem às dos países do modelo conservador (e católico), a "etiqueta político-social" que inspira o seu funcionamento é muito diferente. Os direitos sociais não estão sedimentados numa cultura política aberta e universalista, nem num Estado sólido, imparcial na administração das suas regras. Pelo contrário, fundam-se numa cultura particularista e num aparelho estatal débil, ambos assentes numa lógica relacional patrão-cliente, com raízes históricas nos diferentes países (Ferrera, 1996: 29).

Na conclusão de um encontro sobre o modelo social sul-europeu, Rhodes e Palier (1997) sistematizaram alguns dos seus atributos: persistência de práticas clientelares, fraqueza das estruturas estatais, importância do papel da sociedade civil (famílias e terceiro sector), papel das redes familiares para compensar as lacunas da proteção social, ausência de uma coligação de forças a favor de um Estado-Providência desenvolvido e redistributivo, disparidades políticas, culturais e de classe e presença do que designaram de "síndroma do Sul", ou seja, um ambiente marcado pela rigidez dos direitos adquiridos, pela importância dos acordos clientelares, pela ausência de consenso político e pela fragmentação das estruturas administrativas.

Neste contexto, Millar e Warman (1996) mostram como o papel das "obrigações familiares" é determinante na configuração deste perfil. Segundo as autoras, nos países do Sul as obrigações familiares transcendem a família nuclear e recaem sobre a família extensa, justificando uma posição não intervencionista por parte do Estado. Como afirmam Andreotti *et al.* (2001), no modelo do Sul, um vasto número de riscos sociais (doença, deficiência, desemprego, etc.) é assumido como responsabilidade da família e das redes de parentesco. O Estado intervém apenas com transferências monetárias de valor reduzido.

Apesar de esta realidade ser coincidente com o princípio de subsidiariedade do modelo continental, ele assume características diferentes nos dois modelos. Enquanto no modelo continental a subsidiariedade é ativa, dado que as famílias são protegidas por generosas coberturas monetárias e em serviços, no modelo do Sul ela não o é (Andreotti *et al.*, 2001: 50). Se no primeiro caso foi desenvolvida, há muito, uma rede de segurança, no segundo caso só recentemente começaram a ser implantados esquemas mínimos de proteção. Deste modo, a área de infraestruturas e equipamentos sociais de apoio à família e de cuidados aos dependentes apresenta graves carências.

Como afirma Claude Martin, o modelo do Sul coloca a "questão familiar" no "centro do cenário" (Martin, 1997: 150). Esta deixa de ser uma questão sectorial na análise da proteção social, considerada quando se fala de medidas estatais para proteger os indivíduos e as famílias ou de políticas de família, e passa a ser uma questão fundamental relativamente à atribuição e repartição de competências entre o público e o privado na produção de bem-estar (Martin, 1996, 1997). Deste modo, o nosso olhar tem, necessariamente, de se deslocar para a centralidade da esfera privada na provisão do cuidado.

O estudo que aqui se apresenta parte destas teses acerca do pluralismo assistencial do Sul da Europa e de Portugal para analisar o processo em curso de desinstitucionalização da doença mental.[2] Pretende-se testar as seguintes hipóteses: a) a ação do Estado neste processo caracteriza- se pela debilidade e ineficácia; b) a ação da família e das redes sociais primárias caracteriza-se pela flexibilidade e eficácia; c) as políticas revelam uma discrepância entre os pressupostos e os resultados; d) as políticas têm vindo a inspirar-se no modelo da desinstitucionalização sem, no entanto, o concretizar; e e) a desinstitucionalização implica uma sobrecarga para as famílias.

A investigação que suporta este texto foi desenvolvida a partir de uma instituição hospitalar – o Hospital Psiquiátrico Sobral Cid em Coimbra – e envolveu uma análise intensiva das relações entre a instituição e os doentes, suas famílias e meio de origem. A aprovação e o lançamento do Plano Nacional de Saúde Mental (2007-2016), em simultâneo com a execução do projeto, vieram a ter um impacto inesperado no estudo, tornando-o também uma oportunidade para conhecer o decurso de um processo de reforma a partir de uma instituição, ela própria, objeto dessa reforma.

A estratégia metodológica seguida sustentou-se em três pilares fundamentais: uma monografia da instituição hospitalar, a realização de entrevistas a múltiplos atores sociais, a observação direta da realidade hospitalar. Para além destas técnicas, foi ainda realizado um inquérito telefónico às Associações prestadoras de apoio na área da saúde mental.

[2] São ainda referências de base as teorias de Boaventura de Sousa Santos sobre o Estado em Portugal (Santos, 1990, 1993).

A monografia do Hospital Sobral Cid visou o conhecimento da instituição, da sua ação e das mudanças ocorridas, desde a sua origem até ao momento atual, mas com particular incidência no período de aplicação da reforma aprovada em 2008. Para tal, foram usadas como técnicas de investigação predominantes a *análise documental*, a *entrevista* a doentes, dirigentes e profissionais e a *observação direta*.[3]

As entrevistas foram a técnica central de investigação no estudo. A equipa entrevistou uma pluralidade de atores: responsáveis por serviços de saúde mental, profissionais de saúde mental e dirigentes de associações de doentes, e pessoas com doença mental.[4] Procurou-se um olhar caleidoscópico sobre a doença, o Hospital, a desinstitucionalização, as respostas do Estado, do mercado, da comunidade e da família.

A pesquisa centrou-se, no entanto, na reconstituição das histórias de vida de vinte pessoas com doença mental e em sete estudos de caso realizados a partir dessa amostra. Estas vinte pessoas foram selecionadas através do seu contacto com o Hospital Sobral Cid (HSC), de modo a entrevistar pessoas com diferentes situações clínicas e diferentes experiências de institucionalização e de contacto com a realidade hospitalar.[5] O estudo das trajetórias dessas pessoas envolveu o conhecimento das suas relações com a instituição hospitalar, com os serviços de

---

[3] O esforço de reconstituição histórica beneficiou bastante da existência de documentação sistematizada, designadamente de um livro cuja autora foi profissional e responsável pela gestão clínica e administrativa do HSC ao longo de várias décadas (Mendonça, 2006). Relativamente às entrevistas, foram estratégicas as realizadas a dez profissionais e dirigentes com responsabilidades de direção em sectores centrais do HSC. Finalmente, quanto à observação direta, esta constituiu uma fonte complementar, mas muito relevante. Há que destacar não apenas o trabalho realizado pelos membros da equipa de investigação, mas também o desenvolvido no âmbito de dois estágios curriculares de quatro meses do Mestrado em Sociologia da Faculdade de Economia da Universidade de Coimbra, associados ao projeto.

[4] Foram realizadas vinte e três entrevistas a pessoas com doença mental (três entrevistas exploratórias e vinte durante o trabalho de campo de observação da instituição); vinte e oito entrevistas a elementos das redes sociais dessas pessoas; dez entrevistas a técnicos/as e dirigentes de Associações; dez entrevistas a profissionais e dirigentes com responsabilidades de direção em sectores centrais do HSC; sete entrevistas com dirigentes e profissionais de coordenação de serviços da Unidade Sobral Cid do Centro Hospitalar Psiquiátrico de Coimbra (CHPC); uma entrevista a um profissional do Centro Hospitalar Psiquiátrico de Lisboa (CHPL) – Unidade Júlio de Matos.

[5] Doze em regime de internamento (seis na Clínica de Agudos e seis no Hospital de Dia) e oito em regime de ambulatório (três no Hospital de Dia e cinco nas Consultas Externas). Os doentes crónicos residentes não foram entrevistados. A situação de internamento permanente foi analisada através da recolha de informação documental e da observação direta.

saúde locais e com outros prestadores de cuidados institucionais ou informais. Em bola de neve, as pessoas sinalizadas conduziram ao estudo dos seus agregados familiares e das suas redes sociais, formais e informais.

A seleção das pessoas com doença mental foi realizada em função da sua patologia e de variáveis sociográficas. A doença mental apresenta-se sob um muito diverso número de formas nosológicas a que correspondem também diferentes graus de severidade. A severidade e a cronicidade são fatores que, pela sua relação com a prestação de cuidados, mais facilmente podemos associar à institucionalização. Por essa razão, entendeu-se centrar a análise naquelas patologias que apresentassem maior grau de severidade e cronicidade, sem perder de referência patologias menos severas e situações de ocorrência aguda, designadamente quando elas confluem nas biografias dos doentes. Neste quadro, a esquizofrenia e a doença bipolar (ou maníaco-depressiva, como até recentemente era designada) apareceram como as opções mais adequadas aos fins da pesquisa.[6] Embora pudesse ser mais difícil, nestas patologias, entrevistar as pessoas e conhecer as suas experiências subjetivas, inúmeros estudos anteriores mostravam que essa dificuldade podia ser superada, facto que se confirmou plenamente. Adicionalmente, na escolha dos casos, decidiu-se incluir também pessoas com problemas de alcoolismo ou toxicodependência associados às doenças mentais.

Do ponto de vista sociográfico, a seleção da amostra procurou diversificar as características das pessoas entrevistadas em função do sexo, da idade, dos níveis de escolaridade e da localização geográfica. Da conciliação deste objetivo com o decurso do trabalho de campo, resultou a seguinte distribuição da amostra:

QUADRO 1
Distribuição por sexo e grupo etário

Grupos etários	Homens	Mulheres	Total
20 - 29	2	0	2
30 - 39	2	4	6
40 - 49	4	4	8
50 - 59	1	1	2
≥ 60	1	1	2
Total	10	10	20

[6] Foram realizadas oito entrevistas a pessoas com diagnóstico de esquizofrenia, dez entrevistas a pessoas com diagnóstico de doença bipolar e duas entrevistas a pessoas com um diagnóstico indefinido entre esquizofrenia e bipolar.

QUADRO 2
Distribuição por nível de habilitações

Escolaridade concluída	Total
1.º Ciclo EB	3
2.º Ciclo EB	5
3.º Ciclo EB	5
Ensino Secundário	4
Ensino Superior	3
Total	20

QUADRO 3
Distribuição por estado civil

Estado civil	Total
Solteiro/a	11
Separado/a ou divorciado/a	3
Casado/a ou em união de facto	6
Total	20

QUADRO 4
Distribuição pela condição perante o trabalho

Condição	Total
Empregado/a	3
Desempregado/a	6
Pensionista por Invalidez	7
Reformado/a (antecipadamente)	3
Estudante	1
Total	20

QUADRO 5
Distribuição por espaço de residência

Espaço de residência	Total
Residência própria	10
Residência dos pais	7
Residência em Família de Acolhimento	1
Lar/residência (IPSS)	1
Situação indefinida[7]	1
Total	20

[7] Corresponde a um caso que à data da entrevista se encontrava no HSC por não ter uma alternativa habitacional. A família rejeitava o seu regresso a casa em virtude do seu passado de violência. Encontrava-se, então, a aguardar uma solução institucional fora do Hospital (lar ou residência).

QUADRO 6
Distribuição por tipo de agregado doméstico

Corresidência	Total
Sozinho/a (casa própria ou de familiares)	4
Com cônjuge Com cônjuge e filhos	2
Com filhos	1
Com progenitores	1
Com progenitores e filhos	1
Com progenitores e irmãos	4
Com família de acolhimento	1
Em residência/Lar (IPSS)	1
Situação indefinida[8]	1
Total	20

A partir destas vinte entrevistas foram realizados sete estudos de caso que ampliaram o conhecimento da história de vida da pessoa entrevistada com entrevistas a elementos da sua rede social. Durante a entrevista era solicitado o mapeamento da rede social, referenciando as pessoas prestadoras de apoio. No final da entrevista era solicitada a autorização para entrevistar essas pessoas, assim como o seu contacto.[9] No quadro 7 encontra-se a identificação dos casos e dos elementos da rede entrevistados.

A realização e análise das entrevistas aos doentes e aos elementos das suas redes constituíram um enorme desafio metodológico, e também pessoal, para a equipa de investigação. Por um lado, as entrevistas com os doentes revelaram-se particularmente difíceis no momento da recolha da informação. Por outro lado, forneceram um conjunto de dados de enorme complexidade, dificultando a fase de tratamento dos dados.

No que diz respeito às entrevistas às pessoas com doença mental, foram muito diversas as situações em que decorreram e o local onde tiveram lugar. Sinteticamente, podemos distinguir, por um lado, as entrevistas a doentes internados das entrevistas a doentes em internamento parcial ou em ambulatório; e, por outro, as entrevistas realizadas dentro do hospital das entrevistas realizadas fora do hospital.

---

[8] Vd. nota anterior.

[9] Este procedimento permitiu realizar 28 entrevistas a elementos das redes sociais. Num caso, optou-se por entrevistar igualmente duas irmãs com quem a pessoa não tem relacionamento direto há já alguns anos. Esta opção decorreu da perceção da relevância de conhecer igualmente as experiências dos elementos da rede que se encontram afastados.

QUADRO 7
Estudos de caso

Nome*	Elementos da rede entrevistados
Antónia	Família de Acolhimento (casal), outra doente psiquiátrica que também vive com a Família de Acolhimento
Alberto	Dois irmãos
Cândida	Ex-cônjuge, filho e irmã
Helena	Cônjuge, amiga e psicóloga/técnica de uma IPSS
Olívia	Cônjuge, vizinha, prima (única familiar com quem mantém contacto regular), Junta de Freguesia da sua área de residência, Instituição religiosa, Associação/IPSS, irmã mais velha (afastada há mais de 30 anos), irmã mais nova (foi o seu principal suporte durante muitos anos, tendo-se afastado há cerca de cinco anos)
Paulo	Pai, irmã, amigo e técnica de Serviço Social de uma Associação
Vasco	Cônjuge, filha, amiga/psiquiatra, amigo/Padre e amigo dos tempos da Faculdade

* Fictício

As diferenças prendem-se com a disponibilidade para a realização da entrevista, mas também com a capacidade para desenvolver uma narrativa de vida. Se, por um lado, a disponibilidade das pessoas para as entrevistas era mais elevada em situação de internamento (mas a sua realização ficava mais dependente dos constrangimentos dos serviços), por outro, estas pessoas encontravam-se em situações de maior fragilidade e revelaram maiores problemas na comunicação.

A decisão sobre o local de realização da entrevista pertenceu sempre às pessoas entrevistadas e várias foram realizadas fora da instituição hospitalar para assegurar maior privacidade. Estas foram, de um modo geral, aquelas com uma duração mais longa[10] e através das quais foi possível obter relatos mais circunstanciados acerca das histórias de vida e das trajetórias clínicas das pessoas.

A especificidade da população entrevistada colocou alguns problemas de comunicação e dificuldades na aplicação da técnica da história de vida, obrigando a especiais exigências na condução das entrevistas. A complexidade das trajetórias e as formas de construção narrativa dos sujeitos entrevistados exigiu especiais capacidades de concentração e, pontualmente, algum excesso de

[10] A duração das entrevistas oscilou entre os 30 minutos (entrevista realizada no HSC a um jovem internado na Clínica de Agudos) e as 12 horas e 40 minutos (entrevista realizada a um homem em regime de pós-alta do Hospital de Dia e que foi realizada na sua residência, em seis sessões distintas).

diretividade, de modo a possibilitar a reconstrução das trajetórias. De sublinhar, ainda, dois aspetos extremamente exigentes na realização destas entrevistas: primeiro, a natureza íntima dos aspetos abordados e a dificuldade de encontrar o registo adequado para colocar questões de enorme sensibilidade; segundo, o dramatismo da maioria das narrativas que ouvimos. Os relatos de sofrimento físico e emocional que escutámos nestas histórias de vida representaram momentos extremamente desafiantes do ponto de vista profissional e emocional, dos quais a análise aqui apresentada não dá conta, mas que não queremos deixar de registar.

Os condicionamentos da recolha de informação condicionam a sua análise. Tal como acima referido, a complexidade dos dados recolhidos foi outro dos desafios deste estudo. Pretende-se desenvolver uma análise caleidoscópica sobre diferentes questões: a doença mental, a institucionalização e a desinstitucionalização, os cuidados prestados e os cuidadores formais e informais, as trajetórias sociais e clínicas das pessoas com doença mental.

Cruzar discursos diferentes, e muitas vezes divergentes, sobre o mesmo tema foi outro dos desafios analíticos deste trabalho. Este foi particularmente interessante nos estudos de caso. A incursão pelos discursos dos vários atores – o próprio, a família, os vizinhos, os amigos, os profissionais – mostra-nos o quão diversos são os modos de reconstituir aquela que, na verdade, representa uma mesma história de vida. A análise que aqui se apresenta é, assim, uma análise de caráter multifocal, porquanto se faz a partir de múltiplos olhares focalizados sobre um mesmo objeto: a experiência da doença mental. A virtualidade de uma tal análise não reside, obviamente, na avaliação da validade de cada um desses olhares, mas, antes, no diálogo que se possa estabelecer entre eles, atendendo às características, experiências (ou memórias delas) e representações individuais que estão na sua base, bem como aos tipos de laços que ligam os atores entre si.

A estrutura deste livro apresenta as três áreas principais do estudo. No primeiro capítulo, designado "A doença mental, a sociedade e as instituições", discute-se as especificidades da doença mental, a natureza complexa da condição de pessoa com doença mental e a inadequação do modelo biomédico para a compreender e tratar; identificam-se as representações sociais sobre a doença, as pessoas com doença mental e a cura; e avalia-se o peso que os fatores de estigmatização têm no sucesso das políticas de desinstitucionalização. Neste capítulo analisa-se, ainda, a evolução das políticas de saúde mental, os seus pressupostos e limitações e, finalmente, mapeiam-se os fatores contextuais que rodeiam as pessoas com perturbação mental e as instituições e que são decisivos para a avaliação das políticas.

O segundo capítulo, designado "Desinstitucionalização e reintegração social" desenvolve um estudo de caso alargado na sua dimensão mais institucional, ou seja, baseado na relação que os cidadãos com doença mental mantêm com as instituições formais que oferecem cuidados. No caso, o Hospital Sobral Cid, entretanto renomeado de Unidade Sobral Cid do Centro Psiquiátrico Hospitalar de Coimbra, é usado como instituição de referência. Este estudo de caso pretende atingir objetivos específicos: conhecer a história da instituição e reconhecer as grandes linhas da cultura organizativa e profissional bem como o modo e tempo de incorporação da filosofia desinstitucionalizadora; detetar as transformações ocorridas recentemente a propósito da reforma das instituições de saúde mental e a política da instituição perante essa mesma reforma; conhecer as perspetivas diferenciais de doentes, profissionais e dirigentes sobre a missão e prática de cuidados da instituição e sobre a implementação da reforma.

Finalmente, com o terceiro capítulo – "Famílias, redes e serviços" – pretende-se preencher uma lacuna flagrante nos estudos sociais da doença mental em Portugal, aliás reconhecida no Relatório da Comissão Nacional Para a Reestruturação e Desenvolvimento dos Serviços de Saúde Mental, que consiste no desconhecimento do papel das famílias e redes sociais e institucionais dos doentes na produção de cuidados informais. Neste capítulo procura-se refletir sobre as condições atuais para a desinstitucionalização, partindo de um mapeamento dos atores envolvidos na prestação de cuidados às pessoas com doença mental. Analisam-se as trajetórias das pessoas com doença mental, identificando atores, papéis e modos de articulação, de forma a avaliar o impacto das diferentes intervenções na promoção da sua autonomia.

CAPÍTULO 1

A DOENÇA MENTAL, A SOCIEDADE E AS INSTITUIÇÕES

Leon Eisenberg afirmou, algo provocatoriamente, que toda a Medicina é social, enfatizando não se tratar de qualquer afirmação "imperialista" (Eisenberg, 1997). Mas, se toda a Medicina é social, então o conceito terá também de se aplicar à Psiquiatria. E conta que o seu colega e amigo Samuel Guze, em 1989, tinha perguntado «*Biological Psychiatry: is there any other kind?*» querendo afirmar que efetivamente não havia. Eisenberg resolveu fazer a mesma pergunta em relação à Psiquiatria Social, «*Social Psychiatry: is there any other kind?*» e responde «*of course not*».

Com efeito, em numerosos artigos e nalguns livros, Leon Eisenberg e Arthur Kleinman, separadamente e por vezes em colaboração, mostraram a importância dos determinantes sociais da saúde e da doença e que muitos problemas de saúde são mais experiências interpessoais de sofrimento social do que problemas médicos individuais. A Medicina Social e a Antropologia Médica trazem, assim, contributos fundamentais para repensar a Medicina e a Psiquiatria. A tarefa principal para a Medicina não é diminuir o papel das ciências biológicas na teoria e prática da Medicina, mas suplementá-la com igual aplicação das ciências sociais de modo a promover quer uma maior compreensão da doença, quer um melhor tratamento do paciente. O problema não é pois "demasiada ciência", mas uma visão demasiado estreita das ciências que são relevantes para a Medicina. O estar doente é um estado social e não simplesmente biológico (Eisenberg e Kleinman, 1981).

Embora os médicos, desde a antiguidade clássica, tentassem compreender a loucura em termos naturalistas, no período medieval e nos começos da idade moderna eram também frequentes as explicações relacionadas com espíritos malignos, possessões diabólicas e influências mágicas. Só nos finais do século XVIII se haveria de alterar o cuidar e o tratar do "perturbado" da mente. Mas não se tratou de um movimento isolado. Fazia parte de uma preocupação mais universal pelos direitos e condições da vida humana, ligada com outros movimentos de renovação num período histórico determinado, tais como o interesse pela assistência às crianças, pelas reformas das leis penais, pela melhoria das condições de trabalho e o desejo de que a saúde pública progredisse. As ideias do Iluminismo e de um novo espírito humanitário influenciavam o pensamento de todo o mundo civilizado. E assim acontece em Florença com Vicenzo Chiarugi, levando à prática reformas como a de dar mais liberdade aos pacientes, devendo ser cuidados por enfermeiros com formação mais adequada que periodicamente informavam um médico supervisor. Também em Inglaterra, no York Retreat, fundado pelos Quaker, foi introduzido por William Tuke um projeto baseado "no senso comum" e no Cristianismo, proporcionando ao paciente um ambiente mais familiar (boa alimentação, ar livre, exercício e ocupação em vez de prisão, maus-tratos e fome), tendo uma atitude afetuosa demonstrado ser terapia mais efetiva do que a reclusão. Também nos Estados Unidos (no Friend's Asylum, na Pensilvânia) se adotou depois o modelo de *Retreat* (Rosen, 1968).

Philippe Pinel em França, no hospício de Bicêtre e depois na Salpetrière, introduziu o tratamento humanitário para os doentes mentais. O denominado "tratamento moral" exerceu depois grande influência, espalhando-se os seus princípios. Outro dos mais importantes resultados do movimento para reformar a assistência aos doentes foi a fundação dos asilos. No geral, estas instituições mostravam um progresso na aplicação de métodos humanitários ao desenvolverem uma atitude mais profissional no cuidar dos doentes. O movimento para a criação de instituições especiais para os loucos expandiu-se nas primeiras décadas do século XIX na Europa e na América do Norte. As instituições privadas abriram por vezes o caminho, mas na década de 1830 já era evidente que a dotação planificada para os doentes mentais devia vir de recursos governamentais (Rosen, 1968). Também contou, para a criação dos asilos, a convicção de muitos médicos de que a doença mental era curável, considerando que o tratamento moral com a hospitalização precoce daria bons resultados terapêuticos. Também os relatórios feitos nas instituições privadas pareciam apoiar esta opinião. A polémica sobre a natureza e importância do tratamento moral parece com frequência mal colocada, pois o seu caráter revolucionário estava numa nova visão das relações entre loucura e sociedade, através da mediação de um médico que a convertia em enfermidade e na existência de uma instituição que propunha um tratamento. Por outro lado, estabelecia-se uma rutura com a ideia de "loucura completa", considerando-se sempre possível uma relação psicológica com o louco (Swain, 1977). Os efeitos do tratamento em estabelecimentos de menor dimensão, onde se podia estabelecer uma relação interpessoal, eram melhores do que o isolamento, a punição ou a ausência de tratamento. A atitude otimista era frequente e típica nos inícios do século XIX, como se reflete na obra de Condorcet, *Quadro dos Progressos do Espírito Humano*, publicada em 1795 (Condorcet, 1946).

Os asilos não eram muitos e não estavam bem equipados, muitos eram inadequados em todos os aspetos. Muitos doentes recebiam assistência nos hospitais gerais. Os que não tivessem problemas sociais ou económicos e de comportamento podiam estar em suas casas, mas o maior número era encerrado em prisões, asilos para pobres ou noutras instituições do mesmo tipo. Desde Pinel que as preocupações eram, além do tratamento humanitário, o reconhecimento de que os loucos não eram criminosos, mas doentes que requeriam tratamento. As instituições para os loucos foram assim crescendo, para acolher as pessoas mais perturbadas. O tratamento moral foi assim definido por Amariah Brigham em 1847:

> afastar o louco de sua casa e das suas antigas relações, tratá-lo com respeito e amabilidade em todas as circunstâncias, utilizar o trabalho manual na maioria dos casos, permitindo a aquisição de hábitos regulares e autocontrolo, conseguir que desviasse a sua imaginação de pensamentos mórbidos, e oferecer assistência religiosa (Brigham, 1847).

Alguns dos doentes melhoravam, mas os casos crónicos amontoavam-se e, como a capacidade dos estabelecimentos era inferior aos pedidos de admissão, os casos crónicos eram enviados para serviços distintos (hospícios, cárceres, asilos para doentes crónicos). A partir da segunda metade do século XIX, o otimismo foi diminuindo pouco a pouco e a crença na curabilidade também, a par da diminuição na ênfase do papel dos fatores sociais e psicológicos na origem e tratamento dos doentes. A degradação dos asilos, o desleixo e o desinteresse acentuaram-se. Progressivamente, a assistência aos doentes mentais foi ficando cada vez mais à margem dos progressos da medicina e da biologia, desprovidos de investigação científica e à margem da restante Medicina. Acresce o facto de os asilos serem muitas vezes construídos fora das cidades, mais afastados também das possibilidades de intervenção social. Uma mudança de ótica vai sendo estabelecida: o louco é alguém que com frequência pode atentar contra a ordem pública e vai-se chegando à noção da sua difícil curabilidade e da ideia de cronicidade. A crise do modelo moral associa-se ao desaparecimento do otimismo terapêutico dos alienistas e contribui para que estes percebam a população de alienados não como doentes a tratar, mas como objetos de observação clínica. Este período corresponde já ao último terço do século XIX, em que diminuem os custos de manutenção dos asilos, o número de alienados admitidos cresce, se contrata pessoal pouco qualificado, e se aproveita o trabalho dos internados para benefício do estabelecimento (Lanteri-Laura, 1972).

Em termos do pensamento psiquiátrico, caminha-se para o apogeu do pensamento organicista, reforçado pelas teorias da degenerescência, de fundamento evolucionista, e o biologismo reflete as convicções que nesta altura prevaleciam na Medicina e que forneciam aos alienistas as certezas que procuravam, acreditando que as encontrariam no futuro nos domínios anatomopatológicos e das doenças infecciosas que acabariam por chegar à Psiquiatria.

E assim o modelo asilar acaba por refletir a inadaptação da utopia do tratamento moral às condições dos finais do século XIX, com grandes centros onde se acumulavam muitas centenas de doentes de longa estadia, pouca eficácia terapêutica, escasso número de médicos e enfermeiros e a própria observação psicopatológica convertida numa descrição estereotipada da cronicidade. Como disse, magnificamente, Henri Ey, o asilo psiquiátrico, considerado por muitos como o único tratamento possível de doentes considerados incuráveis, converte-se em finais do século XIX, juntamente com um quadro nosográfico rígido e estrito, no único objeto da Psiquiatria, que acaba por se desinteressar do "homem-doente" para se interessar apenas «pela espécie de doença mental de que sofria» (Ey, 1955).

Uma psiquiatria psicodinâmica que se começa a afirmar nos inícios do século XX traduz um grande progresso na compreensão da doença, com a "introdução do sujeito", trazendo um profundo efeito humanizador à Medicina, ampliando a abertura dos serviços psiquiátricos a problemas da vida quotidiana, problemas psicológicos e não apenas à "loucura".

A influência das ciências sociais só se começa a sentir após a segunda guerra mundial, com importantes contributos para a análise institucional vindos da sociologia, da psicologia social ou da antropologia cultural, e conduzindo também a aplicações práticas no domínio epidemiológico, da planificação assistencial ou dos movimentos da saúde mental. O denominado modelo biopsicossocial, hoje constante e apressadamente citado mas pouco refletido, significa apenas que é indiscutível a existência destas dimensões e, apesar de continuarem a existir reducionismos de escola, a Psiquiatria conseguiu avançar muito em domínios tão diferentes, e afinal complementares, como a Genética, Imagiologia, Neurofisiologia, Bioquímica, Psicofarmacologia, no desenvolvimento das psicoterapias, na organização da assistência psiquiátrica, ou nos movimentos pela saúde mental (que sucederam aos de higiene mental das primeiras décadas do século XX), traduzindo uma nova sensibilidade ética e social.

A partir da denominada etapa social, surgem progressos e transformações assistenciais, com melhoria das formas de organização social da assistência, que se diversifica, deixando de estar totalmente centrada no Hospital Psiquiátrico, planificando-se e expandindo-se os seus componentes: ambulatório, hospital de dia, lares pós-cura, oficinas protegidas, dispensários. O aparecimento dos psicofármacos, na década de 1950, tem importância fundamental, permitindo ou facilitando altas precoces e evitando internamentos e contribuindo para a descentralização dos cuidados. Igualmente fundamental é a lenta e progressiva presença de outros técnicos, assistentes sociais, psicólogos e terapeutas ocupacionais, traduzindo a mudança da visão exclusivamente médica da doença, e a inclusão já referida da dimensão psicossocial na compreensão e no tratamento dos pacientes.

1. O processo de institucionalização da Psiquiatria em Portugal

A lenta afirmação da Psiquiatria como ramo da Medicina acompanha, por um lado, o caminho natural do desenvolvimento técnico-científico da Medicina, mas beneficia, também, do desenvolvimento da Biologia, e também da Antropologia, da Sociologia, da Pedagogia, da Criminologia e da própria evolução do pensamento médico com o apogeu da mentalidade anatomoclínica e fisiopatológica (Entralgo, 1982).

Por outro lado, as correntes filosóficas e científicas nas últimas décadas do século XIX são divulgadas e popularizadas em Portugal, desde o positivismo de Comte e Littré, o transformismo de Charles Darwin, o evolucionismo filosófico de Herbert Spencer, o monismo naturalista de Ernest Haeckel, ou a obra de Cesare Lombroso. Vários destes autores são adotados pelos alienistas portugueses, que se servem deles para defender uma Psiquiatria Científica, assente em bases positivas e criticar a psicologia espiritualista e "metafísica".

Quase sempre a par, estão uma mentalidade crítica da Igreja Católica e da Monarquia, responsabilizadas de forma progressiva pelo atraso cultural do País e pelo défice científico e paralelas ao crescimento do Republicanismo.

Os esforços para a institucionalização da Psiquiatria começam por volta de 1880, abrangendo diversas tentativas de divulgação da ciência Psiquiátrica e de construção de uma cultura profissional, designadamente através de revistas médicas.

Tal como aconteceu com a Higiene, faz-se a divulgação de aspetos clínicos e científicos da doença mental. A função terapêutica eminentemente médica

– tratar e proteger um enfermo – e a função de defesa social – proteger e preservar a sociedade dos danos que este lhe possa causar – são os dois polos do trabalho psiquiátrico que são frequentemente formulados. Defende-se a necessidade de uma intervenção precoce e efetiva, criticam-se as ideias populares, vagas e supersticiosas sobre a loucura e enfatiza-se que a doença pode ser tratada eficazmente, e inclusivamente curada, pela ciência médica, devendo o labor dos profissionais ser reconhecido e legitimado.

A importância do aparecimento de Mestres que criam escolas, formando discípulos, é fundamental. Surgem cursos livres e uma revista de Neurologia e Psiquiatria. Dá-se relevo à capacidade de intervenção sobre as denominadas Patologias sociais (pobreza, prostituição, vagabundagem, alcoolismo) na perspetiva da higiene e defesa social. Coloca-se grande ênfase na direção médica dos manicómios, devendo os médicos dirigir todas as atividades institucionais.

A necessidade do ensino oficial da Psiquiatria, como medida indispensável para a institucionalização deste ramo da Medicina, é destacada, pois muitos médicos não teriam preparação nem tinham tido contacto com doentes mentais no curso de Medicina, sendo importante a criação do ensino também em Psiquiatria Forense, com a formação de um corpo de alienistas capaz de definir critérios científicos para informar os tribunais acerca dos casos a ser julgados em que estivessem envolvidos alienados.

Nos primeiros anos do século XX, Miguel Bombarda e Júlio de Matos são protagonistas da evolução da Psiquiatria em Portugal, contribuindo para a definição da especialidade e para a organização da assistência Psiquiátrica.

Júlio de Matos permanecerá sempre fiel à defesa do Darwinismo e do Evolucionismo e da sua integração na Filosofia Positiva. Convidado por António Maria de Sena para ir trabalhar para o Hospital do Conde de Ferreira, aberto em 1883, suceder-lhe-á na Direção do mesmo. Júlio de Matos publica em 1884 um *Manual das Doenças Mentais*, o primeiro publicado em Portugal.

Quanto a Miguel Bombarda, começa por ser Professor de Fisiologia e Histologia, reorganizando o Hospital de Rilhafoles, em 1892. Defensor apaixonado da Ciência, que opunha à Filosofia e à Religião, adepto do monismo naturalista e biologista, publica o livro *A Consciência e o Livre Arbítrio*, que provocará grande polémica nos meios católicos (Bombarda, 1898).

Nos últimos anos da Monarquia, assistiu-se a sucessivas denúncias do atraso assistencial, da falta de proteção aos alienados e da ausência do ensino oficial (Graça, 2000).

Tanto Júlio de Matos como Miguel Bombarda e também Magalhães Lemos destacaram-se nestas denúncias e reivindicações (Lemos, 1907; Matos, 1908; Bombarda, 1909).

Segundo Júlio de Matos, em França, na Bélgica, Itália e Alemanha a hospitalização oficial progredia incessantemente, enquanto em Portugal não havia manicómios para hospitalizar um décimo dos doentes.

Miguel Bombarda, enquanto deputado, apresenta em 1909 um importante Projeto de Lei de *Protecção dos Alienados*, em que, para além das denúncias da situação assistencial, do ensino e da falta de apoio aos rendimentos dos doentes, propõe a criação de uma Junta de Protecção dos Alienados, não só para administrar fundos e para alargar a assistência aos doentes pobres, mas ainda para a vigilância pelos seus interesses físicos, morais e materiais e também para garantir a sua liberdade individual.

1.1. A Reforma de 1911 e a evolução da Psiquiatria

Com a proclamação da República seria de esperar o surgimento de reformas significativas neste panorama desolador. Em fevereiro de 1911 foi publicado um decreto com força de lei sobre a reforma do ensino médico. No plano geral dos estudos médico-cirúrgicos encontravam-se as cadeiras de Clínica Neurológica, de Clínica Psiquiátrica, e o Curso de Psiquiatria Forense. Seria complementado com o decreto de agosto de 1911 sobre o regulamento das Faculdades de Medicina de Coimbra, Lisboa e Porto.

Entretanto foi publicado o decreto de 11 de maio de 1911 sobre a "Assistência aos Alienados", da autoria de Júlio de Matos, que autorizava o Governo da República a edificar sete novos Manicómios e a criar dez Colónias Agrícolas, uma por cada província, Açores e Madeira, e avança com a possibilidade de instituição de futuras Colónias Familiares para assistência de alienados incuráveis e válidos, ao mesmo tempo que regulava técnica e administrativamente este serviço público (Matos, 1911a). Os Manicómios foram divididos em quatro categorias: Manicómios de Ensino (Clínicas Psiquiátricas), anexados pedagogicamente às Faculdades de Medicina de Lisboa, Porto e Coimbra, Manicómios Regionais, Manicómios Criminais e Manicómios Asilos. Todos estes manicómios receberiam indigentes e pensionistas.

De todo este grandioso plano, Júlio de Matos só assistiu ao início da construção do novo Manicómio de Lisboa, em 1913. As obras foram sendo sucessivamente proteladas, só sendo finalmente inaugurado em 1942.

No período da República, o pensamento psiquiátrico é dominado pelo positivismo de Júlio de Matos até à sua morte em 1922. O influente Tratado *Elementos de Psiquiatria*, de 1911, será reeditado em 1923 (Matos, 1911b). Júlio de Matos permaneceu imune às influências da psiquiatria psicodinâmica que alastravam pela Europa. Só em 1924, com a publicação de diversos trabalhos de Sobral Cid, se ultrapassa este período no plano da evolução das ideias psiquiátricas, mas não em termos assistenciais, onde as dificuldades se prolongaram ou até se agravaram (Cid, 1983, 1984).

Ao publicar, em 1924, o estudo intitulado *Classificação e Sistemática Geral das Psicoses*, Sobral Cid inicia a superação da redução biológica naturalista com integração da dimensão psicológica. Introduz na psiquiatria portuguesa as obras de Kraepelin, Bleuler, e Kretschmer, três dos autores da modernidade psiquiátrica do século XX. Noutro trabalho de 1924, *A Vida Psíquica dos Esquizofrénicos*, utiliza conceitos criados por Bleuler, Freud e Jung. Noutros trabalhos procurará a harmonização das perspetivas organicistas com as psicopatológicas (Cid, 1983, 1984).

Em termos assistenciais, Sobral Cid, no seu trabalho *A Clínica Psiquiátrica de Lisboa (Manicómio Bombarda)*, de 1925 (Cid, 1983, 1984), considera que os progressos realizados na assistência desde 1911 resultam fundamentalmente da ampliação dos quadros clínicos e, independentemente do mérito dos técnicos, são o efeito natural da passagem do antigo regime asilar ao regime da clínica psiquiátrica. Entretanto, no Manicómio Bombarda, existia um quadro de cinco alienistas para uma população acima dos 900 doentes, o que impedia qualquer individualização do processo terapêutico.

Em 1927, no trabalho intitulado *Reforma e Actualização da Assistência Psiquiátrica* (Cid, 1983, 1984), considera que a tendência comum contemporânea lhe parece a transformação do antigo complexo asilar num conjunto de organismos de assistência diferenciados, tendo em vista a terapêutica, a profilaxia e a revalorização social do alienado. A "utopia institucionalizadora" de 1911, afinal escassamente cumprida, além dos enormes recursos materiais e humanos de que necessitaria, começou rapidamente a revelar fraquezas e limitações intrínsecas.

2. Evolução geral da psiquiatria e da saúde mental

A reconversão sonhada por Sobral Cid foi extraordinariamente lenta e só conheceu maior desenvolvimento e modificações após a 2.ª Guerra Mundial, acelerada pelas circunstâncias económicas, sociais e políticas, e pela atmosfera de libertação e otimismo do pós-guerra. A despeito de se falar em niilismo terapêutico quando se referenciam as primeiras décadas do século XX, existem alguns avanços e transformações assistenciais que devem ser enfatizados.

2.1. A terapia ocupacional

A denominada ergoterapia e menos frequentemente ludoterapia ou socioterapia, que se inicia no século XIX, só ganha novo significado com os trabalhos e a prática de Hermann Simon na Alemanha da década de 1920, embora só se torne conhecida e divulgada nas duas décadas seguintes. É com ele que a abordagem científica da ergoterapia se tornou possível (Tosquelles, 1967).

Relembre-se que na época de Simon, como consequência lógica de se considerarem as doenças mentais num modelo pura e simplesmente biológico, se chegou a utilizar a denominada clinoterapia, colocando-se todos os doentes no leito, em repouso obrigatório. Foi contra esta mistificação que Simon reagiu. Com a sua obra deu-se a ultrapassagem do trabalho/ocupação, pela sua integração terapêutica num conjunto constituído pelas atitudes do médico e dos restantes cuidadores em face dos doentes. Atitudes, conceções, intervenções verbais e atos, tudo se conjuga na conceção de Simon (1937). Por outro lado, realça o conceito de responsabilidade, que entende dever voltar a ser dada aos doentes, que eram definidos pela sociedade como irresponsáveis. Finalmente, Simon considerava que os principais males que ameaçavam os doentes no Hospital eram a inação e o ambiente desfavorável, e provinham, não da doença mas, sim, da instituição. Após a 2.ª Guerra Mundial, estas conceções frutificaram em diversos países e também em Portugal.

É, por tudo isso, a primeira tentativa de socioterapia, pois a intenção é mudar o ambiente hospitalar, tornando-o terapêutico, e devolver ao doente a sua responsabilidade.

2.2. Terapias físicas

As terapias físicas que eclodem na década de 1930 constituíram na altura uma mudança na atmosfera passiva dos asilos, reforçando a componente médica e técnica que alguns dos novos métodos implicavam. Precedidos pela malarioterapia de 1917, de Von Jauregg, para tratamento da paralisia geral, e pela narcoterapia, de Klaesi (1922), surgem então a insulinoterapia, de Sakel, o choque pelo cardiazol, de Von Meduna, e a eletroconvulsivoterapia, de Cerletti e Bini, e ainda a leucotomia pré-frontal, de Moniz e Lima. Apesar de progressivamente abandonados, com exceção da eletroconvulsivoterapia, foram precursoras da nova era da psiquiatria biológica.

2.3. Dispensários e diversificação assistencial

Nas décadas de 1920 e 1930, começam a surgir os primeiros dispensários de higiene mental, com objetivos de intervenção precoce, tratamento ambulatório, prevenção e pós-cura de doentes tratados. São precursores dos centros de saúde mental.

Já vimos que a visão biológica acaba lentamente por integrar a dimensão psicológica por influência principalmente da difusão da psicanálise e também das correntes fenomenológicas. Após a 2.ª Guerra Mundial, começa a influência das ciências sociais, estudando-se a influência das estruturas e processos sociais em relação com as perturbações psicológicas e outras formas de comportamento desviante. Esta influência "sociodinâmica" e a importância da 2.ª Guerra Mundial são determinantes, ao ser constatada a sobrevivência, fora dos asilos, de muitos doentes em França durante a invasão alemã.

Na década de 1950, vários estudos sociológicos norte-americanos começam a analisar os problemas que se colocam aos doentes internados no Hospital Psiquiátrico, como os estudos de Stanton e Schwarz (1954). Médicos como Barton, que descreveu depois a "neurose institucional", em 1959 (Barton, 1959), e Wing, que estuda mais tarde o "institucionalismo", preocupam-se com os mesmos problemas (Wing e Brown, 1970). Mas é Goffman, em 1961, ao definir o Asilo Psiquiátrico como "instituição total", que alarga a influência destas análises críticas ao estudar um hospital psiquiátrico superlotado e os seus mecanismos de funcionamento (Goffman, 1961). Outros trabalhos menos citados mas não menos importantes estudam o modo como as condições socioeconómicas influenciam o diagnóstico, a forma de tratamento e o futuro social do doente.

Também os hospitais de dia são criados, primeiro na Rússia soviética, nos finais da década de 1930, depois no Canadá e Grã-Bretanha, na década de 1940, tentando aproveitar as vantagens terapêuticas de uma hospitalização parcial, sem os inconvenientes de um internamento completo. Igualmente na década de 1950 surgem os estabelecimentos pós-cura, as oficinas protegidas e os clubes de doentes como forma de manutenção de contactos pessoais entre os doentes e entre eles e os técnicos.

2.4. Equipa multidisciplinar

Lenta mas progressivamente vai-se estabelecendo na segunda metade do século XX a noção de Equipa Terapêutica. Ao médico e ao enfermeiro vêm juntar-se o assistente social e o psicólogo, o terapeuta ocupacional e, nalguns serviços, outros monitores e colaboradores em hospitais de dia e serviços de reabilitação.

As relações neste contexto são necessariamente mais horizontais, tendo todos os técnicos um papel específico, por um lado, e de âmbito comum, por outro, tendo o coletivo necessidade de ir definindo a sua prática e funcionamento. A Equipa Terapêutica é hoje em dia essencial no tipo de cuidados que privilegiam a descentralização, e a noção de reabilitação psicossocial tornou-se central no plano terapêutico.

2.5. Psicofarmacologia

A Era Psicofarmacológica inicia-se em 1952, com a cloropromazina, inaugurando a era dos neurolépticos. Em 1957 surge o primeiro antidepressivo e posteriormente os tranquilizantes benzodiazepínicos. Tudo isto não aconteceu fruto de uma pesquisa causal ligada ao sistema nervoso central, mas por mero acaso, sendo depois a partir dessas descobertas fortuitas que se originaram as pesquisas destinadas a entender as origens e mecanismos bioquímicos das alterações do comportamento.

A influência desta utilização, chamada de "revolução psicofarmacológica", é enorme, transformando o ambiente nos hospitais, permitindo altas precoces, modificando a própria abordagem psicoterapêutica e socioterapêutica e facilitando a integração social dos doentes. Desta forma, a orientação médica sofreu um impulso extraordinário, relançando o interesse pelas investigações de base biológica.

2.6. Antipsiquiatria

No contexto de movimentos de libertação, contraculturais e de procura de novas conceções e alternativas de vida, surge o movimento antipsiquiátrico nas décadas de 1960 e 1970, designação equívoca que alberga diferentes conceções.

Num sentido muito lato, diz respeito à crítica e contestação a uma psiquiatria considerada muito medicalizada, ligada ao asilo produtor de cronicidade, alienante e segregador. No sentido do desalienismo está o movimento da psicoterapia institucional francesa (Tosquelles, Daumezon, Bonnafé, etc.), que sempre recusou o termo antipsiquiatria e procurou, sim, reordenar o sentido original do trabalho terapêutico, servindo-se da psicanálise, da ergoterapia e socioterapia e adotando a sectorização como forma de organização assistencial. Outro exemplo é o do grupo de Palo Alto, que constituirá uma importante orientação da terapia familiar sistémica. No sentido estrito, pode falar-se de antipsiquiatria a propósito da obra de D. Cooper (que criou a designação) e de

R. Laing, que parte de uma filosofia existencial valorizando os estados de mal-estar vivenciados, cujas raízes estariam na família e na sociedade. Outro autor a incluir é Thomas Szasz que publica *O mito da doença mental* (Szasz, 1961) e é um liberal que não admite a intromissão do Estado na esfera privada dos indivíduos, atacando a Psiquiatria, que considera uma nova inquisição que leva a cabo «a caça às bruxas do nosso tempo». Já Franco Basaglia, em Itália, recusa inteiramente o universo asilar, conduzindo um poderoso movimento, muito politizado, que conseguiu a promulgação da célebre Lei 180, de 1978, cuja influência se tem revelado mais generalizada e duradoura. Mas as raízes teóricas deste movimento estão também na publicação de dois importantes livros de 1961: *Asylums*, de Goffman (1961), e *Folie et déraison*, de Michel Foucault (1961), que influenciou muito a historiografia contemporânea sobre a loucura e a psiquiatria. No seu conjunto, e apesar de ter muitos defeitos (falta de rigor científico, utopismo evidente, interpretações redutoras), teve justificação enquanto crítica ao conformismo dominante, ao autoritarismo, ao abandono dos doentes em instituições degradadas e degradantes, reivindicando a liberdade e dignidade humanas. Para Lanteri-Laura (1972), a antipsiquiatria teve também papel positivo por ter constituído uma reserva crítica, que contribuiu para evitar o triunfalismo terapêutico biologizante e também para evitar a ideologia do sector ou os abusos da "psiquiatria de sector". Como se constata, o movimento radicalizou críticas e opiniões anteriores de acordo com os temas e filosofias em voga nas décadas de 1960 e 1970.

Apesar do eclipse da antipsiquiatria, continuou a ser frequente a consideração da psiquiatria como "medicalização do comportamento desviante". Apesar de esta asserção ser injusta, estas críticas chamaram a atenção para problemas reais. E a hipótese de que o "*labelling*" possa iniciar um processo de desvio secundário é importante, embora seja preciso ter em conta a importância do desvio primário e os seus diversos determinantes.

2.7. Ética e direitos dos doentes

Na tradição hipocrática secular, o princípio da beneficência era fundamental, mas implicava o primado da decisão do médico, uma relação que tinha um caráter vertical e assimétrico. Ora não é hoje possível ao médico decidir pelos seus doentes, nem estabelecer com eles relações de tipo paternalista. Desde os finais da década de 1960, em que foi elaborado o código dos direitos dos doentes, que lhes foi outorgada a capacidade para tomar decisões sobre o seu próprio corpo. O direito máximo dos códigos dos doentes é o direito ao consentimento informado. O médico tem a informação, mas o doente é depositário da capacidade de decisão, do consentimento, competindo-lhe atuar e decidir como pessoa adulta e responsável. O princípio da autonomia dos pacientes pode entrar em conflito com o ancestral princípio da beneficência.

A relação médico-doente é hoje menos paternalista e mais "democrática" ou horizontal, embora o clínico se encontre sempre necessariamente numa relação de poder e privilégio em relação ao doente. Nas decisões, deverá haver um processo de adaptação e convergência entre a informação do médico e os desejos e valores do paciente. A Psiquiatria é o ramo da Medicina onde o paternalismo foi mais marcado, mas também aqui as questões éticas se colocaram e colocam com importância renovada, embora haja circunstâncias especiais e de urgência onde o princípio de autonomia do paciente não pode ser plenamente aplicado, nomeadamente quando estão em causa outros valores fundamentais.

3. O processo de transformação da Saúde Mental em Portugal

Como vimos, no final da década de 1920, Sobral Cid considerava que a orientação geral da psiquiatria para o futuro era a transformação do asilo num conjunto de organismos assistenciais diferenciados (Cid, 1983, 1984).

Acontece que a Primeira República e os anos que a antecedem são os da divulgação científica, da construção de uma cultura profissional, da institucionalização da psiquiatria. Mas há também um claro fracasso da criação da rede hospitalar psiquiátrica, tanto mais gritante quanto a legislação de 1911 apontava para isso.

Tal objetivo só viria a consolidar-se em pleno Estado Novo, na década de 1940 (Hospital Júlio de Matos, Manicómio Sena, Hospital Sobral Cid) e nas de 1950/60, com o Hospital Magalhães Lemos e o Hospital Psiquiátrico do Lorvão.

Finda a I República, e até 1940, existe uma mera continuidade, com dificuldades assistenciais graves, os Hospitais Bombarda e Conde Ferreira sempre superlotados, os protestos de Sobral Cid e a sua luta inglória por mais dignas condições de assistência. À precariedade dos meios terapêuticos juntava-se o escasso número de médicos e enfermeiros e a sobrelotação das unidades. Barahona Fernandes e colaboradores desenvolvem a análise psicopatológica e estudam as questões diagnósticas, sendo Sobral Cid, com a sua «compreensão personalizada do sofrimento dos doentes», a referência para um conjunto de discípulos que virão a marcar a evolução da Psiquiatria portuguesa (Barahona Fernandes, Pedro Polónio, Seabra Diniz, Fernando Ilharco, etc.).

No início da década de 1930,

> a única "cura" era a malarioterapia na paralisia geral, o tratamento médico das psicoses sintomáticas, o ópio, os hipnóticos, os sedativos, os brometos e as condições assistenciais eram muito difíceis (ainda havia coletes de forças, quartos de isolamento, injecções de escopolamina e somnifen) e pensava-se sob o signo do positivismo organicista (Fernandes, 1980).

Neste contexto, a introdução dos métodos de choque e a leucotomia pré-frontal constituíram um sinal de progresso e de redefinição médica da especialidade.

A abertura do Hospital Júlio de Matos, em 1942, vai permitir a Barahona Fernandes e outros discípulos de Sobral Cid (falecido em 1941) inaugurar uma época de progresso, empenhamento e entusiasmo, com avanços diversos em diferentes direções: regime de internamento aberto, aplicação organizada de terapias físicas (insulinoterapia, eletroconvulsivoterapia, sonoterapia) que facilitaram a abolição dos meios de contenção, adoção da terapia ocupacional, conceptualizada como ergoterapia e terapêutica institucional. Segundo Tosquelles, a terapia ocupacional de Barahona Fernandes, autor de um livro sobre o tema com Seabra Diniz em 1954, estava bem organizada e bem integrada nas terapêuticas biológicas. Por outro lado, a abertura de consultas e dispensários e o começo da assistência social são outros factos significativos. Assinalem-se ainda os trabalhos de Barahona Fernandes e colaboradores sobre o estudo do seguimento pós-leucotomia, que permitiram começar a discernir os efeitos e consequências práticas da intervenção: melhorias, alterações e agravamentos.

Barahona Fernandes fala de progressos e retrocessos assistenciais e de como mais tarde os critérios administrativistas destruíram a terapia ocupacional. É provável que tenha faltado em Portugal o *élan* social e político numa atmosfera democrática e de libertação, como ocorreu em França no pós-guerra, e de que muitas vezes as reformas necessitam.

Em 1953, outra baliza histórica sucede com a introdução dos neurolépticos, que facilitarão a transformação dos asilos e a sua reconversão em Hospitais Psiquiátricos. Na opinião de Barahona Fernandes, também facilitarão depois a divulgação e prática das psicoterapias e socioterapias (Fernandes, 1959). Na década de 1960, são factos a salientar a extensão da Psiquiatria aos Hospitais Gerais Universitários e mais tarde a criação dos Centros de Saúde Mental.

Nas décadas de 1970 e 1980, assiste-se à multiplicação de associações profissionais ligadas a diversas terapias e diferenciações parcelares da Psiquiatria, com realce para o franco desenvolvimento de diversas formas de Psicoterapia. Barahona Fernandes alerta, entretanto, para o hiato entre a "Psiquiatria Biológica" e a "Psiquiatria Social", precisando que novas disciplinas científicas convergiam na chamada Psiquiatria Biológica baseada nas neurociências, enquanto um grupo de disciplinas mais ligadas às ciências humanas convergiam na denominada Psiquiatria Social, e acrescentava, «a sua desrazoável oposição polar é um problema que temos discutido repetidamente e tentamos sintetizar numa visão antropológica médica englobante e organizadora daquelas tendências e modelos teóricos» (Fernandes, 1980). Resta acrescentar que tal hiato se tem prolongado até aos nossos dias.

Segundo Sampaio Faria (1990), há três períodos que podem ser claramente demarcados ao estudar-se a evolução do sistema de cuidados de saúde mental em Portugal: o da hospitalização, o da descentralização e o da integração.

3.1. Período de hospitalização psiquiátrica

Este período vai de 1848, data da criação da primeira instituição destinada exclusivamente ao internamento de doentes mentais, o Hospital de Rilhafoles, em Lisboa, até 1945, data da promulgação da Lei 2006 sobre assistência psiquiátrica, em que se prevê a criação de centros e dispensários de assistência psiquiátrica com funções de seguimento de doentes em regime ambulatório e domiciliário e com ação profilática e de higiene mental, o que era uma nova etapa. É neste período que entram em funcionamento sete grandes unidades hospitalares, duas delas pertencendo à Ordem de S. João de Deus. São estas unidades que vão concentrar 75% dos recursos humanos, técnicos e financeiros do sistema de saúde mental. Existe uma ligação íntima entre este sistema assistencial e a Universidade. A investigação clínico-biológica e das ciências básicas neuropsiquiátricas desenvolveu-se e contribuiu para a obra de Egas Moniz, cujo reconhecimento internacional se traduziu na atribuição do Prémio Nobel em 1949. No Hospital Júlio de Matos, com a criação dos serviços de Terapia Ocupacional, pouco após a sua criação, assinala-se um passo positivo. A partir dessa altura desenvolveram-se serviços análogos em vários hospitais psiquiátricos, tornando mais humano e eficiente o tratamento, e promovendo a reabilitação e melhoria da qualidade de vida dos doentes incapacitados. Sampaio Faria considera que este desenvolvimento da reabilitação pela terapia ocupacional conheceu uma assinalável regressão a partir de 1958, com a introdução das terapêuticas medicamentosas tranquilizantes, só vindo a ser reavivado na década de 1980 com novas atividades formativas e o relançamento dos serviços de reabilitação propostos no programa de Saúde Mental da Direção-Geral de Cuidados de Saúde Primários em 1985.

3.2. Regionalização e descentralização dos serviços de saúde mental

Tem início com a promulgação da Lei 2006 de 1945. Caracteriza-se pelo desenvolvimento de estruturas extrainstitucionais mais abertas às necessidades da comunidade, que passam a ser não só de diagnóstico e tratamento em regime ambulatório e domiciliário, mas também preventivas e de promoção da saúde mental, individual e coletiva.

O país fica dividido em três zonas (Norte, Centro e Sul) e são criados cerca de 30 dispensários, a funcionarem quase exclusivamente nos principais centros urbanos e, a partir de 1958, com equipas móveis de técnicos que assistem as populações mais periféricas. Esta lei previa já a colaboração com os médicos de saúde pública e os médicos escolares.

Com a promulgação da Lei de Bases da Saúde Mental 2118, de 1963, abre-se caminho à criação de Centros de Saúde Mental, vindo a ser criados 22 Centros em todo o país, incluindo três na área da saúde mental infantil em Lisboa, Porto e Coimbra. A criação destes Centros veio permitir uma prestação de cuidados psiquiátricos descentralizada, mas os apoios e recursos previstos foram sempre escassos.

3.3. Integração dos cuidados de saúde mental na saúde pública e rede de cuidados de saúde primários

Com a promulgação da Lei Orgânica do Ministério da Saúde e Assistência em 1971 (Decretos-lei 413 e 414) define-se um sistema estruturado e hierarquizado de cuidados de saúde completos à população baseado numa rede local de centros de saúde.

A Lei previa a integração dos cuidados de saúde mental de tipo ambulatório na rede dos Centros de Saúde e os cuidados de internamento psiquiátrico na rede de Hospitais Gerais e Psiquiátricos. No Decreto-Lei 413/71 prevê-se a extinção do Instituto de Assistência Psiquiátrica e a organização de uma Direção-Geral de Serviços de Saúde Mental integrada na Direção-Geral de Saúde. O ano de 1971 é pois o início do 3.º período correspondente à progressiva integração dos serviços e cuidados psiquiátricos e de saúde mental no sistema de cuidados de saúde pública.

A intenção de integrar os cuidados de saúde mental na rede de cuidados de saúde primários volta a ser confirmada na Lei 56/79 do Serviço Nacional de Saúde, acabando por efetivar-se em 1984 por força do Decreto-lei 74-C/84, que cria no Ministério da Saúde a Direção-Geral de Cuidados Primários e, nela integrada, uma Direção de Serviços de Saúde Mental. É extinto o Instituto de Assistência Psiquiátrica.

O programa de Saúde Mental aprovado em 1985 considera que a manutenção dos serviços de saúde mental na rede de cuidados de saúde primários e de saúde pública constitui um passo fundamental para a indispensável abertura dos serviços psiquiátricos à população e aos problemas de saúde mental. O programa inclui ações sectoriais a desenvolver no domínio dos problemas ligados ao álcool, saúde mental infantil, enfermagem de saúde mental e psiquiatria e reabilitação.

Em 1988, é aprovado um programa de reorganização dos serviços de saúde mental, visando a criação de um sistema abrangente de serviços alternativos aos hospitais psiquiátricos, com inserção comunitária, para indivíduos com perturbação mental ou toxicomania.

Sampaio Faria (1990) enfatiza que se têm desenvolvido pouco os meios de reabilitação ou de ocupação dos doentes limitados pela doença e perdidos para a atividade normal na sociedade.

A partir da década de 1990, no que podemos balizar como um 4.º período, entram em vigor diplomas legais mais significativos, dos quais se destacam os seguintes: a) Decreto-lei 127/92, que integra os Centros de Saúde Mental nos Hospitais Gerais e os Centros de Saúde Mental Infantil nos Hospitais Pediátricos, sob a designação de Departamentos; b) Lei de Saúde Mental 36/98 (AR, 1998) e Decreto-lei 35/99 (MS, 1999), sobre a Organização dos Serviços de Psiquiatria e Saúde Mental, definindo direitos básicos dos pacientes e regulando o internamento compulsivo, e apontando linhas organizativas gerais similares às das reformas efetuadas nos países da União Europeia;[1] e, finalmente, c) Plano da Reforma (2007-2016) atualmente em curso (PCM, 2008).

---

[1] A Lei de Saúde Mental 36/98 enumera os direitos fundamentais dos doentes e determina que a prestação de cuidados seja promovida prioritariamente ao nível da comunidade, sendo os serviços locais a base do sistema nacional de saúde mental, devendo funcionar de forma integrada e em estreita articulação com os centros de saúde e demais serviços e estabelecimentos de saúde. É ainda valorizada a reabilitação psicossocial, que deve ser «assegurada, de preferência, em estruturas residenciais», para doentes de evolução prolongada, e «centros de dia e unidades para treino e reinserção profissional» (AR, 1998).

4. As novas orientações à entrada do novo milénio

Em abril de 2001, foi criada uma Rede de Referenciação Hospitalar de Psiquiatria e Saúde Mental com o objetivo de garantir o acesso aos serviços e instituições prestadoras dos cuidados de saúde aos doentes que deles necessitem e que consiste num sistema regulador das relações entre as instituições hospitalares, de forma a melhorar a sua complementaridade e racionalizar a prestação de apoio técnico (DGS, 2004: 5). Volvidos três anos, tornou-se necessário proceder a uma revisão e atualização do documento. Assim, em 2004, foi publicado um novo documento onde o próprio título foi alterado. Retirou-se a expressão "hospitalar", por se entender

> não se esgotarem nesta vertente os cuidados prestados às populações, estando incluídas igualmente as componentes dos cuidados de saúde primários e os cuidados comunitários. [...] Esta revisão e actualização pretende abranger diferentes áreas específicas, nomeadamente: Rede de Psiquiatria de Adultos, Rede de Psiquiatria da Infância e da Adolescência, Rede de Urgências, Psiquiatria Forense, Instituições Sociais, Censo Psiquiátrico [e] Plano Nacional de Saúde Mental (DGS, 2004: 5-6).

Foi também em 2004 que a Direção-Geral da Saúde promoveu a organização da segunda Conferência Nacional de Saúde Mental. Este evento, a par do lançamento da Rede de Referenciação, veio contribuir para «chamar a atenção para a necessidade de se colocar a saúde mental na agenda de saúde pública em Portugal e de se implementarem as mudanças preconizadas pela Lei de saúde mental» (CNRSSM, 2007: 32).

Finalmente, em abril de 2006, foi criada a Comissão Nacional para a Reestruturação dos Serviços de Saúde Mental, com «a missão de estudar a situação da prestação dos cuidados de saúde mental ao nível nacional e [...] propor um plano de acção para a reestruturação e desenvolvimento» dos serviços de saúde mental e de «apresentar recomendações quanto à sua implementação» (MS, 2006a).

Do trabalho da CNRSSM resultou a *Proposta de Plano de Acção para a Reestruturação e Desenvolvimento dos Serviços de Saúde Mental em Portugal – 2007-2016* (CNRSSM, 2007), que veio a ser aprovada pelo Governo (PCM, 2008) e se encontra atualmente em execução.

Neste Plano, a ideia de que a saúde mental deve ser tratada como uma prioridade de saúde pública é justificada com o facto de estudos epidemiológicos mostrarem que os problemas de saúde mental se tornaram a principal causa de incapacidade nas sociedades atuais e de as previsões apontarem para um agravamento desta situação. Fala-se do modelo de intervenção comunitária como correspondendo ao novo paradigma de cuidados de saúde mental defendido em todo o mundo e são apresentados alguns estudos internacionais que, comparando os serviços baseados neste novo modelo com os serviços tradicionais de base hospitalar, mostram que os serviços comunitários são mais efetivos e são largamente preferidos pelos pacientes e suas famílias.

Na medida em que o Plano se dedica sobretudo à reestruturação dos serviços, limitamo-nos aqui a apresentar os desafios e propostas a esse nível. O Plano apresenta quatro grandes desafios:

- Completar a rede nacional de Serviços Locais de Saúde Mental (SLSM) e promover a diferenciação dos cuidados prestados por estes serviços
- Desenvolver serviços e programas para a reabilitação e desinstitucionalização de Doentes Mentais Graves (DMG)
- Desenvolver os serviços de âmbito regional (SRSM) necessários para complementar os Serviços locais em áreas específicas
- Coordenar a reestruturação[/desativação] dos hospitais psiquiátricos à medida que as respostas por eles asseguradas forem sendo transferidas para outros serviços (CNRSSM, 2007: 66].

Na verdade, ficaram bem identificados os grandes desafios de uma reforma do sistema português: a descentralização dos cuidados e a organização dos serviços à escala local, a desinstitucionalização com garantias de acompanhamento técnico aos doentes que abandonem o internamento hospitalar, a existência de serviços de retaguarda que complementem a nível regional a ação dos serviços locais e a gestão do processo de transferência das competências e de meios dos hospitais desativados.

O Plano contém um conjunto vasto de ações para responder a estes problemas, do qual se dará conta apenas das mais importantes ou daquelas que têm suscitado mais reações por parte dos participantes neste processo de reforma.

Primeiro, ações para melhorar a rede nacional de Serviços Locais de Saúde Mental (SLSM). O Plano visa, entre outras,

> criar condições para que as equipas dos hospitais psiquiátricos possam progressivamente sair para a comunidade e preparar-se para, progressivamente, se transferirem para os DPSM de hospitais gerais a criar nos próximos anos.

> [...]
> [e] promover medidas que facilitem a constituição de equipas comunitárias habilitadas a desenvolver programas integrados para Doentes Mentais Graves e a trabalhar em conjunto com os Cuidados Primários (CNRSSM, 2007: 67-68).

Segundo, ações para desenvolver os serviços e programas para a reabilitação psicossocial e desinstitucionalização dos doentes mentais graves. O Plano contempla um maior investimento nas seguintes respostas sociais:

> *a.* *Residências* protegidas [...] de pequena dimensão (5 a 7 pessoas) de forma a criar um ambiente semelhante ao meio familiar;
> *b.* *Centros comunitários* para socialização, treino de competências sociais e promoção da integração social;
> *c.* *Serviços de orientação, formação e reabilitação profissional*;
> *d.* *Sistemas de emprego apoiado e apoios à contratação* no mercado de trabalho;
> *e.* *Cooperativas ou empresas de inserção*;
> *f.* *Serviços de apoio domiciliário* associados a respostas habitacionais independentes e individualizadas;
> *g.* *Grupos de auto-ajuda* para promoção de autonomia e *empowerment*;
> *h.* *Grupos psico-educacionais* para doentes e famílias;
> [...]
> (CNRSSM, 2007: 89, itálicos acrescentados).

É defendida a criação da *Rede Nacional de Cuidados Continuados*,

> constituída por unidades e equipas de cuidados continuados de saúde mental e ou apoio social, com origem nos serviços comunitários de proximidade, abrangendo os serviços locais de saúde mental, os centros de saúde, os serviços distritais e locais de segurança social, a Rede Solidária e as autarquias locais (CNRSSM, 2007: 90).

Esta Rede de Cuidados Continuados é um instrumento fundamental para concretizar os objetivos de reabilitação psicossocial e desinstitucionalização dos doentes mentais graves.[2]

---

[2] Para uma visão das diferentes perspetivas sobre esta rede, cf. Hespanha e Hespanha (2011).

Terceiro, ações para a organização dos serviços regionais de saúde mental. Consideram-se essenciais, para o período inicial de cinco anos:

- Serviços de internamento para doentes inimputáveis – 3 serviços no país: no HJM [Hospital Júlio de Matos], HSC [Hospital Sobral Cid] e HML [Hospital Magalhães Lemos]
- Serviços de Internamento para "Doentes Difíceis" (exigindo condições especiais de segurança, programas específicos e maior rácio de profissionais/doentes) – 3 serviços no país – no HJM, HSC e HML
- Unidades de tratamento para perturbações do comportamento alimentar – 3 no país, em hospitais gerais a determinar (CNRSSM, 2007: 92-93).

Para além destas, incluem-se ainda três Unidades de internamento psiquiátrico para idosos nos mesmos Hospitais acima referidos.

Quarto, ações para a reestruturação/desativação dos Hospitais psiquiátricos. O Plano desenha uma estratégia de reestruturação que se pretende fazer progressivamente e cujos objetivos de curto prazo (até final de 2008) são:

- promover o desenvolvimento dos serviços locais de saúde mental assegurados pelos HP, reforçando a intervenção comunitária
- concentrar o internamento de doentes agudos em hospitais psiquiátricos de Coimbra no HSC
- preparar a saída dos primeiros doentes a desinstitucionalizar durante este período (CNRSSM, 2007: 95).

5. Obstáculos e resistências na execução do Plano

Praticamente desde a sua aprovação, a reforma dos CSM desenhada no Plano tem vindo a deparar-se com obstáculos sérios no seu desenvolvimento. Dentre os mais evidentes, salienta-se, de um lado, a escassez de meios materiais e humanos para a sua realização e, do outro, a oposição das organizações representativas dos médicos psiquiatras, do Colégio de Especialidade da Ordem dos Médicos e de sindicatos médicos.

As críticas são muitas. Numa abordagem necessariamente sintética, identificam-se os principais pontos de fricção e questiona-se o sentido das críticas, distinguindo entre o que nelas é mero produto de resistência corporativa e o que resulta de atuações menos conseguidas.

Começamos pela desconfiança dos psiquiatras relativamente ao modelo de ação seguido pelo Plano e ao lugar do psiquiatra na estrutura do sistema de cuidados.

O projeto de diploma que cria as Unidades de Cuidados Continuados Integrados de Saúde Mental (UCCISM) define estes cuidados como

> o conjunto de intervenções sequenciais de psiquiatria e saúde mental e de apoio social, decorrente da avaliação conjunta, centrado na reabilitação das pessoas com incapacidade psicossocial, entendida como o processo terapêutico e de apoio social, activo e contínuo, que visa a promoção da autonomia e a melhoria da funcionalidade da pessoa em situações de dependência com vista à sua integração familiar e social (MS, 2010: 258).

O Colégio de Especialidade, em parecer que elaborou relativamente a este diploma, chama a atenção para o «perigo de se transformarem "situações do âmbito médico em situações do âmbito social"» (*Tempo Medicina*, 2008a).

Para demonstrar a afirmação, denunciam o cuidado que o Plano tem em evitar a designação *doentes* para as pessoas que vão ser o alvo dos cuidados e apontam para os resultados desastrosos ocorridos em outros países, «pois atiraram doentes psiquiátricos exclusivamente para as mãos de assistentes sociais e psicólogos». Refere-se, expressamente, o caso do Brasil e a experiência dos CAPS[3] (*Tempo e Medicina*, 2008a).

Trata-se da conhecida pretensão por parte da profissão, e fundada numa conceção biomédica da doença mental, de uma competência exclusiva para tratar esta doença e do pressuposto de que o portador de doença mental é um doente como qualquer outro.

Na argumentação do parecer,

> não se pode deixar em claro ou ao sabor da miríade de técnicos a avaliação dos doentes com vista à definição do plano de intervenção e, sobretudo, as bases sobre as quais esse plano vai ser definido. Isto é, a quem compete indicar qual o plano de intervenção que vai ser aplicado a um doente particular a ser integrado na rede de cuidados continuados e qual o modelo de avaliação proposto?
> [...]
> Este Colégio está muito apreensivo se esta proposta for avante, pois tememos que a assistência aos doentes psiquiátricos possa entrar numa fase de ruptura e o país possa sofrer as consequências de um grande investimento sem as respectivas recompensas (*Tempo Medicina*, 2008a).

[3] Centros de Atenção Psicossocial.

A mesma postura é assumida pelos responsáveis dos sindicatos médicos:

No parecer da Federação Nacional dos Médicos (FNAM), a propósito das designadas "residências de apoio máximo" refere-se que «é a visão sociológica que está patente», existindo um «esvaziamento da problemática médica das doenças mentais». Os dirigentes do Sindicato Independente dos Médicos (SIM) também são de opinião que esta é uma «proposta de modelo social da Psiquiatria e não de um modelo médico» (*Tempo Medicina*, 2008a).

O facto de serem atribuídas a outros profissionais não médicos competências no desenho das intervenções junto dos doentes mentais suscitou os maiores reparos.

É que «o principal mecanismo para definir o tipo de intervenções a que um doente está sujeito é aquilo a que foi chamada "avaliação conjunta"», diz o parecer do Colégio da Especialidade de Psiquiatria. Mas, acrescenta, «não está definido a quem cabe esse papel determinante». Também os responsáveis do SIM [Sindicato Independente dos Médicos] frisam que não há «referência específica» ao tipo de cuidados a prestar.
Os Serviços Locais de Saúde Mental são também um aspecto criticado pelas entidades que analisaram a proposta da tutela. O assunto, [...], merece [...] a análise dos dirigentes da FNAM, os quais frisam que «o principal problema do projecto de diploma» está na ausência daquelas estruturas. É por isso que propõem que a sua criação deverá ser a «grande prioridade». Também no parecer do Colégio da Especialidade está referido que a proposta fala apenas em articulação entre aqueles serviços, «deixando por definir os termos em que essa articulação se processa» (*Tempo Medicina*, 2008a).

Uma segunda área de críticas tem que ver com o desenvolvimento dos cuidados continuados para a saúde mental.

A coincidência do desenvolvimento dos cuidados continuados em Portugal com o desenvolvimento do primeiro plano nacional de saúde mental veio permitir a resolução de um dos principais problemas da reforma de saúde mental: a criação de residências, de unidades de dia na comunidade e de programas de apoio domiciliário. Isto implica que todas as partes envolvidas neste processo – profissionais da saúde mental, dos cuidados continuados e da segurança social – passem a trabalhar em conjunto, a encontrar uma linguagem comum, a estabelecer compromissos, a criar soluções consensuais que funcionem na prática.

Porém, as críticas dos psiquiatras e dos sindicatos têm-se multiplicado. O Colégio da Especialidade refere que as unidades de convalescença, no âmbito dos cuidados continuados de saúde mental, são «onerosas e replicativas dos serviços já existentes» (*Tempo Medicina*, 2008a). Relativamente às residências de média duração e de reabilitação afirma-se que elas geram «poucos ganhos em autonomia e integração psicossocial» do doente (*ibid.*). Contudo, retorque o responsável pelo Plano de Reforma, a filosofia destas residências é situarem-se obrigatoriamente nas comunidades e não mais nas instituições psiquiátricas. Elas parecem particularmente adequadas à «preparação e treino de doentes há muito tempo institucionalizados em instituições psiquiátricas e que se desejam envolvidos num processo de reabilitação e desinstitucionalização» (*Tempo Medicina*, 2008b).

Uma outra crítica, partilhada tanto pelo Colégio, quanto pelos sindicatos, é a de a composição das equipas e os respetivos cuidados a prestar não estarem devidamente especificados.

Porém, como reage de novo o responsável pela Reforma,

> o diploma especifica, com grande detalhe, a finalidade de cada uma das unidades, a composição das equipas, bem como os cuidados a prestar pelas mesmas. Não só descreve os objectivos específicos de cada unidade e o tipo de doentes a que se destinam, como onde deverão estar implantadas, quais os serviços que prestam e quem deve assegurar a sua coordenação (*Tempo e Medicina*, 2008b).

A crítica de que os serviços locais de saúde mental praticamente não existem radica no facto de que, apesar de cerca de três quartos da população portuguesa já ser assistida por serviços locais de saúde mental, essa assistência é feita nos departamentos ou serviços de Psiquiatria e Saúde Mental dos hospitais gerais do País, ou seja em serviços com padrões pouco diferenciados de prestação de cuidados e com escassa intervenção na comunidade (*Tempo Medicina*, 2009a).

A solução encontrada para contrariar este problema foi desenvolver equipas de saúde mental na comunidade. Está em curso, desde outubro de 2008, «um plano nacional de formação de profissionais neste domínio» e está previsto «o financiamento de projectos inovadores na comunidade», mas a iniciativa de «apostar no desenvolvimento de programas integrados para doentes mentais graves com base na comunidade cabe aos serviços, o que implica não continuar a concentrar a maioria dos recursos disponíveis nas actividades hospitalares» (*Tempo Medicina*, 2008b).

Foram previstas várias ações no âmbito das reformas da saúde mental, dentre as quais o lançamento de projetos de saúde mental na comunidade nas várias regiões do País, o início dos projetos de cuidados continuados de saúde e o desenvolvimento de «acções destinadas a promover a reabilitação psicossocial e o apoio ao emprego das pessoas com doença mental» (*Tempo Medicina*, 2008b), mas sua execução é dececionante.

A falta de recursos humanos e a exiguidade do financiamento levaram a que a desativação de alguns hospitais psiquiátricos fosse feita sem estarem no terreno as respostas previstas para fazer face a esse encerramento: novos serviços ou respostas comunitárias. É o caso do Hospital de Miguel Bombarda (HMB), em Lisboa, do Hospital Psiquiátrico do Lorvão e do Centro de Reabilitação de Arnes, ambos na região de Coimbra.

> Por ora, foram criados os serviços de Psiquiatria no Hospital de N.ª Sr.ª da Graça, em Tomar, e no Hospital de Garcia de Orta, em Almada, estando este último «longe de satisfazer as necessidades para que foi criado», pois, segundo a especialista [Maria Antónia Frasquilho], não assegura a urgência psiquiátrica 24 horas por dia, nem realiza trabalho na comunidade (*Tempo Medicina*, 2008c).

Porém, como realça José Manuel Jara, diretor do Serviço de Psiquiatria do CPHL,

> aqueles dois serviços «já existiam sem internamento», faltando a criação de novas estruturas: «Qualquer verdadeira reforma da saúde mental e da Psiquiatria teria de criar novos serviços, recrutar novos recursos humanos em quantidade e ter meios novos de financiamento. Não se vê nada disso.» (*Tempo Medicina*, 2008c).

A promessa de «não encerrar unidades sem que estivessem criadas as condições necessárias para fazer face à desactivação dos hospitais psiquiátricos» (*Tempo Medicina*, 2008c) afinal parece não estar a ser cumprida.

Mais, algumas alterações feitas fazem prever um retorno à velha conceção asilar em certos estabelecimentos.

> «Dois dos hospitais psiquiátricos são agora asilos», disse José Manuel Jara, para quem o Hospital do Lorvão se transformou «no asilo do Lorvão» e o HMB «voltou a ser o asilo de Rilhafoles», depois de os serviços de clínica de agudos dessas unidades terem sido transferidos para as sedes dos centros hospitalares. Por lá, ficaram apenas «os doentes crónicos e [os doentes] de Psiquiatria forense», disse Manuel Guerreiro [coordenador de serviço no CHPL] (*Tempo Medicina*, 2008c).

Por sua vez, os conselhos de administração são acusados de exercer pressão sobre os seus psiquiatras

> «para que os doentes difíceis, com doenças mais prolongadas, tenham estadas abreviadas em termos de internamento» [segundo Maria Antónia Frasquilho], isto sem estarem criadas as estruturas necessárias à continuidade de tratamento, como hospitais de dia, o acesso facilitado a consultas ou as unidades de cuidados continuados (*Tempo Medicina*, 2008c).

Verificam-se também queixas de «falta de "apoio" para a criação de mais equipas comunitárias e da "burocratização" do trabalho das que já existem» [Manuel Guerreiro] (*Tempo Medicina*, 2008c).

> O Coordenador Nacional para a Saúde Mental, José Caldas de Almeida, lembrou que «o internamento nesta área consome 83% dos recursos financeiros» a ela afectos, quando não deve ultrapassar os 50% em países desenvolvidos. Ao contrário, os programas de saúde comunitária são insuficientes.
> [...]
> Nas Urgências, só 17% das pessoas tinham sido referenciadas pelo médico de família; das que tinham tentado marcar consulta mais de 60% tiveram dificuldade ou mesmo impossibilidade de o fazer; e 82% dos reinternamentos ocorreram sem qualquer consulta externa anterior (*Tempo Medicina*, 2008d).

Por tudo isto, assiste-se a uma desmobilização dos profissionais. De acordo com Maria António Frasquilho, «"os profissionais não estão, de modo algum, a ser envolvidos na reforma". E, mesmo assumindo que "não se impõem reformas de cima para baixo, as pessoas têm de ser trespassadas pelo valor do projecto"» (*Tempo Medicina*, 2008c).

6. A Reforma «ainda está por fazer»

Em finais de 2008, o autor do Plano de Reforma e coordenador Nacional para a Saúde Mental fazia esta afirmação, acrescentando que «"Portugal não cumpre ainda muitos dos compromissos assumidos com a Declaração de Helsínquia, em 2005, e que uma boa parte da população continua sem quaisquer cuidados" nesta área» (*Tempo Medicina*, 2008d). Ao fazer o balanço do plano em curso para a reestruturação da rede de cuidados, Caldas de Almeida notou que

> a cobertura tem aumentado progressivamente – «hoje já não estamos limitados a praticamente Lisboa, Porto e Coimbra» –, reconhecendo embora que é preciso fazer muito mais.

> [...]
>
> [...] a Lei da Saúde Mental prevê um sistema de cuidados integrados, com os hospitais gerais dotados de unidade de internamento de agudos, unidades comunitárias ligadas aos vários centros de saúde e estruturas de reabilitação e reinserção com residências e empresas sociais. A par com a transferência dos doentes dos hospitais psiquiátricos para os departamentos dos hospitais gerais, «é necessária uma aposta na diferenciação. O ideal é que cada região tenha uma equipa que assegure pelo menos um programa integrado para doentes mentais graves – que não têm outra resposta –, programas de ligação com a saúde familiar, apoio a doentes idosos e programas na área de prevenção (depressão, suicídio, alcoolismo)» (*Tempo Medicina*, 2008d).

Porém, algum sucesso nos casos de encerramento não foi acompanhado de igual sucesso na criação de estruturas locais de acompanhamento e apoio, desde logo por falta de recursos humanos e materiais. Isto coloca uma grande incógnita quanto à capacidade de desenvolver o Plano de reforma.

Em audição Parlamentar ocorrida em dezembro de 2008, o responsável pelo Plano «reconheceu que não sabe se conseguirá levar o Plano Nacional de Saúde Mental (PNSM) a bom porto até 2016, mas garante que os encerramentos de hospitais psiquiátricos "avançaram muito melhor" do que estava à espera» (*Tempo Medicina*, 2008e). Pouco tempo depois e quanto ao problema dos recursos, Caldas de Almeida considerou que «o risco não é faltar dinheiro, o risco é não conseguirmos gastá-lo todo» (*Tempo Medicina*, 2009b), uma vez que o Governo tinha anunciado, em fevereiro de 2009, a disponibilização de 5 milhões de euros para financiar programas na comunidade destinados a doentes mentais graves, no âmbito do Plano Nacional de Saúde Mental (PNSM).

CAPÍTULO 2

DESINSTITUCIONALIZAÇÃO E REINTEGRAÇÃO SOCIAL

Como foi referido, a análise do processo de desinstitucionalização da doença mental assentou num estudo de caso centrado nas relações entre uma instituição psiquiátrica e os seus doentes num contexto temporal em que uma reforma estrutural dos serviços de saúde mental estava a ser levada a cabo. O lançamento do Plano Nacional de Saúde Mental (2007-2016), sobre o qual incidiu o ponto anterior, gerou a oportunidade de conhecer não só aquelas relações, mas também os efeitos que um processo de reforma desencadeia na própria instituição objeto de reforma.

A instituição estudada é o Hospital Sobral Cid (HSC), uma das unidades da rede pública de hospitais psiquiátricos que atingia em 1969, ano da criação da última, as cinco unidades. Em 1848, fora fundado em Lisboa o Hospital de Alienados de Rilhafoles (mais tarde designado de Miguel Bombarda), em 1942, o Hospital Júlio de Matos em Lisboa, em 1945, o Hospital Sobral Cid em Coimbra, em 1962, o Hospital Magalhães Lemos no Porto e, em 1969, o Hospital Psiquiátrico do Lorvão (anteriormente uma colónia agrícola de caráter asilar). Para além destas instituições públicas, a assistência particular foi criando diversas outras, como o Hospital Conde Ferreira no Porto, em 1883, pela Santa Casa da Misericórdia local; a Casa de Saúde do Telhal, em 1893, pela Ordem Hospitaleira São João de Deus; e a Casa de Saúde de Idanha (Belas), em 1895, pela mesma Ordem.

1. O passado de um hospital psiquiátrico

O Hospital Sobral Cid[1] foi criado em 1945 após um longo período de hesitações que se seguiu a uma campanha de sensibilização da opinião pública lançada por Bissaya Barreto em 1933.[2]

---

[1] Designação que homenageia José de Matos Sobral Cid – Professor da Universidade de Coimbra e, posteriormente, da de Lisboa, Ministro da Instrução Pública e Diretor do Hospital de Santa Marta (mais tarde do Hospital Miguel Bombarda) – que é considerado o criador da "escola portuguesa de psicopatologia clínica" (Mendonça, 2006: 42).

[2] Bissaya Barreto foi Professor da Universidade de Coimbra e influente político do Salazarismo, tendo-se notabilizado pela fundação de instituições assistenciais na cidade e na região de Coimbra (Barreto, 1970).

Aprovado o projeto em 1935, só dez anos mais tarde o Hospital viria a ser construído e inaugurado.[3] O seu desenho traduzia uma conceção inovadora do espaço, «aberto, pavilionar e polivalente», em rutura com a tradição dos hospitais psiquiátricos fechados, monobloco, de «arquitectura mais ou menos carcerária», privilegiando-se «a recuperação clínica e social dos doentes» (Fernandes, 1959) através da ocupação e do trabalho, sempre que possível, e não tanto o confinamento do doente para defesa do próprio e da sociedade. Nesse sentido, o HSC dispunha de uma quinta anexa para atividades agrícolas e desde o início a terapia ocupacional, ou ergoterapia como era então designada,[4] encaminhava os doentes para o trabalho agrícola e a atividade agropecuária nessa quinta.[5]

As terapêuticas mais convencionais usadas na época incluíam o choque insulínico, o eletrochoque, a piretoterapia, os banhos quentes de imersão prolongada, curas de sono e medicamentos sedativos e hipnóticos (Mendonça, 2006: 63). Sendo muito reduzida a sua eficácia no controlo dos sintomas, cabia aos enfermeiros gerir adequadamente os estados de agressividade, agitação ou imobilismos catatónicos, através não só desses recursos, mas também do confinamento isolado.

Em termos muito gerais, a história desta instituição desdobra-se em diferentes períodos marcados por formas diversas de entender a doença mental, a filosofia dos cuidados aos doentes e a missão dos hospitais psiquiátricos. Mais do que uma sucessão de formas de entendimento, trata-se da coexistência, em grande medida conflitual, mais latente do que presente, dessas diferentes formas, inspiradas em experiências de ação mais ou menos inovadoras e forte-

---

[3] O HPSC foi criado pelo Decreto-Lei 34 547, de 28 de abril de 1945, na sequência da lei 2006, de 11 de abril de 1945, que visou alargar a todo o país a Assistência Psiquiátrica, instituindo em cada uma das três zonas – norte, centro e sul – em que divide o território nacional um Centro de Assistência Psiquiátrica constituído por uma Direção, um Dispensário Central e Dispensários regionais, Hospitais Psiquiátricos, Clínicas Psiquiátricas e Asilos Psiquiátricos. O contacto com os doentes fazia-se por diversas vias, incluindo brigadas móveis para visita aos doentes.

[4] A ideia remonta ao século XVIII e a Philippe Pinel, que viu na realização de trabalho regular uma forma de recuperação dos doentes mentais.

[5] «Criada em 1945, pelo Prof. Bissaya Barreto segundo o modelo de instituições de assistência psiquiátrica europeias que visitou nos anos 30, a Unidade Sobral Cid tem actualmente 18 edifícios inseridos numa área de 10 hectares, onde predominam imensas zonas verdes» (sítio na internet do CHPC <http://www.chpc.min-saude.pt/chpc/historia/Pages/SobralCid.aspx>).

mente determinadas pelos avanços do conhecimento em matéria de controlo dos sintomas da doença.

De uma forma muito esquemática podem reconstituir-se hoje quatro períodos diferentes na história da instituição tendo em conta o modo como esta foi respondendo à evolução dos conhecimentos acerca da saúde mental e incorporando uma missão específica.[6]

O período inicial, desde a fundação até ao início da década de 1950, foi marcado pelo crescimento rápido da instituição e pelo grande entusiasmo dos profissionais em assumir a missão para que ela fora criada.

O período subsequente, do início da década de 1950 até 1963, ficou marcado pela estagnação e pela desmotivação e abandono por parte dos profissionais face à insuficiência de recursos e falta de vontade política de realizar a missão da instituição (Mendonça, 2006: 75).[7]

Um terceiro período, entre 1963 e 1970, marcado por tentativas de dinamização da atividade da instituição, foi influenciado não só pelo movimento internacional de reforma da ação psiquiátrica no sentido da abertura terapêutica como também pelo reconhecimento generalizado das limitações das terapias psicofarmacológicas.

Finalmente, um quarto período, até à atualidade, de mudanças muito lentas na abertura da instituição ao exterior, marcado por um contexto de grande indefinição a nível das políticas de saúde mental.

Nos pontos seguintes abordar-se-á sucessivamente a organização e funcionamento da instituição à data do início do estudo e o impacto do Plano Nacional de Saúde Mental 2007-2016 (doravante designado de Plano) e das reformas por este lançadas na própria instituição.

Uma síntese rápida das primeiras fases permite entender melhor aquilo que a instituição é no presente e o peso que os fatores históricos (modos de gestão e de organização; competências, autonomias e hierarquias profissionais; margem de autonomia ou dependência da tutela) tiveram na sua atual configuração.

---

[6] Esta sistematização deveu muito à contribuição decisiva de Manuela Mendonça, médica psiquiátrica com longa carreira no HSC, designadamente ao seu testemunho acerca da história da instituição publicado em 2006 (Mendonça, 2006).

[7] A discussão havida antes da aprovação da lei, quer na Assembleia Nacional, quer na Câmara Corporativa, evidenciou desde cedo as dificuldades em concretizar no terreno a filosofia desinstitucionalizadora e descentralizadora dos cuidados de saúde mental (Assembleia Nacional, 1963).

Passada a euforia inicial ligada a um projeto que se considerava inovador, a filosofia de cuidados do HSC perde progressivamente a orientação aberta com que fora pensada e determina-se cada vez mais por objetivos de gestão que valorizam o equilíbrio das contas da instituição e a disciplina rígida sobre os profissionais, representando uma relativa descentração da atenção nos doentes. A quinta passou a ser vista como fonte de receita e os doentes como mão-de--obra barata, deixando a terapia ocupacional de se determinar pelo estado e necessidades terapêuticas dos doentes (Mendonça, 2006: 77).

Os anos da década de 1960 são de rutura em todos os domínios e por toda a parte. Na saúde mental dão-se algumas mudanças dignas de nota pelos impactos que provocaram nas instituições psiquiátricas: a descoberta dos psicofármacos, a divulgação da psicanálise e do movimento internacional pela higiene mental e as críticas ao modelo institucionalista dos cuidados de saúde mental (Mendonça, 2006: 95).

Como se viu acima, em Portugal, a nova filosofia de cuidados expressa na Lei de Saúde Mental de 1963, que procurou introduzir uma abordagem desinstitucionalizadora passando o acesso ao sistema a fazer-se através de Centros de Saúde Mental e tendo os hospitais psiquiátricos apenas uma ação de retaguarda, esbarrou contra enormes dificuldades.

No caso do HSC, o regime da institucionalização à época era muito pesado, desde logo pelas degradadas condições de vida dos doentes. Os doentes crónicos, classificados nas categorias de "tranquilos", "agitados" e "gatistas",[8] eram colocados em pavilhões distintos conforme a categoria e, em particular, no caso do pavilhão dos mais perturbados, a falta de higiene e o abandono eram notórios (Mendonça, 2006: 99, 106). Alguns deles eram mandados, por falta de espaço, para as duas Clínicas de homens e de mulheres que deviam apenas internar casos agudos. Os próprios doentes com tuberculose, embora em número reduzido, tiveram de ser internados juntamente com os outros quando se esgotou a capacidade do pavilhão que lhes estava atribuído, sem separação ou vigilância adequada (*ibid.*: 99). As crianças conviviam com deficientes profundos, epiléticos graves e autistas em deploráveis condições (*ibid.*: 100).[9]

---

[8] Deficientes mentais profundos incontinentes.

[9] Os profissionais tinham sido ensinados que «nestas crianças nada há a fazer, é tonificá-las e alimentá-las, o recomendado era mantê-las caladas e sossegadas» (Mendonça, 2006: 100).

Em vinte anos decorridos sobre a sua abertura, o HSC

> tinha apagado por completo a expectativa ambiciosa para que fora criado, confinando-se a uma actividade rotineira e limitada, reduzida à prestação de cuidados a um pequeno número de doentes agudos, ao quase abandono duma enorme população asilar, inactiva pela não organização da terapia ocupacional e inactivada pelo uso e abuso da terapia neuroléptica. Transformara-se num asilo superlotado, de condições deploráveis, conservando como clínicas apenas os pavilhões de menor lotação, também eles já mistos de doentes agudos e crónicos (Mendonça, 2006: 100).

A síntese que nos é dada por Manuela Mendonça da atuação do Hospital nessa altura salienta que: os tratamentos praticados seguiam uma rotina sem qualquer inovação; quando apareceram os primeiros psicofármacos, foram usados em abundância e indiscriminadamente; a ergoterapia visava apenas «entreter» os doentes em tarefas úteis para a instituição; os doentes deambulavam pelas áleas do hospital, «passivos», «rígidos, impregnados de neurolépticos, desinteressados e afastados do mundo», vestindo «uniformes sombrios», nem sempre completos, nem sempre à medida, «patenteando a imagem do grande asilo de alienados»; os médicos da secção tinham a seu cargo mais de um pavilhão «repleto de doentes», não se estabilizando em nenhum desses pavilhões e respondendo apenas a solicitações dos enfermeiros responsáveis por cada um destes. Vigorando um regime de *roullement* dos enfermeiros pelos vários pavilhões, a continuidade de acompanhamento e de cuidados perdia-se; os enfermeiros tinham com os doentes «uma relação muito amigável, de certa forma autoritária, essencialmente protectora»; as relações entre médicos e enfermeiros estabeleciam-se verticalmente, aparentemente de bonomia e paternalismo, mas evidenciando bem a distância entre ambas as profissões; a Direção «cingia-se a dar continuidade a uma rotina arrastada no tempo», não tendo instituído o hábito de os profissionais reunirem para discutir os assuntos de trabalho; não havia assistentes sociais; as famílias e a sociedade não aceitavam facilmente o retorno do doente sem lhes ser garantida «a não violência e [a não] perigosidade, a capacidade de retomar o trabalho» e, por isso, «preferiam mantê-los internados *sine die*»; «não havia qualquer intercâmbio com o ensino universitário e o Hospital era um *ghetto* isolado da cidade, das outras instituições de saúde, do próprio Dispensário de onde provinham os doentes» (Mendonça, 2006).

O Pavilhão 14, em 1971

Nos dois andares do edifício residiam nas mais deploráveis condições de conforto e higiene, 70 homens completamente alienados. Os 35 que ocupavam o piso inferior tinham, *todos*, comportamento gatista, contribuindo sobremaneira para o cheiro insuportável que pairava por todo o pavilhão, atingindo corredores, escadas, gabinetes de enfermeiros e médicos. Apenas 14 doentes tinham alguma ocupação destinada, uns no exterior, limpando as ruas do Hospital, outros dentro do pavilhão, desempenhando tarefas domésticas, os 'melhores' ajudando os enfermeiros a cuidar dos 'piores'. Os restantes deambulavam descalços, semi-nus, ou mesmo nus. Segundo os enfermeiros, 'não se adaptavam' ao calçado nem à roupa. Ali se encontrava o resíduo dos tuberculosos que haviam desaparecido do Pavilhão 8, quando este fora extinto como Pavilhão de Tisiologia para passar a Clínica Masculina. Num total de sete, três deles tinham baciloscopia positiva. Apenas estes eram sujeitos a um simulacro de isolamento durante a noite, estando-lhes reservada uma pequena enfermaria de cinco camas. Os grandes agitados ocupavam os escassos e exíguos quartos de isolamento, mais parecendo enxovias, com ou sem sanita.
A maior parte dos doentes tinha longos anos de internamento, determinado pelos tribunais pela prática de ilícitos criminais graves, inclusive de homicídios, devidos a doença. E, simplesmente, foram ficando esquecidos e abandonados, exemplificando à evidência o efeito progressivamente alienante do isolamento e da falta de estímulo do velho asilo Psiquiátrico.
Enfermagem exclusivamente masculina. Um chefe do pavilhão e um só enfermeiro em cada piso. Durante a noite, um só enfermeiro para os dois pisos. Assim se compreendia por que o isolamento dos tuberculosos e o tratamento das louças (em comum) estivessem a cargo do Raimundo – um doente extremamente perturbado – que se treinara nessa tarefa. Nem o pessoal nem os doentes estavam protegidos por vacinas.
O Pavilhão 14 está a funcionar em condições que considero não apenas deficientes, mas vergonhosas, por desumanas. Na verdade, a expressão 'condições deficientes' não consegue exprimir a realidade que ali se vive: não só o péssimo ambiente psiquiátrico, mas também de imundície e contágio fácil a que são forçados os doentes e o pessoal, com a agravante de não haver quaisquer possibilidades de evitar tal situação, com a escassez dos recursos atribuídos ao pavilhão. [...] Creio, pois, ser imprescindível e urgente para que o psiquiatra possa aproximar-se daqueles doentes insensibilizados e desumanizados, quebrar em primeiro lugar essa barreira de conspurcação, para que em seguida possa tentar quebrar outras barreiras e procurar acesso a possíveis resíduos de extractos um pouco mais elevados naquelas mentes, que eventualmente tenham subsistido à alienação iatrogénica de tantos anos!
(Mendonça, 2006: 164)

O quadro descrito aproxima bastante este hospital das instituições asilares do passado, que se queriam reformar profundamente com a nova Lei de Saúde Mental de 1963.

Porém, no HSC a reforma não parece ter constituído «motivo de preocupação e de interesse» (Mendonça, 2006: 104) e o seu impacto só veio a ser sentido mais tarde, em 1969, quando foram extintos os Dispensários Centrais e criado um Dispensário no próprio hospital, que funcionava como consulta externa.

A filosofia era agora a de garantir ao doente uma maior continuidade no seu acompanhamento, quer em internamento, quer em ambulatório, concentrando na mesma instituição todas as fases do processo terapêutico, desde a deteção à reabilitação. Por outro lado, novas valências extra-hospitalares (incluindo as brigadas móveis de apoio aos doentes no seu domicílio) foram cometidas ao hospital e exigiram um tipo de organização diferente do anterior e muito orientado para a prevenção da doença e o acompanhamento do doente e para uma ação alargada para fora do hospital, cobrindo uma determinada área geodemográfica.

A nova filosofia de uma psiquiatria de sector e os novos serviços criados para lhe dar corpo não foram acompanhadas por uma consciência da necessidade das reformas e acabaram por dividir os profissionais[10] e manter hesitante e pouco inovadora a Direção. Por isso, o que veio a mudar foi mais o resultado de iniciativas individuais ou de pequenos grupos de profissionais do que fruto de orientações emanadas de cima.

A implantação de uma filosofia de sector implicava um conjunto de mudanças não propriamente fáceis de conseguir: "sectorizar" todas as estruturas, do atendimento aos pavilhões, criar equipas terapêuticas multiprofissionais em permanência, incorporar assistentes sociais, articular com a saúde pública.

A chegada de jovens profissionais, com outras experiências ou com uma perceção mais atualizada do que é a intervenção psiquiátrica, veio favorecer mudanças paulatinas no sentido de orientar a instituição mais para a reabilitação e o conforto dos doentes. Em 1970, são contratadas as primeiras assistentes sociais e, sem surpresa, a sua presença teve também de vencer muitas resistências corporativas[11] e de demonstrar a «vantagem de um conhecimento pluridimensional da saúde e da situação sócio-familiar dos doentes» (Mendonça, 2006: 139).

[10] «Foi grande o período de confusão interna [...]. Caiu verticalmente o nível assistencial, a ergoterapia, a coesão dos médicos» (Mendonça, 2006: 133).

[11] Segundo observa Manuela Mendonça, essa presença representava o fim do binómio clássico médico-enfermeiro e uma quebra no prestígio e autossuficiência médica (*ibid.*: 138).

Vejamos algumas dessas alterações e as dificuldades que tiveram para se implantar.

O sistema de registos dos doentes não permitia uma intervenção personalizada nem o conhecimento dos contextos de vida de origem, «ambiente sócio-familiar e possibilidade de recuperação e alta». Os melhoramentos foram sendo introduzidos aos poucos e sobretudo depois da admissão das assistentes socias (Mendonça, 2006).

A formação prática de novos profissionais de psiquiatria, a partir de 1964, permitiu, entre outros objetivos, afinar a «metodologia da observação do doente», a «elaboração da história clínica», desenvolver o raciocínio de diagnóstico, incutir a responsabilidade relativamente à qualidade dos serviços e sua organização e a criação de uma cultura de «não alienação progressiva em internamentos prolongados» (Mendonça, 2006: 111).

Uma nova conceção da terapia ocupacional foi emergindo por ação dos jovens estagiários de forma a romper com a tradição de manter ocupados os doentes e de atribuir aos enfermeiros a escolha das modalidades de ocupação,[12] mas essa mudança demorou muito tempo, só sendo criado o Serviço de Reabilitação em 1990.

A prática de uma equipa alargada[13] reunir regularmente para estudar os casos do ponto de vista médico e social foi instituída em 1972 e compreendia o trabalho em sector e o trabalho com doentes internados (Mendonça, 2006: 141). Relativamente aos doentes crónicos residentes, o objetivo visado era «dar o máximo de oportunidades e meios para melhorar a sua vida de relação, aproximando-a o mais possível duma vida normal» (*ibid.*: 142). A sua desinstitucionalização passava por um processo de recuperação que era, nas situações concretas deste hospital, muito difícil de se realizar pois estas equipas estavam integradas numa estrutura hospitalar rígida, não dispunham de liberdade sequer para pequenas iniciativas, faltava no Hospital um plano de ação global, o número de técnicos era insuficiente e o sistema de *roullement* impedia a estabilidade das equipas, «contribuindo para o desgaste e a frustração» (*ibid.*: 143).

A criação, em 1970, de um centro de convívio partilhado por profissionais e doentes seria uma boa iniciativa no sentido de usar o centro como um espaço e

[12] Em 1967, realizou-se a primeira exposição de trabalhos executados na área de terapia ocupacional do Hospital (Mendonça, 2006: 123).

[13] Constituída pelo médico psiquiatra, médico estagiário, enfermeiro-chefe do pavilhão, enfermeiro ergoterapeuta, enfermeiro de dispensário e assistente social.

oportunidade de ação socioterapêutica tal como em outros lados se fizera com êxito, se não fosse a surpresa e mesmo hostilidade por parte de quase toda a gente – médicos, enfermeiros, administrativos e os próprios doentes. A ideia vingaria com grande esforço de persuasão e muita informação sobre a experiência dos clubes e comunidades terapêuticas[14] e manteve-se ativo por quinze anos até ser substituído por um Clube de Doentes, orientado por terapeutas ocupacionais, e uma Casa do Pessoal.

Aos poucos, também o trabalho em equipa ia produzindo os seus frutos, quer no modo de cuidar dos doentes internados (estimulando a sua atividade, fomentando a sua relação social, despertando motivos de interesse), quer no modo de organizar o trabalho extra-hospitalar de sector, aproximando a sociedade do doente, tornando este aceitável pela família e pelo seu meio social e laboral.

Mais estimulados para a atividade, os doentes passam a sair mais acompanhados, usam mais a terapia ocupacional de uma forma não impositiva, envolvem-se em atividades lúdicas, ganham espaços mais atrativos para convívio.

As relações entre técnicos foram melhorando também pelo reconhecimento do papel específico desempenhado por cada especialidade e por uma relação mais horizontal facilitada pelo trabalho em equipa. Progressivamente, as assistentes sociais foram sendo reconhecidas nas suas competências e na utilidade do seu trabalho junto das famílias, comunidades e empregadores.

A queda da ditadura, em 1974, e a redemocratização da sociedade portuguesa que se lhe seguiu vieram tornar mais compreensível a necessidade e a urgência de uma reforma dos hospitais psiquiátricos e de toda a política de saúde mental. Nos anos imediatos à revolução, todas as causas foram ardentemente defendidas e debatidas, favorecendo decerto os radicalismos, mas contribuindo para o surgimento de uma consciência social particularmente atenta aos grupos mais marginalizados da sociedade. Foi, sobretudo, no campo das mentalidades que as mudanças foram mais profundas: consciência da situação de discriminação e marginalização dos doentes mentais, reconhecimento de direitos dos doentes fundados na dignidade humana e na cidadania, reconceptualização da doença mental como problema social e dos cuidados como fator de ressocialização,

---

[14] Segundo Mendonça, foi necessário «começar por dinamizar o pessoal hospitalar, habituá-lo a um convívio saudável, ao convívio social com os doentes, à sua aceitação em novas actividades, para, gradualmente, ir avançando numa linha socio-terapêutica mais específica» (2006: 161).

indissociação da intervenção em saúde mental, em cuidados primários e em saúde pública, consciência das dinâmicas de poder dentro e entre as profissões da saúde e muitos outros aspetos.

Manuela Mendonça, cronista informada do que se passou no HSC nesses tempos, tem uma visão muito negativa do período ao ponto de ignorar as melhorias que estavam a ser introduzidas nos cuidados. Em termos gerais, refere, por um lado, que a irrupção das correntes antipsiquiátricas contribuiu muito para o descrédito generalizado dos hospitais psiquiátricos perante a opinião pública, ao denunciar «os aspectos negativos das piores áreas dos hospitais psiquiátricos antiquados». Por outro lado, refere a total indefinição política quanto à saúde mental, o legislar de alcance pontual e de forma precipitada e as intermináveis querelas entre especialistas e profissionais. Internamente ao HSC, sublinha o eclodir de dissensões entre os grupos profissionais, uma atitude muito laxista relativamente ao tratamento e às atividades de terapia ocupacional fundada num pretenso respeito pela liberdade dos doentes, uma quebra das rotinas de trabalho e da disciplina organizacional e a consequente desmotivação dos responsáveis.

Os efeitos desta «euforia contagiosa de ideólogos e povo», expressão que ela usa para designar a movimentação social e o debate de ideias desencadeados pela revolução, não só não teriam impedido como teriam até ajudado a consolidar os princípios da integração do doente na sociedade e da abertura do hospital ao exterior que estavam na base da psiquiatria de sector que se começara a implantar mesmo antes do 25 de Abril. Para isso, ajudou também, no campo profissional e na decisão política, a difusão das correntes da psiquiatria social.

Foram criados dois grandes sectores, cada um com pavilhões masculinos e femininos para internamento e médicos, enfermeiros e assistentes sociais próprios. A terapia ocupacional foi intensificada para os doentes de evolução prolongada, mas sem segregar estes dos outros doentes. Do ponto de vista da ligação com a comunidade, cada sector passou a responder pela população dos concelhos que lhe foi atribuída através de serviços de consultas, internamento, recuperação, apoio domiciliário e trabalho comunitário. Para tal, iniciou-se uma prática de colaboração com os Centros de Saúde.[15]

[15] A área de influência do HSC compreendia 16 concelhos (10 do Distrito de Coimbra, 4 do de Leiria e 2 do de Aveiro) e uma população de cerca de 430 mil habitantes.

Este processo de alteração das rotinas não foi pacífico, antes pontuado por avanços e recuos. Apoiado pelos assistentes sociais e os médicos mais jovens, sofreu de uma forte resistência por parte dos médicos mais velhos e dos enfermeiros, mais ciosos dos "seus" doentes e jogando com a lealdade destes para travar a mudança (Mendonça, 2006: 197). Finalmente, em 1981, depois de um longo período de hesitações mas também de experimentação, o projeto de sectorização foi formalmente aceite pela Direção do Hospital e posto em execução.

Mudanças menores, mas não menos importantes para a qualidade de vida dos doentes, tinham ocorrido entretanto: substituição de roupas e vestuário dos doentes, do mobiliário e loiças dos pavilhões, introdução de um sistema de limpeza mecanizado, criação de uma *boutique*, de um salão de cabeleireiro e de um quiosque para venda de revistas, abertura de um circuito de manutenção e de um recinto polidesportivo, distribuição de fatos de treino pelos doentes e intensificação das atividades lúdicas e de lazer com a crescente participação de pessoas e grupos exteriores ao hospital.

Ainda em 1981, é admitida a primeira terapeuta ocupacional e o primeiro psicólogo, que, tal como as assistente sociais, tiveram de conquistar a pulso os seus espaços profissionais.

Em 1984 – ano em que foi criada uma Direção de Serviços de Saúde Mental na DG dos Cuidados de Saúde Primários[16] e em que foi eleito no HSC um novo Conselho de Gerência favorável ao desenvolvimento de uma política de expansão dos serviços ambulatórios e à progressiva redução da sua intervenção a casos especiais de doentes agudos que não pudessem ser resolvidos por esses serviços – a situação do HSC era ainda muito problemática (Mendonça, 2006: 246 e ss.). Não existiam ainda estruturas extra-hospitalares que evitassem o internamento de doentes e assegurassem o acompanhamento de proximidade, nem havia «acções programadas dirigidas à comunidade», para além do limitado serviço domiciliário para a administração de neurolépticos *retard*. A articulação entre saúde mental e saúde pública era ainda muito incipiente. Faltavam claramente recursos humanos e financeiros para atender e dar resposta às necessidades da população com problemas de saúde mental e implantar com decisão uma prática de psiquiatria comunitária. Internamente, faltavam também os espaços para atividades de terapia ocupacional e outras terapias não convencionais, sendo que as práticas terapêuticas que continuavam largamente a dominar eram

[16] Esta Direção de Serviços substituía na prática o Instituto de Assistência Psiquiátrica.

ainda as farmacológicas. Manuela Mendonça, então Presidente do Conselho de Gerência do HSC, enfatiza muito, no plano interno, os problemas de resistências, conflitos e desconfiança por parte dos profissionais, a dispersão e o voluntarismo nas atividades ludoterapêuticas (Mendonça, 2006: 269), a persistência de uma perspetiva asilar por parte de muitos profissionais. Êxito marcante foi, para si, a decisão de suspender a criação de um novo pavilhão para internamentos e a criação no seu lugar de três núcleos funcionais ou serviços: o de Formação e Investigação, o de Terapias Alternativas (fisioterapia; terapias comportamentais, analíticas e grupais; e socioterapias) e o de Ação Médica (reunindo os responsáveis das equipas médica, de enfermagem e de serviço social). Investimentos posteriores permitiram dotar o pavilhão de equipamento adequado às atividades criadas. O efeito destas novas atividades foi muito positivo para gerar confiança quanto à capacidade de mudança e decisivo para a criação mais tarde do núcleo de terapia ocupacional e do hospital de dia,[17] para além da «criação de condições logísticas» para a instalação das clínicas de sector.

As atividades de formação melhoraram bastante com a organização de estágios de internato, ricos em atividades de apresentação e discussão de casos e de temas teóricos, ciclos de conferências, seminários sobre especialidades diversas com convidados de elevado padrão. Também a formação de clínicos gerais foi alargada. Atividades de formação regular dos profissionais do HSC em diferentes áreas permitiu uma atualização de competências importantíssima para o relançamento da ação que se pretendia.

Em 1988, a Direção de Serviços de Saúde Mental da Direção-Geral de Cuidados de Saúde Primários é entregue a Caldas de Almeida, que procura proceder a uma reorganização dos Serviços sob os pressupostos da desinstitucionalização prevista desde a lei de 1963. Num documento produzido na altura sobre os serviços existentes, referia-se que, em Coimbra, «o planeamento dos serviços de saúde mental encontra-se numa fase preliminar» e defendia-se a necessidade de decidir o futuro das instituições existentes (*apud* Mendonça, 2006: 307). No entendimento da administração de então, a reorganização do HSC poderia no futuro orientar-se para uma de três saídas – um Centro de Saúde Mental de polivalência alargada, um Hospital Central Especializado «em evolução adequada» ou um Hospital Psiquiátrico «gerando em si próprio um Centro de Saúde

[17] O Hospital de Dia foi criado em 1998 como um serviço de internamento parcial destinado ao tratamento de doentes através de um conjunto de terapias que permitiam um trabalho psicoterapêutico contínuo, intensivo e personalizado em ligação com a família e a comunidade.

Mental» –, mas em qualquer caso salvaguardada sempre a «expansão integral dos seus recursos polivalentes» (*apud* Mendonça, 2006: 308).[18]

Em 1989, foi inaugurado o pavilhão expressamente construído para o funcionamento do serviço de terapia ocupacional, que incluía oficinas de serralharia, carpintaria, cestaria, cerâmica, pintura, bordados, corte e confeção, encadernação, cozinha, lavandaria. No mesmo edifício, um amplo espaço foi atribuído ao Clube dos Doentes e um outro, igualmente amplo, foi pensado como multiusos, permitindo a sua utilização para atividades desportivas e como auditório com 100 lugares.

Estava concluído o plano de desenvolvimento para uma psiquiatria de sector no HSC. Quatro equipas polivalentes constituídas por médicos, enfermeiros e uma assistente social e dirigidas por um psiquiatra garantiam os cuidados à população dos quatro sectores geográficos em que a área de ação do HSC fora dividida. A responsabilidade dos cuidados em cada sector era assumida pelos cuidados ambulatórios (visitas domiciliárias, ligação aos Centros de Saúde e consulta externa) e pelos cuidados no próprio Hospital através das Clínicas de Sector (duas clínicas por cada sector) para tratamento em regime de internamento e de unidades residenciais para doentes que sempre haviam residido no Hospital. Para apoio de cada sector dispunha-se de um conjunto de serviços comuns: laboratórios, consultas de medicina geral e de neurologia, terapia ocupacional, terapias alternativas, serviço de atendimento de urgência, unidade de curto internamento e serviço de reabilitação.

A importância deste último serviço para um processo de desinstitucionalização é óbvia. Com a sua criação, em 1990, os doentes de evolução prolongada foram avaliados e, com base nessa avaliação, constituídos quatro grupos com diferentes possibilidades de reabilitação e com diferentes necessidades em termos de reabilitação.[19] Para cada um deles foi estabelecido um programa de atividades adequado.

---

[18] É manifesta a discordância da Presidente do Conselho de Gestão, Manuela Mendonça, relativamente à orientação defendida por Caldas de Almeida de desvalorizar o papel do psiquiatra na condução dos cuidados de saúde mental face ao papel de outros terapeutas (na formulação dela, «substituir a prática psiquiátrica por um conjunto de medidas comunitárias ditas de saúde mental»).

[19] Eram eles: 1. doentes que podiam ser reintegrados na família ou em outro grupo social; 2. doentes que podiam ser reintegrados em residência protegida; 3. doentes idosos dificilmente integráveis, em que se procuraria melhorar a autonomia pessoal, tendo em vista uma futura colocação em lar de longa permanência; e 4. doentes sem autonomia e com necessidades de cuidados elevadas que deveriam permanecer em instituição hospitalar psiquiátrica.

Porém, os recursos necessários para pôr em andamento a reabilitação nestes termos nunca foram conseguidos, apesar do investimento em formação que foi feito com os profissionais existentes.[20] Ainda assim, para além das atividades oficinais herdadas da terapia ocupacional, o serviço de reabilitação desenvolvia atividades sócio-recreativas nos domínios cultural e de lazer, dentro e fora do Hospital, e diversas atividades de vida diária, criativas, de integração sensorial, de integração social e outras.

Também a consulta externa, que tinha funcionado sempre dentro da cidade, com a degradação do edifício e a impossibilidade de substituí-lo por um outro condigno, acabou por ser transferida para a sede do HSC em 1990, alterando uma política sempre defendida de manter na cidade um espaço de atendimento menos marcado pelo peso estigmatizador da instituição psiquiátrica.

Em 1992, o HSC disponibilizava uma grande diversidade de serviços: atendimento em consulta, internamento de curta duração, tratamento em regime de internamento, acompanhamento ambulatório, serviço domiciliário, terapias de reabilitação para doentes crónicos, urgência, internamento de inimputáveis perigosos. Para isso, contava com um quadro de recursos humanos composto por 12 médicos, 19 internos, 154 enfermeiros, 9 assistentes sociais, 5 técnicos de diagnóstico e terapêutica (Mendonça, 2006: 352). Esta diversidade de serviços e de profissionais espelhava alterações entretanto havidas na terapêutica usada: a farmacologia, até então dominante, combina-se agora com terapias ocupacionais e de lazer, com reabilitação e com psicoterapias individuais ou de grupo.

O fluxo de doentes também sofrera alterações significativas. O número de internamentos estava a diminuir, ficando bem abaixo da lotação técnica (321 em 525) e o mesmo acontecia com as urgências. A duração média do internamento de agudos, por sua vez, reduzira-se para os 18 dias. Em contrapartida, a consulta externa passava a ter uma função de substituição decisiva (Mendonça, 2006: 357).

No final da década de 1980,[21] e a despeito do esforço organizativo e de progressos palpáveis, o Hospital apresentava-se ainda pouco dinamizado: escassas reuniões clínicas ou sessões teóricas onde compareciam apenas algumas pessoas, aliás sempre as mesmas, pouca comunicação entre técnicos, atividade rotineira com escasso lugar para preocupações teóricas ou discussão de questões assistenciais, escassez de técnicos, quase nula produção de trabalhos científicos,

[20] Um psiquiatra (coordenador), três terapeutas, duas auxiliares, um monitor, uma cabeleireira, um barbeiro (Mendonça, 2006: 322).

[21] A história institucional deste período baseou-se em Pereira (1999).

total ausência de Encontros, Jornadas ou Congressos organizados pelo Hospital. Os serviços clínicos eram indiferenciados, coexistindo nos mesmos pavilhões (aliás mal equipados e pouco individualizados) doentes «agudos e crónicos», deficientes mentais, casos de alcoolismo e toxicodependência, doentes deprimidos, psicóticos em crise, etc. Tais factos justificavam todas as críticas aos Hospitais Psiquiátricos como cumprindo funções custodiais e asilares mais do que terapêuticas e reabilitadoras. Acrescente-se ainda o grande isolamento do Hospital em relação ao exterior, nomeadamente dos restantes Serviços de Saúde.

Foi possível, com grandes dificuldades e resistências, efetuar em 1991 uma separação entre agudos e residentes, que se revestia de importância fundamental dadas as profundas diferenças das problemáticas respetivas. Também o Internato médico e as suas atividades foram sofrendo importantes renovações e tornaram-se fermento de futuras transformações, abarcando nos seus programas as psicoterapias, as filosofias assistenciais, os seminários e sessões feitos por elementos de diversas proveniências e diferentes formações, sem quaisquer preconceitos de escolas. Foi este "coletivo" de internos, parte dos quais são hoje médicos do quadro do Hospital, que veio a protagonizar anos depois mudanças significativas que importa enumerar: realização de urgências no Hospital Geral, antes da decisão oficial obrigatória nesse sentido, colaboração em diversas consultas de ligação no Centro Hospitalar de Coimbra, assim como colaboração com Centros de Saúde, num grande esforço de presença na área dos Cuidados Primários.

Igualmente importante foi o esforço da criação de serviços e práticas diferenciadas a partir de 1993. As urgências passaram a ser feitas no Hospital Geral e, em número crescente, as consultas externas aumentaram muito, além dos progressos ligados às Consultas de Ligação, às Psicoterapias, às Formações e Estágios diversos que passaram a efetuar-se no Hospital. O Conselho de Administração renovou inteiramente os espaços físicos hospitalares e apoiou os projetos aprovados pela Direção Clínica. Realizaram-se, a partir de 1994, vários encontros, reuniões e congressos, (o que em quase 50 anos nunca acontecera), criou-se uma Associação e publicou-se uma Revista.

O prestígio do Hospital aumentou e a própria D.S.S.M., no seu Relatório de Atividades referente a 1998, fez-lhe duas referências positivas, sendo uma delas a avaliação que o próprio hospital protagonizou sobre a sua própria consulta feita por especialistas da Qualidade em Saúde estranhos aos serviços.

Nos anos subsequentes, a diferenciação funcional progrediu muito e caminhou-se no sentido de um serviço atualizado de Psiquiatria e Saúde Mental.

Importa, finalmente, referir a resposta que a Lei de Saúde Mental de 1998 (AR, 1998) provocou na instituição.

Pode dizer-se em geral que a reação foi positiva. No domínio dos internamentos compulsivos, ela permitia legalizar práticas por vezes necessárias e ajudar a redefinir direitos e deveres de forma atualizada e de acordo com os diversos textos legais em vigor. Também importante era o aparecimento de legislação dirigida a pessoas em situação de dependência, nomeadamente com doença psiquiátrica, visando criar respostas sócio-ocupacionais e residenciais, e orientadas pelos Ministérios da Saúde e do Trabalho e da Solidariedade, e que vinha preencher uma lacuna até então existente. O Decreto-Lei que estabelecia a organização da prestação de cuidados de Psiquiatria e Saúde Mental (MS, 1999) vinha melhorar muito a situação em termos legais mas, em termos práticos, era preciso fazer quase tudo, pois havia um grave défice de recursos humanos, de serviços locais, de departamentos de psiquiatria e de estruturas assistenciais, residenciais e de reabilitação. Aos Hospitais Psiquiátricos incumbia assegurar os cuidados de nível local, disponibilizar respostas de âmbito regional e assegurar os cuidados aos doentes de evolução prolongada. Por outro lado, nos processos de integração previstos, recomendava-se a diferenciação interna de cuidados e o desempenho de funções assistenciais diretas à população e, neste ponto, o Hospital já se tinha adiantado no tempo pois disponibilizou esses serviços antes de a legislação os apontar (Pereira, 1999).

A sectorização de facto, com áreas de responsabilidade atribuídas, nunca existiu na região de Coimbra, apenas áreas de influência dos diversos Serviços de Saúde Mental. Esperava-se que com a nova legislação pudessem ser tomadas medidas para a efetiva articulação funcional e integração progressiva da prestação de cuidados de saúde mental com os Hospitais Gerais, Centros de Saúde e Serviços do Sector Social, mas mais uma vez isso foi adiado.

Em síntese, pode concluir-se que o impacto da lei foi muito limitado: entre a sua aprovação, em 1998, e a aprovação do Plano Nacional de Saúde Mental, em 2008, mediou um longo período de incerteza e impasses.

2. A instituição na atualidade: uma visão cruzada dos dirigentes, profissionais e doentes

O facto de a nossa investigação se realizar no decurso do processo de aplicação de uma reforma que pretende ter um papel decisivo nos serviços de saúde mental e, em particular, nos hospitais psiquiátricos acabou por ter um impacto inesperado no próprio estudo, tornando-o também uma oportunidade para conhecer o decurso de um processo de reforma a partir de uma instituição, ela própria objeto de reforma.[22] Este capítulo expressa com muita clareza o esforço de reorientação que foi preciso imprimir ao estudo, acabando este por ser dominado por uma questão incidental que se revelou um campo experimental de excelência para testar as relações sociais mobilizadas em torno da desinstitucionalização.

2.1. A reforma em curso e o seu impacto na instituição

O Plano Nacional de Saúde Mental 2007-2016 inspira-se nos princípios da Lei de Saúde Mental de 1998 e propõe-se promover, até 2016, a descentralização dos serviços e a integração dos cuidados, quer nos hospitais gerais, quer nos cuidados continuados, «de modo a facilitar o acesso e diminuir a institucionalização» (PCM, 2008).

Na arquitetura dos serviços prevista no Decreto-Lei n.º 35/99 (MS, 1999) que regulamentou a referida Lei de Saúde Mental (AR, 1998), os serviços locais de saúde mental (SLSM) eram considerados a base do sistema nacional de saúde mental, competindo-lhes, em geral, assegurar a prestação de cuidados essenciais de saúde mental, quer a nível ambulatório, quer a nível do internamento (MS, 1999).

Sumariando o já exposto em outro local, os SLMS organizam-se numa rede de serviços que asseguram as funções de «a) consulta externa e intervenção na comunidade», em estruturas próprias e em articulação com os centros de saúde, através de equipas multiprofissionais e por sectores geodemográficos com cerca de 80 mil habitantes; «b) internamento [...] de doentes agudos, preferencialmente em hospitais gerais; c) internamento parcial;» d) urgências psiquiátricas em hospitais gerais; e e) «cuidados especializados a doentes internados em ligação com outras especialidades» (MS, 1999).

A prestação de cuidados de saúde mental faz-se ainda em unidades de reabilitação psicossocial, designadamente centros sócio-ocupacionais, residências para doentes de evolução prolongada e estruturas para treino e reinserção profissional (MS, 1999).

O Despacho conjunto n.º 407/98, previa quatro modalidades de respostas para pessoas com doença do foro mental ou psiquiátrico: as «unidades de vida

---

[22] O estudo tinha sido proposto em 2006 e, quando se iniciou, em outubro de 2007, acabara de ser divulgado o Relatório da Comissão Nacional Para a Reestruturação dos Serviços de Saúde Mental (CNRSSM, 2007) o qual constituiu a base do Plano Nacional de Saúde Mental que haveria de ser aprovado, poucos meses depois, mais precisamente em 24 de janeiro de 2008 (PCM, 2008).

apoiada»,[23] para pessoas com limitação mental crónica; as «unidades de vida protegida»,[24] para pessoas com perturbação grave e dependentes; as «unidades de vida autónoma»,[25] para pessoas com perturbação grave mas com certa autonomia; e os «fóruns sócio-ocupacionais»[26] para perturbações mais ligeiras e temporárias (MS/MTS, 1998).

O Plano Nacional de Saúde Mental (PCM, 2008) manteve a filosofia de que a nova estrutura organizacional dos cuidados às pessoas portadoras de perturbações da saúde mental não se centrasse mais no hospital psiquiátrico mas, sim, em equipas e unidades multidisciplinares habilitadas a responder, de forma coordenada, aos aspetos médicos, psicológicos, sociais, de enfermagem e de reabilitação dessas pessoas.

O Decreto-Lei n.º 8/2010, veio regular a organização dessas equipas e unidades destinadas

> à prestação de apoio psicossocial e de cuidados médicos, ao reforço das competências, à reabilitação, à recuperação e integração social das pessoas com incapacidade psicossocial, bem como à promoção e reforço das capacidades das famílias que lidam com estas situações (MS, 2010).

---

[23] «Resposta habitacional, com capacidade média para 20 utentes, destinada a pessoas que, por limitação mental crónica e factores sociais graves, alcançaram um grau de desvantagem que não lhes permite organizar, sem apoio, as actividades de vida diária, mas que não necessitam de intervenção médica frequente» (MS/MTS, 1998: alínea a) do n.º 3.1.2).

[24] «Estrutura habitacional com capacidade para cinco a sete utentes destinada sobretudo ao treino de autonomia de pessoas adultas com *problemática psiquiátrica grave* e de evolução crónica, clinicamente estável desde que se verifiquem: potencialidades passíveis de desenvolvimento, pela integração em programa de reabilitação psicossocial; ausência de alternativa residencial ou, tendo-a, são rejeitados ou rejeitam os conviventes (mesmo familiares directos)» (MS/MTS, 1998: alínea b) do n.º 3.1.2 – itálicos acrescentados).

[25] «Estrutura habitacional, de dimensão e localização na comunidade com capacidade para cinco a sete utentes destinada a pessoas adultas *com problemática psiquiátrica grave* estabilizada e de evolução crónica, *com boa capacidade autonómica*, permitindo a sua integração em programa de formação profissional ou em emprego normal ou protegido e sem alternativa residencial satisfatória» (MS/MTS, 1998: alínea c) do n.º 3.1.2 – itálicos acrescentados).

[26] «Equipamento de pequena dimensão destinado a *pessoas com desvantagem*, transitória ou permanente, de origem psíquica, *visando a sua reinserção sócio-familiar e ou profissional* ou a sua eventual integração em programas de formação ou de emprego protegido» (MS/MTS, 1998: alínea d) do n.º 3.1.2 – itálicos acrescentados).

Os destinatários são «pessoas com doença mental grave de que resulte incapacidade psicossocial e que se encontrem em situação de dependência, independentemente da idade» (art.º 1.º, § 1) (MS, 2010).

Essas estruturas, tal como no Despacho conjunto n.º 407/98, podem assumir diferentes configurações – unidades residenciais, unidades sócio-ocupacionais e equipas de apoio domiciliário – e articulam-se «com os serviços locais de saúde mental (SLSM)[27] e com a rede nacional de cuidados continuados integrados (RNCCI)» (MS, 2010: art.º 1.º, § 2.).

As *unidades residenciais*[28] destinam-se a doentes estabilizados clinicamente e distinguem-se pelo grau de incapacidade psicossocial do doente.

As *unidades sócio-ocupacionais* (USO)[29] visam «a promoção de autonomia, a estabilidade emocional e a participação social, com vista à integração social, familiar e profissional» e, para isso, localizam-se na comunidade, em espaço físico próprio, e têm um número limitado de doentes (MS, 2010: art.º 14.º).

As *equipas de apoio domiciliário* (EAD)

> em cuidados continuados integrados de saúde mental desenvolve[m] as actividades necessárias de forma a:
> a) Maximizar a autonomia da pessoa com incapacidade psicossocial;
> b) Reforçar a sua rede de suporte social [...];

---

[27] Previstos no artigo 10.º do Decreto-Lei n.º 35/99 (MS, 1999). Cabe aos SLSM «a) a referenciação das pessoas com incapacidade psicossocial para as unidades e equipas de cuidados continuados integrados de saúde mental; b) a prestação de cuidados de psiquiatria e de saúde mental às pessoas com incapacidade psicossocial integradas nas unidades e equipas» (MS, 2010: art.º 7.º, n.º 2).

[28] Assumem as formas de: a) Residências de treino de autonomia, «localizada[s] preferencialmente na comunidade, destinada[s] a desenvolver programas de reabilitação psicossocial para pessoas com *moderado e reduzido grau* de incapacidade psicossocial [...] e que conservam alguma funcionalidade» (art.º 10.º); b) Residências autónomas de saúde mental, «localizada[s] na comunidade e destinada[s] a pessoas com um *reduzido grau* de incapacidade psicossocial, [...] sem suporte familiar ou social adequado» (art.º 11.º); c) Residências de apoio moderado, «localizada[s] na comunidade, destinada[s] a pessoas com *moderado grau* de incapacidade psicossocial, impossibilitadas de serem tratadas no domicílio por ausência de suporte familiar ou social adequado» (art.º 12.º); d) Residências de apoio máximo, «localizada[s] na comunidade, destinada a pessoas [...] com *elevado grau* de incapacidade psicossocial, impossibilitadas de serem tratadas no domicílio por ausência de suporte familiar ou social adequado» (art.º 13.º) (MS, 2010 – itálicos acrescentados).

[29] São destinadas a «pessoas com *moderado e reduzido grau* de incapacidade psicossocial, clinicamente estabilizadas, mas com disfuncionalidades na área relacional, ocupacional e de integração social» (MS, 2010: n.º 1 do art.º 14.º – itálicos acrescentados).

c) Melhorar a sua integração social e o acesso aos recursos comunitários;
d) Prevenir internamentos hospitalares e admissões em unidades residenciais;
e) Sinalizar e encaminhar situações de descompensação para os SLSM;
f) apoiar a participação das famílias e outros cuidadores na prestação de cuidados no domicílio (MS, 2010: n.º 1 do art.º 16.º).

Tratando-se de um sistema complexo a implantar ao longo da execução do Plano, a lei previa a manutenção provisória das unidades de vida apoiada criadas no âmbito do Despacho conjunto (MS/MTS, 1998), bem como outros estabelecimentos e serviços idênticos que se encontrem em funcionamento, assegurando a continuidade da prestação de cuidados já existente até serem reconvertidas nas unidades e equipas nela previstas.

O Relatório elaborado pela Comissão Nacional Para a Reestruturação dos Serviços de Saúde Mental (CNRSSM, 2007) é esclarecedor sobre os desafios que se colocam à implementação do plano de reforma que apresenta e sobre as dificuldades a resolver. Primeiro, o das condições para que os Departamentos de Psiquiatria e Saúde Mental dos hospitais gerais possam desempenhar as suas funções, com as dificuldades associadas de falta de pessoal, designadamente para a formação de equipas competentes de saúde mental comunitária, deficiência das instalações e falta de articulação com os cuidados primários. Segundo, o das condições para que os hospitais psiquiátricos possam libertar equipas para o trabalho na comunidade e para a transferência progressiva das suas funções para os hospitais gerais. Terceiro, a qualidade dos cuidados comunitários para doentes mentais graves com as dificuldades da falta de cuidados de prevenção de recaídas e reintegração dos doentes na comunidade e da falta de locais nas comunidades onde as equipas possam desenvolver as suas atividades[30] (CNRSSM, 2007).

Estas dificuldades de implementação das reformas previstas no Plano constituem o tema de fundo nesta parte do estudo, o qual procurou precisamente conhecer e aprofundar o seu impacto, o modo e as forças que se mobilizam para as contornar e também as resistências que as alimentam e amplificam.

Referem-se, primeiro, as mudanças programadas para a Região Centro com impacto no HSC e o respetivo calendário e estado de execução, apresentando para cada uma delas e sempre que possível a avaliação que os dirigentes entrevistados fazem dessas mudanças. Seguidamente, analisa-se e discute-se a visão dos

[30] Quando esses locais não possam ser os próprios centros de saúde, a Comissão recomenda a criação de unidades de saúde mental comunitária próximas da residência dos doentes.

mesmos dirigentes sobre a reforma, sobre o sentido atual da desinstitucionalização e sobre os resultados da implementação da reforma no âmbito do CHPC.

O Plano prevê para a Região Centro a centralização da gestão das unidades hospitalares preexistentes – hospitais Sobral Cid (HSC) e Lorvão (HL) e Centro Psiquiátrico de Recuperação de Arnes –, através da criação de um Centro Hospitalar único, e a transferência progressiva dos cuidados para a comunidade, através da criação de Unidades de Saúde Mental Comunitária, com vista a melhorar a acessibilidade e a qualidade dos cuidados às populações.[31] Simultaneamente, prevê-se a criação de Equipas de Saúde Mental Comunitária, destinadas a evoluir para Unidades de Saúde Mental Comunitária numa fase posterior.[32] Quanto às urgências psiquiátricas no distrito de Coimbra, a reorganização passa pela concentração do atendimento em apenas um único local e, nos outros distritos, prevê-se estabelecer formas de colaboração que permitam assegurar um atendimento às situações de urgência nas 24 horas (CNRSSM, 2007: 75).

O Plano prevê um conjunto de ações a realizar faseadamente ao longo da duração da reforma. Numa primeira fase, simplificadamente, no primeiro ano, estava previsto proceder à junção dos três hospitais psiquiátricos no Centro Hospitalar Psiquiátrico de Coimbra, com sede no HSC;[33] redefinir as áreas de influência dos vários serviços; e concentrar as urgências num só lugar. Na fase seguinte, até dezembro de 2009, estava previsto criar três Unidades de Saúde Mental Comunitária (Pinhal Interior, Litoral Sul e Litoral Norte[34]). Até 2012 estava previsto o desenvolvimento das restantes Unidades de Saúde Mental Comunitária (Pinhal Sul e Coimbra Norte), ambas afetas ao CHPC.[35]

---

[31] A localizar nas zonas do Pinhal Interior, do Litoral Sul e do Litoral Norte.

[32] A localizar nas zonas de Leiria Norte e de Coimbra Sul.

[33] Pela Portaria n.º 1580, de 12 de dezembro de 2007, foram extintos os Hospitais Psiquiátricos de Sobral Cid e do Lorvão e o Centro Psiquiátrico de Recuperação de Arnes, enquanto pessoas coletivas de direito público, sucedendo-lhes o Centro Hospitalar Psiquiátrico de Coimbra. A Colónia Agrícola do Lorvão fora criada em 1959 (Decreto-Lei n.º 42490/59, de 4 de setembro) e transformada em Hospital Psiquiátrico dez anos depois (Decreto-Lei n.º 49172/69, de 5 de agosto). A Colónia Agrícola de Arnes fora criada em 1963 (Decreto-Lei n.º 44911, de 7 de março), tendo nove anos depois sido transformado em Centro Psiquiátrico de Recuperação de Arnes (Decreto-Lei n.º127/92, de 3 de julho).

[34] Esta última afeta aos Hospitais da Universidade de Coimbra (HUC); as duas primeiras, ao CHPC.

[35] Atualmente existe um Serviço de Psiquiatria Comunitária que desempenha um papel importante na criação das Unidades de Saúde Mental Comunitárias de Leiria Norte e Pinhal Interior e desenvolve um Programa Integrado para Doentes Mentais Graves nas áreas de influência das USMC Coimbra Sul e Litoral Sul. Este serviço procura desenvolver

Finalmente, numa última fase e até dezembro de 2016, estava previsto completar a arquitetura da reforma com a transferência do internamento de doentes agudos do CHPC para o hospital geral e a desinstitucionalização dos doentes psiquiátricos (entenda-se os atuais residentes dos três hospitais reunidos no CHPC) para respostas que entretanto fossem oferecidas (CNRSSM, 2008: 31).

Em meados de 2010, e de acordo com a informação dos Dirigentes, a execução do Plano tinha avançado, estando cumpridas as metas que correspondiam a decisões autónomas da instituição e apenas por realizar aquelas que dependiam de decisão externa.

No primeiro caso, fora criado o Centro Hospitalar Psiquiátrico de Coimbra (CHPC), e para ele foram transferidos os serviços locais da área afeta ao Hospital do Lorvão e integradas as Unidades de Agudos. Por sua vez, o atendimento das urgências de Coimbra num único local já estava há muito em funcionamento.

No segundo caso, o acerto das áreas de influência dos vários serviços de acordo com a nova configuração da região Centro estava, em princípio, pronta a ser executada, mas dependia ainda da decisão de outras instituições (ARS, CSS, etc.); a criação das Unidades de Saúde Mental Comunitária de Pinhal Interior e Litoral Sul estava dependente apenas de decisão sobre o estatuto e regime de trabalho dos recursos humanos; e a criação da Unidade de Saúde Mental Comunitária do Litoral Norte, afeta aos HUC, aguardava execução, por ser igualmente considerado um problema de decisão política que excede a competência do CHPC.

A execução das outras fases da reforma ainda não tinha o seu calendário esgotado. É o caso do desenvolvimento das Unidades de Saúde Mental Comunitária de Pinhal Sul e Coimbra Norte, da transferência do internamento de agudos do Centro Hospitalar Psiquiátrico de Coimbra para hospital geral mediante a criação de novo Departamento de Psiquiatria e Saúde Mental (DPSM); e das medidas para a reabilitação e desinstitucionalização de doentes psiquiátricos, cujo plano de ação ainda continua por definir.

O problema dos doentes institucionalizados (muitos deles doentes crónicos e residentes há várias décadas nas unidades hospitalares) era mais difícil de resolver na ausência de respostas adequadas na comunidade. A sua resolução

---

«protocolos e parcerias com instituições das áreas respeitantes às três Unidades, no sentido de apoio e acompanhamento de pessoas portadoras de doença mental, que possam ter tido ou não tratamento em internamento neste Centro Hospitalar» (sítio na internet do CHPC <http://www.chpc.min-saude.pt>).

dependia, em grande medida, da entrada em funcionamento da rede nacional de cuidados continuados e integrados de saúde mental, mas a legislação que criou a Rede, Lei 8/2010 (MS, 2010), demorou três anos a sair e em 2010 ainda não estava regulamentada e muito menos pronta a ser aplicada.

2.2. A perspetiva dos dirigentes sobre a reforma

Sabendo o quanto depende o sucesso de uma reforma psiquiátrica da colaboração e empenhamento dos dirigentes e dos profissionais dos serviços, um primeiro aspeto tido em atenção neste estudo foi, obviamente, o da adesão da instituição ao Plano de reforma. Considerado um elemento decisivo para o êxito de um processo tão exigente e que vai afetar as estruturas da própria instituição, a adesão de dirigentes e profissionais depende de um conjunto de circunstâncias e fatores que se relacionam com aspetos tão diversos quanto a defesa da instituição e dos seus doentes, o conhecimento e a participação que tenham tido na preparação da reforma, as experiências anteriores de mudanças, o relacionamento e a confiança em outras instituições ou as resistências corporativas por parte dos diferentes grupos profissionais da instituição.

O primeiro dado de observação a salientar é a avaliação positiva que os responsáveis fazem da filosofia e do desenho do Plano, reconhecendo, em geral, o mérito do trabalho realizado pela Comissão, a validade dos princípios e objetivos que o Plano estabelece e a adequação e a coerência da arquitetura organizacional escolhida.

Porém, se existe adesão e consenso sobre estes aspetos da reforma, já o mesmo não se pode dizer sobre o seu modo de implementação, sendo particularmente mencionadas a falta de clarificação do processo de implementação, a reduzida participação dos profissionais neste processo, a exiguidade dos recursos postos à disposição para lhe dar execução, a falta de decisão ou vontade política em ultrapassar alguns obstáculos institucionais e outras objeções.[36]

> O Plano está muito bem desenhado e está muito bem feito, ou seja, existe aí aquilo a que se chama o primado da prestação de cuidados de proximidade (Presidente do Conselho de Administração – PCA).
>
> Eu penso que o plano está muito bom, muito bem feito. Mais uma vez, temos uma boa lei. [...] A filosofia, de uma maneira geral, eu estou perfeitamente de acordo

[36] Para uma abordagem mais geral da reação das organizações profissionais ao plano de reforma de 2007, vd. Hespanha (2010: 148 e ss.).

> com ela. Não estou de acordo é, muitas vezes, na maneira como se explica essa filosofia pelas pessoas que elaboraram o plano. Essa é que às vezes me assusta (Diretor Clínico – DC).

Ressalta destes testemunhos de dois dos dirigentes máximos da instituição a concordância com a filosofia e a crítica da falta de informação sobre como a filosofia da reforma vai ser desenvolvida no terreno. A mesma ideia de que faltou uma explicação clara aos profissionais sobre o que se pretende e como se pretende realizar é expressa por outros dirigentes ouvidos, que sublinham a necessidade de estimular a adesão dos profissionais. A difusão da informação, clara e atempada, seria um procedimento prático e de bom senso:

> Há coisas ou planos e projetos que às vezes falham porque, do ponto de vista das instituições ou dos serviços, não se conquistam as pessoas para aquele projeto e vai daí, não é o projeto em si, mas é sobretudo a forma como ele é explanado e posto em prática (Diretor do Hospital de Dia – DHD).

Mas as críticas não se limitam à falta de consulta dos profissionais. No caso desta instituição, um hospital psiquiátrico com mais de 60 anos de existência, o problema mais sério que a reforma veio trazer é o do seu próprio futuro. Na verdade, a filosofia da desinstitucionalização acolhida na reforma, ainda que o Plano tenha rodeado de cuidados a sua aplicação prática, implica o fim de hospitais especializados para a doença mental, a prestação de cuidados diferenciados em hospitais gerais, para casos agudos ou emergências, e a criação de serviços de cuidados descentralizados na comunidade.

Nos testemunhos recolhidos, embora reconhecendo a validade da filosofia da desinstitucionalização, os dirigentes mostram-se muito sensíveis ao impacto negativo que as mudanças possam causar na qualidade dos serviços prestados aos doentes, designadamente enquanto os novos serviços não forem criados e estiverem a funcionar bem no terreno. Por isso, muitos aspetos da execução do Plano são tematizados e discutidos, como se verá mais adiante: a desinstitucionalização dos doentes residentes, a transferência de serviços para os departamentos de psiquiatria dos hospitais gerais e para a unidades de saúde local, o papel do hospital no futuro, etc.

Ao mesmo tempo, existe consciência das dificuldades em levar a cabo as mudanças e por isso a opinião é incerta quanto ao êxito da reforma. O efeito das dificuldades traduzir-se-ia mais num atraso na execução da reforma do que propriamente num bloqueamento da reforma, sendo que nenhum dos dirigentes entrevistados prevê que em 2016 a substituição dos hospitais psiquiátricos por cuidados na comunidade esteja consumada, embora todos acreditem que muito já terá sido feito nesse sentido.

> Acho que não vai haver possibilidade de acabar com os hospitais. Mas eu acho que esta é a grande virtude deste plano. [...] As pessoas já estavam alertadas. Mas, finalmente, houve algo que levou as pessoas a pensar mais em ir para a comunidade, e isso acho que vai ser uma realidade. Em 2016 vamos ter muito mais trabalho na comunidade, e vamos estar muito mais lá, e se calhar menos no hospital [...]. Esta acho que é a grande virtude do plano (DC).

No plano prático, reconhece-se que o HSC está preparado e até dispõe de bons trunfos para a reforma: desde logo um corpo médico, cuja filosofia de ação assenta na psiquiatria de sector.

> O conceito de uma equipa que presta determinado serviço em psiquiatria e saúde mental, em determinada área, para uma continuidade de prestação de cuidados, é o princípio básico. E, portanto, trabalhar junto na proximidade o mais possível com as pessoas e com os cuidados de saúde primários, portanto com os centros de saúde. E foi sempre este *know-how* que tivemos cá em termos de organização clínica ou existencial. Sempre tivemos isto. A organização hospitalar depois teve algumas mudanças nesse sentido, mas nós nunca perdemos essa perspetiva [...]. Foi nela que fomos formados em termos do internato médico [...], Por exemplo, [...] os meus temas do internato eram a desinstitucionalização, a psiquiatria comunitária, a psiquiatria de sector, semelhanças e diferenças. [...] Portanto havia esta prática institucional (DHD).[37]

A prática de trabalho em equipa estaria bem consolidada neste hospital e os serviços abertos ao debate entre médicos, assistentes sociais, psicólogos

---

[37] A entrevistada reconhece que atualmente a organização não é mais esta. «Não é a da psiquiatria de sector. É mais [...] uma organização interna em que cada equipa gere o seu espaço e os doentes [...] são vistos pelo colega da equipa do internamento e, portanto, não tem esta... [Os doentes transitam] por vários profissionais em momentos diferentes. [...] Da minha filosofia de psiquiatria de sector, eu acho que um doente não era melhor acompanhado, mas sentir-se-ia mais apoiado quando isto acontecia. Agora isso não impede que nós não possamos... Se tivéssemos a flexibilidade suficiente para articularmos uns com os outros, se o trabalho existencial assim o permitir, é óbvio que isso também é uma questão que pode ser melhorada, não é? Em termos... que não tenha tanto peso na dimensão da prestação de cuidados» (DHD).

e terapeutas ocupacionais, o que se traduziria numa prática de trabalho em equipa pluridisciplinar e numa abordagem biopsicossocial da doença mental.

Quanto aos obstáculos que se levantam às reformas, foram referidos vários e de diversa natureza como já foi mencionado: falta de recursos, falta de vontade política, inércia e também oposição da opinião pública influenciada pela mediatização dos riscos. A falta de dinheiro, de recursos – acompanhada ou não da falta de vontade política – é decerto a razão mais apontada.

> A nossa filosofia foi sempre do incremento de proximidade de cuidados a partir do Hospital Psiquiátrico. Isso precisa de dinheiro, precisa de facto de se investir nessa área para serviços diferenciados. Para diferenciação de técnicos... E às vezes é por aí que as coisas encravam numa coisa... que depois não se implementam na prática, não é?
> Eu penso que o *budget* a nível governamental deveria de ser maior e haver um maior investimento nisto porque da nossa experiência e [com] a crise instalada, nós cada vez temos mais pessoas a recorrer aos serviços de urgências em situações que não são doenças mentais graves. São duas áreas: é as depressões na idade jovem e adulta e depois é os idosos com falta de assistência e com alterações do seu funcionamento e a precisar de muita ajuda porque com o envelhecimento da população cada vez temos mais problemas de gerontopsiquiatria (DHD).

A falta de recursos foi também apontada como justificação para a perda de motivação dos profissionais, sobretudo daqueles que se esforçam por introduzir mudanças e melhorar os serviços:

> Eu apresento um projeto, preciso destes recursos. [...] Se mos dão, o processo avança, se não mos dão, fico com o projeto na mão, com a sensação de que trabalhei para aquele projeto fora de horas e que depois não tive o retorno. Isso leva depois, do ponto de vista pessoal e do grupo, a este tipo de coisas... desmotivação (DHD).

Ainda no domínio dos recursos financeiros para a reforma, os dirigentes entrevistados discordam da ideia de que aquilo que se gasta a mais na criação das novas estruturas descentralizadas pode ser compensado, no final, pelo que se poupa nos hospitais psiquiátricos. Eles têm a consciência de que, pelo menos numa fase de transição, vai haver uma duplicação de gastos, nas novas estruturas e nos hospitais que ainda precisam de ser mantidos. Esta fase de transição afigura-se crítica e, por isso, precisa de ser gerida com muito cuidado e competência.

> Depois de as pessoas confiarem nos recursos [...] de proximidade e nos serviços de proximidade então, depois, é preferível começar a cortar e fazer a passagem suave da dotação orçamental de uma área para a outra (DHD).
>
> Portanto, tem que haver financiamento. Tem que haver uma altura em que tem que haver um aumento de financiamento, porque vai haver, certamente, duplicação; [...] e temos que ter uma visão estratégica duradoura (PCA).

O próprio hospital psiquiátrico poderá gerar outros recursos financeiros, alargando as suas atividades, por exemplo, ao domínio da investigação:

> Se houver uma definição correta do papel de um hospital psiquiátrico... Por exemplo, ele pode ter outro tipo de intervenção que não só os cuidados de psiquiatria geral [...]. Pode ter outra definição de investigação... investigação mais noutras áreas. E daí advirem também recursos [...] financeiros. E, portanto, não ficar a despesa tão grande para o Estado, não é? (DHD).

Para alguns, a falta de recursos não é única nem talvez a mais importante das dificuldades.

> Muitas vezes [...] aponta-se o dinheiro... Mas, se calhar, muitas vezes também o dinheiro só, não chega, não é? Porque eu acho que a sociedade em si tem que estar muito implicada, têm que estar as instituições... (DC).

A falta de vontade de mudar, mesmo por parte dos profissionais, é igualmente apontada pelo mesmo responsável. As resistências dos profissionais à mudança foram, em geral, consideradas também um problema mas para ele encontraram-se diferentes explicações.

Sabe-se que as mudanças necessárias (bem explicitadas no Plano) passam também pela redefinição do papel dos diferentes profissionais de acordo com uma conceção mais alargada do que é saúde e doença mental. Ora isto pode ser uma primeira fonte de resistências, como parece ser o caso do exclusivismo médico:

> Não conheço as outras realidades, mas na psiquiatria é sempre muito difícil mudar. [...] Nós, na psiquiatria, na saúde mental, acho que também andamos muito tempo [...] a ver o doente de uma forma muito psiquiatro-cêntrica. Isto é, o doente é do psiquiatra, o psiquiatra é que tinha de fazer tudo. E, de facto, esta mentalidade tem vindo a perder-se de uma forma muito marcada, mas tem de ser de facto perdida de uma forma clara. Os doentes são de todos, temos que trabalhar em equipa (DC).

Uma outra explicação para as resistências dos profissionais é que estes estão céticos relativamente às reformas e por isso não se envolvem muito na sua aplicação. Esta atitude resultaria do facto de, ao longo das suas carreiras, os profissionais já terem vivenciado por várias vezes o anúncio e a falência de reformas.

> Estou nisto... estou em psiquiatria há vinte e cinco anos. Já ouvi falar de diferentes reformas, desde [...] os centros de saúde mental passarem a ser departamentos de psiquiatria e saúde mental dos hospitais gerais. Foram conservados os hospitais psiquiátricos. Já pertencemos aos cuidados de saúde primários, deixámos de pertencer. [...] Portanto há um sem número de ir e vir que acaba por colocar os profissionais que podiam desenvolver os projetos com sentimentos de... «Oh, é mais um projeto. Isto nunca mais vai ter uma implementação planeada e correta.» O sentimento que às vezes nos atravessa é que as coisas não vão para a frente porque já assistimos a uma data de esforços e movimentos (DHD).

Outra explicação é de que as reformas mexem com a vida das pessoas e implicam algumas incomodidades pessoais. Por isso, elas não suscitam necessariamente a adesão dos profissionais mesmo que, para os doentes, sejam reconhecidamente positivas. Daí as resistências, passivas ou ativas...

> Daquilo que eu tenho visto, a resistência ativa tem mais que ver com pessoas do que com políticas. Tem mais que ver com ódios de estimação [...] que houve e que há... e de protagonistas, do que com outra coisa qualquer. Porque todos nós no papel somos capazes de ter isso em atenção..., mas como é fulano e é o sicrano que estão ali, está a ver? e como são guerras antigas, não se consegue ultrapassar isso (PCA).

A reforma também vem alterar radicalmente muitas das ideias e das práticas que se tinham rotinizado, sendo por isso difícil de absorver de imediato, o que, na perspetiva de uma dirigente, aconselha a um certo gradualismo na respetiva execução.

> Eu penso que a passagem tem que ser a dois tempos. Não pode ser tudo... porque senão é uma movimentação tão grande de mentalidades que as pessoas ficam assustadas com as mudanças (DHD).

Ainda assim, a avaliação que os dirigentes fazem destas resistências tende a ser no sentido de as naturalizar e, portanto, de desvalorizar o seu impacto.

> Eu acho [que houve] uma resistenciazinha ou outra, numa primeira fase. E nós tivemos que ter muito cuidado de falar com as pessoas, de explicar às pessoas... E eu acho que, de uma maneira geral, as pessoas aderiram. Sem grandes problemas, sem grandes conflitos... (DC)
>
> Neste momento as pessoas estão perfeitamente colaborantes e estão muito mais motivadas para trabalhar do que estavam numa fase inicial. Uma coisa é aparecer algo e as pessoas desconfiam, principalmente quando sai em todos os jornais, o Lorvão fecha, a Arnes fecha, e as pessoas ficam um pouco [...] reativas. Depois de explicar, as pessoas estão extremamente colaborantes. Eu não tenho tido problema rigorosamente nenhum, antes pelo contrário (Diretor Enfermeiro – DE).

A revalorização do papel de certos grupos profissionais nas novas equipas comunitárias veio mesmo estimular um envolvimento maior, como é o caso da enfermagem que, na arquitetura do sistema descentralizado de cuidados que se pretende implantar, passará a ter um papel muito importante no acompanhamento dos doentes em ambulatório.

> As equipas que nós temos, que receberam já formação e que vão, assim que nós pudermos, implementar as primeiras unidades de saúde fora do Centro Hospitalar, são lideradas por enfermeiros. Depois de saber inclusivamente que o terapeuta de referência pode ser um enfermeiro, depois de nós aí termos criado grupos de trabalho liderados por enfermeiros – neste caso muito concreto, para acompanhamento de famílias e de doentes esquizofrénicos, por exemplo, para evitar a porta giratória, o reinternamento dos doentes –, [...] felizmente conseguimos dar a volta ao texto e neste momento a direção de enfermagem reúne uma vez por mês e todos os meses há mais novidades[38] (DE).

Por último, o argumento dos receios da opinião pública e, logo, das famílias, das comunidades e da sociedade em geral acerca do encerramento dos hospitais psiquiátricos. Sabe-se como a sociedade, hoje como ontem, lida mal com o problema da doença mental e como, nas representações sociais mais comuns, os hospitais psiquiátricos desempenham mais uma função de proteção do risco da demência para a sociedade do que para o próprio doente e, portanto, são fundamentalmente vistos como instituições de guarda e vigilância. A identificação desta reforma, pela comunicação social, com o desmantelamento dos hospitais psiquiátricos e o alarmismo pela mediatização de alguns casos que

[38] O entrevistado referiu, a título de exemplo, a elaboração de um manual de procedimentos pelos enfermeiros.

correram mal vieram amplificar os medos e potenciar uma reação negativa por parte da opinião pública.

A opinião pública está um pouco confusa neste momento acerca dos efeitos da reforma devido à mediatização das suas possíveis consequências mais negativas.

> E eu acho que nesta sociedade de hoje em dia nunca senti, como de há uns tempos a esta parte, que [as pessoas acham que] nós recusamos o dever de guarda dos doentes [quando] eles querem cada vez que a gente os guarde mais (DHD).

Finalmente, os problemas da desinstitucionalização. Quase todos os entrevistados fizeram questão de afirmar que o termo desinstitucionalização aplicado à reforma que está em curso de execução é muito equívoco. Preferem em geral, falar de desospitalização, pois dada a condição de elevada dependência, longo internamento, elevada idade e falta de familiares diretos dos doentes que estão no CPHC, a saída destes da instituição ter-se-á decerto de fazer para uma outra instituição, mesmo que seja de menor dimensão.

A comprovação de que na comunidade os doentes não têm estruturas de acompanhamento capazes e de que as suas famílias, quando existem, não podem fazer esse acompanhamento como seria desejável é feita pela frequência com que os doentes tratados no Hospital e a quem é dada alta regressam passado pouco tempo ao mesmo hospital com a repetição dos sintomas.

> Eles são aqui compensados [...], mas depois são recolocados na comunidade sem nenhum tipo de apoio, nem social, nem médico, nem psicológico, nem nada. [...]Se não forem perfeitamente vigiadas, se não se fizer um exercício de psicoterapia, se as pessoas não forem perfeitamente controladas pela parte de enfermagem, pela parte de serviço social, com visitas regulares, há determinado tipo de doentes, ou a maior parte deles, que [...] deixam de tomar a medicação [...] e [...] descompensam sob o ponto de vista de saúde mental (PCA).

A expectativa de que a reforma vai permitir oferecer mais respostas à escala local, um acompanhamento mais próximo do meio familiar dos doentes e cuidados especializados em permanência esbarra com as dificuldades encontradas no terreno e gera muito ceticismo. Em síntese, essas dificuldades têm que ver com a capacidade de pôr no terreno os serviços de apoio aos doentes que vivam com as suas famílias, com a capacidade de encontrar respostas residenciais, fora da família, que se furtem às críticas da institucionalização e com a capacidade de desenvolver uma rede de cuidados continuados para pessoas com perturbação mental.

Apesar de tudo, reconhece-se que a reforma está já a mudar muita coisa e que um novo clima de confiança nos resultados pode estar a nascer.

> Em quatro anos houve desenvolvimento é um facto, não podemos dizer que isto tem estado parado, ou que está exatamente igual, não está. Portanto, desenvolveu-se mais em quatro anos do que se tinha desenvolvido nos outros cinquenta anteriores, não é? E teoria sempre houve sobre isto, não é isso que está em causa. Mas nós conhecemos avanços e recuos, é perfeitamente normal também (DE).

Para o êxito da reforma, reconhece-se ser decisivo que desta vez as mudanças não fiquem aquém do prometido (e planeado).

2.3. O retrato de uma instituição em mudança

Veja-se mais em detalhe os serviços atualmente prestados pelo CHPC e o estado da reforma desses serviços, aprofundando-se um pouco o conhecimento das dificuldades em implementá-la a partir da avaliação feita pelos dirigentes.

2.3.1. O impacto atual da reforma

Em meados de 2010 o CHPC acolhia 463 doentes, a maior parte (60,7%) na anteriormente designada USC.[39]

QUADRO 8
Número de Utentes do CHPC por unidades de serviço

	Unid. Arnes			Unid. Lorvão			Unid. Sobral Cid			CHPC		
	H	M	HM	H	M	HM	H	M	HM	H	M	HM
Agudos							25	20	45	25	20	45
Un. de Curto Internamento							12	16	28	12	16	28
Adições							4	14	18	4	14	18
Forenses		32	32				24	86	110	24	118	142
Residentes		25	25	33	62	95	40	40	80	73	127	200
Est. Res./Vida Apoiada		10	10							0	10	10
Est. Res./Vida Protegida				8	12	20				8	12	20
Total		67	67	41	74	115	105	176	281	146	317	463

[39] Como se referiu, a criação do Centro Hospitalar Psiquiátrico de Coimbra (CHPC) ocorreu em 2007 e integrou as Unidades Sobral Cid (USC), Arnes (UA) e Lorvão (UL).

Em geral, a relação de feminilidade é bastante elevada no conjunto das três unidades: mais de dois terços dos internados são mulheres (mais exatamente, 68,5%).

As idades dos residentes são, em média, muito elevadas, tal como a duração dos seus internamentos: mais de metade dos doentes tem idade superior a 65 anos (91% tem idade superior a 45 anos) e três quartos estão internados há mais de 20 anos. Em grande medida isto resulta do facto de os procedimentos terapêuticos terem evoluído bastante, de forma que tem sido possível que os doentes mais novos possam residir fora do hospital e ser acompanhados por este, e também de uma política de não institucionalização seguida desde 1963, mas sobretudo a partir da década de 1980.

O grau de incapacidade dos doentes residentes é bastante elevado, tendo três quintos (116 – 60,4%) incapacidades elevadas ou muito elevadas. Apenas 8 (4,2%) em 192 têm níveis reduzidos de incapacidade.

QUADRO 9
Grau de incapacidade psicossocial

	N.º	%
I. muito elevado	29	15,1
II. elevado	87	45,3
III. moderado	68	35,4
IV. reduzido	8	4,2

Níveis elevados de incapacidade significam baixos e nulos níveis de autonomia, o que quer dizer que são pessoas que «fora do seu ambiente, praticamente não têm capacidade de sobreviver» (PCA). Na USC, há 10 mulheres acamadas. Embora estas pessoas pudessem ser desinstitucionalizadas, «pois não estão a fazer nada num hospital psiquiátrico» (PCA), a verdade é que não o são pois ninguém as recebe.

Trata-se de pessoas muito degradadas, tanto em termos cognitivos como em termos físicos, em parte devido à medicação que se usava na altura. É que essa medicação deteriorava as pessoas, por exemplo, nas funções hepáticas, como reconhece um dirigente com longa experiência hospitalar:

> essas coisas todas que os medicamentos foram fazendo. [...] Toda a medicação que temos atualmente tem muitíssimo menos efeitos secundários. [...] Em termos de capacidade terapêutica, os medicamentos não mudaram muito. [...] Mudaram

muito foi nos efeitos secundários. Os efeitos secundários dos neurolépticos que temos agora não têm nada que ver com os efeitos secundários daqueles que se usavam há vinte ou trinta anos (DC).

A grande maioria dos doentes residentes está controlada e o que precisa é de «boa instalação e bom trato». Os dirigentes entrevistados não veem a sua permanência no hospital como uma desvantagem, pois aquelas condições estão asseguradas. Ainda assim, reconhecem ser melhor que os doentes estejam em unidades mais pequenas, mesmo que o hospital tenha que garantir algum apoio especializado.

Mas eles, de uma maneira geral, nem sequer precisam. O grande apoio que precisam neste momento é muito mais em termos médicos do que propriamente em termos psiquiátricos. Porque têm as doenças normais das pessoas idosas (DC).

Nos últimos quatro anos, o número de residentes diminuiu 77 doentes nas três unidades, 30 dos quais na USC.

Na falta de respostas locais adequadas, torna-se muito difícil reduzir o número de residentes, quer porque as famílias não têm condições para os receber de volta, quer porque não existem já familiares diretos, quer ainda porque as poucas instituições existentes não estão preparadas para receber estes doentes e por isso os recusam:

São doentes extremamente dependentes, a maior parte das famílias incontactáveis, portanto, já se tentou através do serviço social, incontactáveis... Conseguimos colocar um ou outro pontualmente, com o serviço social a tentar... ou o centro de saúde ou para uma IPSS qualquer receber o doente, mas de uma forma geral não conseguimos (DE).

QUADRO 10
Número de internados nas unidades de serviço do CHPC

	Unidade Arnes				Unidade Lorvão				Unidade Sobral Cid				Variação
Tipo de internamento	2007	2008	2009	2010	2007	2008	2009	2010	2007	2008	2009	2010	2007/ 2010
Agudos					41				77	100	100	91	- 27
Forenses	60	60	32	32	30				84	110	110	110	- 32
Residentes	47	47	25	25	120	120	110	95	110	110	85	80	- 77
Est. Residenc.	20	10	10	10	20	20	20	20					- 10
Total	127	117	67	67	211	140	130	115	271	320	295	281	- 146

Um estudo realizado em 2007 sobre os três pavilhões de residentes do HSC[40] apresenta o perfil típico da população e comprova a ténue relação com a família e a comunidade de origem, corroborando a afirmação anterior.

O facto de estes doentes se encontrarem institucionalizados há muitos anos tornou as suas ligações ao exterior muito ténues ou nulas, bem como os contactos que mantêm com os seus familiares. A sua família de origem, quando existe, tem dificuldade em manter o contacto de outrora, pois os pais são idosos e com problemas de saúde o que complica a deslocação ao Hospital; os irmãos ou são emigrantes ou também têm idade avançada e problemas de saúde. Quanto aos restantes familiares, quando existe uma relação de afectividade, a maioria dos contactos com os doentes é efectuada no recinto hospitalar, o que enfraquece as suas ligações à comunidade. Alguns doentes passam curtos períodos junto dos seus familiares nas épocas festivas ou no período de verão, após o qual regressam novamente ao Hospital. Com o enfraquecimento das relações na comunidade, os doentes "viram-se" para o interior do Hospital, onde estabeleceram ligações afectivas com os outros doentes e muitas vezes com os próprios profissionais da instituição, adquirindo rotinas que dificultam uma eventual saída e adaptação a um novo meio (Pereira, 2007).

Os custos psicológicos da deslocalização e do desenraizamento são sublinhados pela autora. Com base na sua observação e outra informação recolhida, conclui sugerindo a criação de unidades de vida apoiada ou mesmo o internamento de longa duração no próprio espaço do CHPC para evitar esses custos.

Os longos internamentos, como é o caso dos doentes internados nestes pavilhões, tendem a reduzir as redes de contactos com amigos e familiares, quer porque estes desapareceram, quer porque deixaram de os visitar, e isso não favorece de forma nenhuma a reinserção social dos doentes na comunidade uma vez decidido o encerramento da instituição. Por isso, outras soluções, tais como a que é proposta, podem ser consideradas, ainda que como soluções transitórias ou de recurso, com vantagem relativamente ao retorno a uma comunidade da qual se perderam as raízes ou as redes.

Algumas mudanças foram já ensaiadas embora mais para resolver um problema de gestão institucional do que para melhorar a situação dos internados. Os internados de medicina forense da Unidade do Lorvão passaram para a do

---

[40] Compreende dois pavilhões para internados do sexo masculino, ambos com 20 pessoas cada um, e um pavilhão de internados do sexo feminino com 36 pessoas.

Sobral Cid e os da Unidade de Arnes viram o seu número reduzido para metade. Os cuidados a doentes agudos prestados na Unidade do Lorvão passaram a ser feitos na do Sobral Cid.[41]

Duas estruturas de apoio foram entretanto criadas nas Unidades de Arnes e do Lorvão. No caso de Arnes, trata-se de uma unidade residencial de vida apoiada suportada pela Associação ARSDOP e na qual estão internadas 10 mulheres.[42] No caso do Lorvão, trata-se de uma unidade residencial de vida protegida, funcionando dentro da própria UL, criada para doentes com maior autonomia capazes de gerir o espaço, a higiene, as compras, etc. (de início com 8 homens e 12 mulheres, atualmente com um número mais reduzido).

Para o futuro próximo os dirigentes já esboçaram um plano de desenvolvimento da rede de serviços locais:

> Numa primeira fase, deverá efetuar-se a transferência do internamento de agudos e dos cuidados ambulatórios do Hospital do Lorvão para o Hospital Sobral Cid. A fim de assegurar uma melhor acessibilidade e qualidade dos cuidados às populações atualmente assistidas pela Unidade do Lorvão, propõe-se também o desenvolvimento de uma Unidade de Saúde Mental Comunitária numa das localidades dessa zona (Unidade de Saúde Mental Comunitária de Pinhal Interior). Através deste projeto pioneiro, será possível aproximar os cuidados das populações e promover uma colaboração mais estreita com os cuidados primários (PCA).

2.3.2. Os pontos críticos da reforma

A implementação da nova arquitetura dos serviços de saúde mental não se faz sem dificuldades e as entrevistas identificam alguns pontos críticos que se revelaram no caso em estudo.

---

[41] Em junho de 2008 deu-se a fusão da Clínica Feminina do Hospital Psiquiátrico de Lorvão com a Clínica Feminina do Hospital de Sobral Cid, daí resultando a atual Clínica Feminina (CF) da Unidade de Sobral Cid (USC) do Centro Hospitalar Psiquiátrico de Coimbra (CHPC). Os concelhos servidos são Alvaiázere, Ansião, Arganil, Avelar, Castanheira de Pera, Condeixa-a-Nova, Figueira da Foz, Figueiró dos Vinhos, Góis, Lousã, Montemor-o-Velho, Oliveira do Hospital, Pampilhosa da Serra, Pedrógão Grande, Penacova, Penela, Soure, Tábua e Vila Nova de Poiares.

[42] «Vocacionada para o treino e desenvolvimento de actividades específicas de apoio na esfera residencial, visa melhorar a qualidade de vida das pessoas com doença mental, apoiá-las, para que possam vir a assumir a responsabilidade sobre as suas vidas de modo a poderem voltar a funcionar activa e autonomamente na comunidade. Tem como destinatários adultos com doença psiquiátrica clinicamente estáveis» (sítio na internet do CHPC <http://www.chpc.min-saude.pt>).

Trataremos, sucessivamente, de alguns deles: a criação das Unidades de Saúde Mental Comunitária (USMC) e da Rede de Cuidados Continuados e Integrados, a centralização dos cuidados hospitalares nos serviços de psiquiatria dos hospitais gerais, a articulação com os Centros de Saúde, a contratualização de cuidados com instituições particulares e o encerramento dos hospitais psiquiátricos.

2.4. A criação das unidades de saúde mental comunitária

As USMC constituem na nova arquitetura do sistema um importante instrumento da aproximação dos cuidados aos doentes, inspiradas na filosofia da psiquiatria de sector que tem orientado a ação dos serviços de saúde mental em Portugal. Compete-lhes prestar cuidados num determinado sector geodemográfico a doentes mentais graves, com gestão de casos por terapeutas de referência, a perturbações mentais comuns, em ligação com a saúde familiar, a doentes idosos e a desenvolver ações de prevenção nas áreas de depressão e de suicídio (CNRSSM, 2008: 9).

Estas Unidades são uma inovação do Plano e constituem uma alternativa ao modelo dos Centros de Saúde Mental que vigorou no passado.[43] Porém, enquanto nestes últimos existia uma autonomia de recursos especializados (por exemplo, tinham psiquiatras próprios), já nas novas Unidades parece não ser essa a preocupação:

> E essas unidades [são] equipas multidisciplinares, constituídas por vários profissionais, em que não é preciso estar o psiquiatra todos os dias lá [...]. Basta ir uma vez por semana, se é que é, porque temos enfermeiros vocacionados; temos psicólogos vocacionados; temos assistentes pessoais; eventualmente, podemos

---

[43] São também diferentes de outras experiências de descentralização ensaiadas em outros países, como, por exemplo, os Centros de Atenção Psicossocial (CAPS) no Brasil, que houve a oportunidade de visitar e estudar também durante a execução do projeto (Hespanha, 2010). Estes compõem a rede de cuidados em saúde mental integrados no Sistema Unificado de Saúde mas de base municipal, juntamente com os Serviços Residenciais Terapêuticos (SRT), os Centros de Convivência, Ambulatórios de Saúde Mental e os Hospitais Gerais. Constituindo a principal estratégia do processo de reforma psiquiátrica, os CAPS caracterizam-se por procurar integrar o doente num ambiente social e cultural concreto, designado como o seu "território", em regra o espaço da comunidade onde se desenvolve a vida quotidiana de utentes e familiares. Criados para substituírem os internamentos em hospitais psiquiátricos, são o lugar de referência e tratamento para «pessoas que sofrem com transtornos mentais, psicoses, neuroses graves e demais quadros, cuja severidade e/ou persistência justifiquem sua permanência num dispositivo de cuidado intensivo, comunitário, personalizado e promotor de vida» (Brasil, Ministério da Saúde, 2004: 13).

vir a ter terapeutas ocupacionais, que fazem com que aqueles doentes tenham permanentemente apoio. E essa é a vantagem da [...] da melhoria [...] na prestação de cuidados. Se nós conseguirmos implementar tudo isto no terreno, de certeza absoluta que estas pessoas ficam muito mais bem servidas, não só porque o apoio está ali; e, depois, nós podemos dar a garantia a estas pessoas. [...] E eu acho que essas unidades a funcionarem em permanência com serviço, aí sim, de proximidade, domiciliário, com visitas regulares aos doentes; aos meios; ver como é que está a casa, como é que... com todo esse apoio biopsicossocial, acho que vamos fazer com que esses doentes dificilmente descompensem (PCA).

Quanto às dificuldades de criação das USM, de as implementar no terreno, a visão do dirigentes é a de que as principais radicam, mais uma vez, nas implicações financeiras e, associadas a estas, na falta de força política para assegurar os recursos necessários.

Os vetores fundamentais para que esta reforma seja um sucesso é a demonstração de vontade política e o apoio político. Indiscutível...! E não estamos a falar do partido A, ou partido B, porque [...] já fomos chamados à Assembleia da República e todos os partidos são unânimes em dizer que é uma reforma que tem pernas para andar. [...] Mas deve haver vontade política e coordenação. Se houver vontade política e coordenação, garanto-lhe que metade desse plano está feita em 2016.[44] [...] Porque é preciso depois ter a coragem para desmantelar algumas coisas... (PCA).

Mesmo do ponto de vista financeiro existe a perceção de que a criação dessas unidades parece ter benefícios financeiros diretos e indiretos bem evidentes:

Penso que, se avançarmos... se criarmos as Unidades de Saúde Mental Comunitária, se lhes dermos autonomia, se as referenciarmos muito bem, se essas equipas estiverem no terreno, ah, garanto que os cuidados são muito mais baratos, muito melhores... não há o risco, [...] como as pessoas às vezes podem fundadamente nalguns casos apresentar, de que «vamos criar vários serviços e vamos começar aqui a criar o polvo...» (PCA).

Existe, é certo, um sério problema de recursos humanos para a instalação desses serviços, tanto mais que a natureza multidisciplinar das equipas vai exigir

[44] Em termos do que designa por vontade política, o entrevistado chama a atenção para o diferente empenhamento na criação das USMC quando comparado com a criação das USF.

a contratação de mais profissionais. Também o facto de esses serviços serem descentralizados e sediados em locais menos atrativos para os profissionais constitui uma dificuldade de monta, pois inviabiliza ou dificulta muito a mobilização dos recursos humanos de que o Hospital já dispõe.

> [É preciso] ter noção absoluta de que prestar cuidados a este tipo de doentes a 80 quilómetros de Coimbra não é fácil; e, das duas uma: ou contratualizamos pessoas que assumem o compromisso de que têm que prestar, a 80 quilómetros de distância... [...] ou então dificilmente arranjaremos recursos humanos para estar lá. Falo nomeadamente na parte da psiquiatria, de médicos e de psicólogos. Não é? De facto, temos que ter abertura legislativa que permita eu poder recrutar este tipo de funcionários para funcionar lá. [...] Portanto, esse é o principal problema, ou seja, dinheiro. [...] E aquilo que nós podemos fazer e até onde podemos chegar, e isso vamos fazê-lo, é criar as unidades de saúde mental comunitárias (PCA).

Relativamente à situação particular em que se encontra a instalação das novas unidades, os problemas acima identificados explicam os atrasos de calendário.

No caso da Unidade do Pinhal Sul, já existem instalações em Figueiró dos Vinhos, mas aguarda-se um protocolo com a ARS para as disponibilizar.[45] «É um problema de recursos, é um problema de decisão política». Os financiamentos só apareceram em 2009, está tudo preparado para avançar, só que pesa a incerteza sobre as instalações da unidade de saúde mental comunitária, pois pode vir a ser afeta a uma unidade de saúde familiar. Sendo instalações da ARS, só esta pode protocolizar a utilização das instalações. Por outro lado, falta um instrumento para poder contratar profissionais, pois não se pode obrigar aos profissionais do CHPC a trabalhar noutra localidade.

---

[45] Esta Unidade veio a abrir efetivamente em novembro de 2010 e destina-se a abranger uma área de aproximadamente 40 mil utentes dos concelhos de Figueiró dos Vinhos, Castanheira de Pera, Pedrógão Grande, Alvaiázere, Ansião, Pombal Norte e parcialmente de Penela. Na cerimónia de abertura, o Presidente do Conselho de Administração do CHPC esclareceu, referindo-se aos recursos humanos, que «não é ideia criar um hospital pequeno no Centro de Saúde de Figueiró, é assim a sede a partir de onde as pessoas irão fazer o seu trabalho [...]. Vamos privilegiar que as pessoas se fixem e vivam neste concelho ou nas redondezas», adiantando que «a equipa vai ficar cá em permanência». Vale a pena referir que a localização desta Unidade em Figueiró dos Vinhos resultou de um acordo sancionado pela Assembleia Municipal na sequência do encerramento do serviço de Atendimento Permanente (SAP) do Centro de Saúde (Rádio Condestável, 2010). Sendo ainda cedo para ajuizar desta experiência, nota-se, no entanto, a situação atual de inexistência de psiquiatras residentes e de pessoal com formação especializada.

No primeiro ano até consegui. Aqui as pessoas até se disponibilizam, mas depois é com a garantia de que eu tenha um instrumento que permita fazer a contratualização de pessoas (PCA).

Os casos da Figueira da Foz e de Coimbra parecem ser mais simples, desde logo porque são locais atrativos para os recursos humanos. Mas a ausência de uma cultura de colaboração entre os hospitais pode tornar mais difícil acordar a criação de uma USMC.

Existe, assim, um risco elevado de estas Unidades ou não abrirem, ou de só abrirem à medida que se disponha dos recursos, ou de abrirem sem os recursos humanos necessários e portanto com uma capacidade diminuída de resposta.

2.5. A contratualização de cuidados com instituições particulares

A política de abertura do HSC começou há muito e opera de diferentes modos, como se viu. O aparecimento de organizações não-governamentais que cuidam de doentes também não é de agora. O que é verdadeiramente novo é a política de incentivo à cooperação institucional entre organizações e Estado baseada no reconhecimento da natureza de serviço público dos cuidados prestados por essas organizações e a delegação nelas, mediante protocolos de cooperação, de um conjunto de funções que o Estado não pode ou entende não dever fazer.

Na arquitetura do Plano a reabilitação psicossocial é uma das áreas em que mais se espera a cooperação com unidades privadas, designadamente centros sócio-ocupacionais, residências para doentes de evolução prolongada e estruturas para treino e reinserção profissional.

Na instituição em estudo, a cooperação com as organizações particulares é vista com bons olhos e reconhece-se ter permitido dar respostas que de outra forma tardavam ou não seria possível dar. A sua expressão prática, contudo, é ainda muito reduzida.

Nós, cada vez mais, temos mais acordos e mais parcerias com instituições que estão no exterior, desde a Figueira a Miranda do Corvo.[46] Que pertencem à nossa área [...] e temos pena que não haja outras. De apoio mútuo, digamos, em que eles apoiam os nossos doentes pós-alta e em que nós apoiamos os

[46] O CHPC tem parcerias com a Casa Abrigo Padre Américo, com a ARSDOP – Unidade de Vida Protegida (Casa Renascer) –, com o Fórum Sócio-Ocupacional CELIUM e com o Fórum Sócio-Ocupacional de Santa Teresa (ADFP).

doentes também quando eles necessitam. Portanto, eu penso que isso é um passo que se deu, e grande, em termos de sairmos do hospital. E também em termos de as pessoas nos verem na comunidade. Mas grandes, grandes, grandes mudanças, de facto, eu penso que não houve. Não houve grandes passos nesse sentido (DC).

Como é reconhecido num outro estudo,

estas respostas têm como objectivo acolher e apoiar os doentes que se encontram em regime de internamento ou na comunidade para formação socioprofissional. Contudo, apesar da aplicação destas medidas ter sido efectivada na comunidade, elas revelam-se ainda insuficientes para integrar o número de utentes que delas precisam. Da mesma maneira, estas medidas não respondem às necessidades de muitos utentes com outras características, como idosos e doentes com limitações ao nível das competências decorrentes da doença mental (Rodrigues, 2009).

Mas é a Rede Nacional de Cuidados Continuados e Integrados para a Saúde Mental que se espera venha a desempenhar no futuro o papel mais importante na prestação de cuidados médicos e de reabilitação psicossocial. De acordo com a legislação publicada em 2010, ela visa prestar cuidados continuados e integrados a pessoas com perturbações mentais graves ou com incapacidade psicossocial que se encontrem em situação de dependência. A Rede integra uma diversidade de modalidades de equipamento por forma a responder da forma mais adequada às necessidades dos doentes e famílias (MS, 2010).

Porém, a sua aprovação pelo governo tardou muito e ainda hoje não conseguiu arrancar.[47] Beneficiando da experiência da Rede Nacional de Cuidados Continuados e Integrados (RNCCI) criada em 2006,[48] da qual representa um segmento especializado, assenta na contratualização dos serviços com organizações

---

[47] O Governo pretende agrupar os grandes hospitais (CHPC) «na rede de Cuidados Continuados Integrados, já que albergam cerca de 200 doentes internados há mais de 40 anos, [segundo] referiu Manuel Pizarro, Secretário de Estado Adjunto e da Saúde depois de ter homologado este protocolo entre a ARS do Centro e o Centro Hospitalar Psiquiátrico de Coimbra para a criação da Unidade de Saúde Mental Comunitária de Leiria Norte» (Rádio Condestável, 2010).

[48] A RNCCI foi criada pelo Decreto-Lei n.º 101/2006 (MS, 2006b). Mais recentemente foram atribuídas as competências à equipa de projeto encarregue da prossecução das incumbências relativas às respostas de cuidados continuados integrados de saúde mental, no âmbito da Unidade de Missão para os Cuidados Continuados Integrados (UMCCI), pelo Despacho n.º 15229/2010 (MTSS/MS, 2010).

não-governamentais de caráter não lucrativo ou com empresas lucrativas que se obrigam a respeitar um padrão mínimo de qualidade, quer nas instalações e equipamento, quer na dotação de recursos humanos especializados. Os encargos, tal como a natureza dos serviços, são suportados pelo Ministério da Saúde e pelo Ministério do Trabalho e Solidariedade com a particularidade de o financiamento, no caso da RNCCI, beneficiar da afetação a este fim de boa parte das receitas dos jogos da Santa Casa da Misericórdia de Lisboa (Hespanha e Hespanha, 2011).

Os dirigentes entrevistados confiam também nas possibilidades que a Rede vem trazer e, mesmo sem a sua implementação, já têm usado a RNCCI para resolver algumas situações difíceis.

> Nós ainda não podemos referenciar. Eu já tenho utilizado as tais boas vontades, telefonar ao presidente lá do centro de saúde: «Eu tenho aqui um problema, e não sei quê, como é que faço? Você podia referenciá-lo?» «Ah, sim, senhor, mande um fax» [...]. E acabamos por resolver os problemas assim (DC).

Um problema da contratualização dos cuidados de saúde mental com as instituições particulares consiste nos receios que a condição das pessoas portadoras de perturbações mentais gera nos dirigentes, nos profissionais e na população em geral, sobretudo na que mora nas imediações da instituição de acolhimento. Esses receios dificilmente têm fundamento na realidade atual, antes resultam de imagens e representações que se foram estabelecendo ao longo do tempo, um assunto já tratado atrás. Estando generalizada a ideia de que as perturbações psicopatológicas tendem a agravar-se com a idade e que, portanto, o risco de os seus portadores se tornarem agressivos se agrava também, a admissão de pessoas nessas condições é evitada, muitas vezes sob o argumento de que não se dispõe de competências para lidar com elas.

Na verdade, a evidência mostra que essa ideia é preconceituosa por diversas razões: a) a maioria das situações de violência, sobretudo de natureza física, deve-se a pessoas ditas normais ou delinquentes e, para os casos de delitos graves praticados por portadores de perturbação mental, existem normas e instituições para acolhimento e reabilitação dessas pessoas; b) as pessoas com graves perturbações de humor dirigem a violência em regra contra si mesmas (v.g., tentativas de suicídio) e nestes casos elas dificilmente terão encaminhamento para as instituições; c) no caso da esquizofrenia,

> as descompensações quando acontecem são por surtos (*limitadas no tempo*) e tendem a que a pessoa se isole, não que seja violenta, e a maioria consegue,

sobretudo se eficazmente apoiada psiquiatricamente e incluída em programa de reabilitação psicossocial, ter vida própria, integrada na sociedade, eventualmente não constituindo família mas autobastando-se (UMCCI, 2010a).

A própria RNCCI tem tido de enfrentar este problema. Até recentemente tem seguido a orientação de não aceitar, senão pontualmente, pessoas com doença mental por não dispor de recursos humanos especializados para lidar com estes doentes. A Unidade de Missão da Rede considera que não podem ser referenciados para a Rede «os doentes do foro psiquiátrico [...] mesmo numa situação de estabilização da doença» com o argumento de que

> as tipologias de resposta da RNCCI, nomeadamente no que toca a instalações e recursos humanos, não estão estruturadas nem detêm recursos humanos especializados na área de saúde mental para acompanhar estes doentes quando os mesmos descompensem e podem provocar distúrbios, situação que pode acarretar riscos para os demais doentes internados (UMCCI, 2010b).

Esta orientação está a ser revista, existindo hoje um entendimento mais claro sobre o acesso de pessoas portadoras de perturbação mental à Rede e sobre as competências diferenciadas dos Cuidados Continuados Integrados (CCI) gerais e dos Cuidados Continuados e Integrados de Saúde Mental (CCISM). Assim, reconhece-se que estes últimos são destinados sobretudo a pessoas com perturbações de esquizofrenia (0,5-1% da população) que exigem cuidados especializados para que possam melhorar a sua «qualidade, autonomia e satisfação de vida, *o que não exclui que aqueles que estabilizem da sua perturbação mental e tenham limitações de natureza física sejam integráveis nos CCI gerais*», evitando assim uma discriminação inaceitável entre os doentes apenas com base na sua condição de portador ou não de perturbação mental (UMCCI, 2010a).

2.6. A centralização dos cuidados especializados nos serviços de psiquiatria dos hospitais gerais

Os Departamentos de Psiquiatria e Saúde Mental (DPSM) dos hospitais gerais passarão a assegurar todos os serviços locais de saúde mental, devendo para tal serem para eles transferidos todos os serviços ainda dependentes dos hospitais psiquiátricos. As Unidades de Saúde Mental Comunitária constituem a componente mais importante da rede de serviços locais na dependência dos DPSM.

Os problemas de articulação entre os DPSM e as equipas comunitárias são antecipados pelos entrevistados.

> As equipas comunitárias deviam ter que fazer uma boa relação com as equipas de psiquiatria geral do hospital, nomeadamente, a articulação com as clínicas feminina e masculina que, obviamente, em situação de crise quando se impõe o internamento, há que... há que articular (DHD).

Apesar de ser outra a orientação do Plano, há quem pense que os hospitais psiquiátricos poderiam ser mantidos com vantagem. Segundo a responsável pelo Hospital de Dia do CPHC, o HSC poderia

> ter uma dimensão de psiquiatria geral, aderindo ao modelo de intervenção comunitária em pleno e organizando-se em função desses princípios de terapeuta de referência sectorizado em quatro unidades funcionais em que as pessoas pudessem fazer a partilha do momento de crise do doente e intervir nele e não se sentisse ninguém ameaçado por isso... nos seus poderes institucionais. E depois havia todo um papel que eu penso que o hospital se podia dedicar, que seria um hospital de investigação. Penso que não investigar, só tratar e não investigar, não formar, é um lapso no nosso... (DHD).

Para esta responsável, este modelo é melhor do que todas as competências se centrarem nos serviços de psiquiatria dos hospitais gerais, pois:

> Aqui podemos ficar com áreas de investigação do ponto de vista psicofarmacológico, psicoterapêutico que às vezes os pequenos serviços, ou serviços integrados no hospital geral podem não ter capacidade para desenvolver. Nós temos serviços de psiquiatria forense, temos já um... um *know-how* que permite arrancar mais depressa para esse tipo de coisas. E autonomia nesse sentido... Só dependente de um conselho de administração que está diretamente ligado a esta área e não porque tem que responder a uma data de áreas. [...] Sociologicamente, a psiquiatria [...] é sempre o parente pobre da medicina (DHD).

A mesma ideia de que as necessidades de internamento hospitalar vão persistir, de que os hospitais gerais não vão dar resposta, por diversas razões, e de que os hospitais psiquiátricos ainda terão um papel no futuro é partilhada por outros dirigentes:

> Vamos ter sempre doentes que vão necessitar de ser internados, vamos ter doentes que vão necessitar dos cuidados especiais num internamento... E que, de facto, os hospitais gerais não têm condições para o fazer, e isto partindo do princípio de que havia força política e vontade política para exigir aos hospitais gerais que tivessem lá o departamento de psiquiatria. [...] Eu não acredito minimamente que

> eles estivessem interessados, e que nos quisessem criar uma unidade de saúde mental lá, ou um departamento de saúde mental. Não acredito. Não estão nada vocacionados para isso, não... Antes pelo contrário (DC).

As vantagens comparativas do hospital psiquiátrico em relação aos DPSM dos hospitais gerais são também referidas por outros entrevistados. Em geral sustenta-se que o conhecimento e os recursos acumulados em certos domínios não devem ser perdidos, nem são facilmente distribuíveis por outras unidades.

> O hospital psiquiátrico tem que se diferenciar e tem que promover cuidados diferenciados, e cuidados diferenciados na área da psiquiatria, em áreas nobres, e que não é rentabilizável e nem é justificável que os tais departamentos de saúde mental tenham (PCA).

Mesmo no caso em que existam outras instituições especializadas, como é o caso dos centros de recuperação de adições, a perspetiva da doença mental pode ser muito importante. Esta ideia é melhor ser explicitada. No CHPC existe uma unidade de adições que tem doentes que só podem estar num tipo de instituição psiquiátrica por terem uma patologia dual, ou seja, em que os comportamentos aditivos estão associados a uma psicose (secundários a esta ou esta secundária a estes comportamentos). Quando assim não é, não se justifica a continuação dos serviços.

No caso da psiquiatria forense, existindo apenas três centros em Portugal, defende-se que seja mantida na instituição, pois existe um conhecimento acumulado sobre a forma de lidar com estes casos considerados "extremamente complicados".

Uma outra área cujo desenvolvimento na instituição se defende é a da Psicogeriatria.

> Tem que haver um serviço que se dedique, de facto, a esta área da Psicogeriatria e toda esta adaptação da Psiquiatria tem que ser moldada em função daquilo que é hoje considerado a prestação de cuidados em saúde mental, mas adaptada à Instituição Hospital Psiquiátrico.
> Disponibilizar áreas de intervenção de excelência, nomeadamente doente difíceis, psiquiatria forense e psicogeriatria e patologia do álcool [...] são quatro áreas que dificilmente todas as outras instituições podem responder com qualidade. [...] E se não for assim dificilmente estes Hospitais têm motivo para sobreviver (PCA).

A sobrevivência da instituição psiquiátrica passou a ser, como se refere, um motivo de preocupação e, talvez pela incerteza quanto à execução integral do Plano, os dirigentes mostram ter os seus próprios planos para o futuro, que passam não pelo encerramento do hospital, mas pela sua reconversão. Bom exemplo disso são ainda os projetos de, pelo menos nesta fase de transição, criar unidades residenciais com vista a ulterior desinstitucionalização de doentes, rentabilizando o conhecimento e os recursos disponíveis.

Temos aqui profissionais disponíveis e vamos criar... vamos tentar... uma unidade ao nível da [...] reabilitação psicossocial. [...] E temos aqui ótimas unidades e em Arnes também – aquela casa logo ao fundo – que é a reabilitação psicossocial dos doentes, treino de competências, criação e de apoio de doentes. Ou seja, doentes que estão numa fase de aprendizagem para os desinstitucionalizar para uma residência – daquelas novas que vão agora acontecer – têm que ter um treino de competências. Fazer comida, fazer compras, aqueles treinos de atividades diárias. Nós temos aqui centros disso, podemos dar formação. Podemos dar formação não só aos doentes, mas também formação a cuidadores, não é? Portanto, não vejo que outros hospitais com departamentos possam ter capacidade para isso (PCA).

Também a mesma ideia de aproveitar os recursos em que o CHPC é rico, disponibilizando serviços que de outro modo dificilmente seriam oferecidos, foi encontrada em outros dirigentes.

Temos que ser mais especializados nalguns tipos de tratamento, que não temos, e que já existem em vários países. Unidades especializadas, de média duração, para os chamados doentes difíceis, digamos assim... Doentes que são super-resistentes à medicação, que [...] cada vez começa a haver mais... Começa a ser assustadora a quantidade de doenças afetivas, [para as quais] nós não temos uma resposta e que são extremamente difíceis de controlar. Nós vamos ter que criar uma unidade especial para esse tipo de doentes. Portanto, o hospital será, digamos, ainda mais especializado do que é. [...] Obviamente que as psicoterapias, as mais variadas psicoterapias tinham que ser mais alargadas a todos os doentes, mas, para isso, os técnicos que temos não podiam ter outro tipo de coisas para fazer. [...] E penso que assim lucraria de facto a comunidade, porque quando eles voltassem estariam seguramente muito melhores do que vão agora. E, se calhar, daqui a trinta ou quarenta anos vamos ter muito menos necessidade de haver essas estruturas de apoio, porque entretanto nós vamos tratando muito melhor os doentes e não chegam a um estado de degradação total, como temos (DC).

2.7. A articulação com os centros de saúde

Tendo em conta que um dos objetivos do Plano é «promover a integração dos cuidados de saúde mental no sistema geral de saúde, de modo a facilitar o acesso e a diminuir a institucionalização», a articulação com os cuidados primários é decisiva (CNRSSM, 2008: 7). O Plano prevê, neste sentido, um conjunto de ações das quais se destacam

- Programa de formação em exercício, com contactos regulares nos centros de saúde (e.g. supervisão de casos, consulta ombro-a-ombro;
- Melhoria da qualidade de informação de referenciação e de retorno;
- [...]
- Inclusão nos programas dos SLSM de actividades regulares de articulação com os Cuidados de Saúde Primários (CNRSSM, 2008: 15).

Importa ter em conta, antes de mais, que os próprios Cuidados de Saúde Primários (CSP) estão a ser objeto de uma profunda reforma desde 2008 (MS, 2008). Foram criados os Agrupamentos de Centros de Saúde (ACES) constituídos por várias unidades funcionais, que agrupam um ou mais Centros de Saúde, e que têm por missão garantir a prestação de cuidados de saúde primários à população de determinada área geográfica.

Estas unidades funcionais que constituem os ACES são a transformação dos antigos centros de saúde e podem assumir a forma de Unidades de Saúde Familiar (USF),[49] Unidades de Cuidados de Saúde Personalizados (USCP)[50] e Unidades de Cuidados na Comunidade (UCC)[51] (MS, 2008).

---

[49] As USF são as novas unidades constituídas por médicos, enfermeiros e administrativos do Centro de Saúde (CS), que se organizam para prestar cuidados de saúde a um determinado número de doentes do CS, mediante um plano de trabalho e uma carta de compromisso que é objeto de contratualização com a Administração Regional de Saúde e na qual estão previstos os indicadores de saúde a atingir e os meios e etapas para a sua concretização.

[50] «A USCP tem estrutura idêntica à prevista para USF e presta cuidados personalizados, garantindo a acessibilidade, a continuidade e a globalidade dos mesmos» (n.º 1 do art.º 10.º). «A equipa da USCP é constituída por médicos, enfermeiros e administrativos não integrados em USF» (n.º 2 do art.º 10.º) (MS, 2008). Há casos de Centros de Saúde que não dispõem de USF e a globalidade dos profissionais integra a UCSP.

[51] «A UCC presta cuidados de saúde e de apoio psicológico e social de âmbito domiciliário e comunitário, especialmente às pessoas, famílias e grupos mais vulneráveis, em situação de maior risco ou dependência física ou funcional ou doença que requeira acompanhamento próximo, e actua ainda na educação para a saúde, na integração em redes de apoio à família e na implementação de unidades móveis de intervenção» (n.º 1 do art.º 11.º). «A equipa da UCC é composta por enfermeiros, assistentes sociais, médicos, psicólogos, nutricionistas, fisioterapeutas, terapeutas da fala e outros profissionais, consoante as necessidades e a disponibilidade de recursos» (n.º 2 do art.º 11.º) (MS, 2008).

O ACES participa, através da UCC, na Rede Nacional de Cuidados Continuados Integrados [RNCCI] integrando a equipa coordenadora local [ECL] [n.º 3 do art.º 11.º]. À UCC compete constituir a equipa de cuidados continuados integrados [ECCI], prevista no Decreto-Lei n.º 101/2006, de 6 de Junho [n,º 4 do art.º 11.º] (MS, 2008).

À ECCI compete a realização de visitas domiciliárias a todos os doentes que necessitam de cuidados continuados integrados que podem ser prestados em regime de ambulatório, trata-se de doentes que têm os seus cuidadores familiares/informais e que dispõem de condições que permitem a sua permanência no domicílio (MS, 2006b). Nestes casos estão incluídos doentes com as mais diversas patologias e necessidades a que a equipa procura dar resposta socorrendo-se de todos os recursos disponíveis ao seu alcance. Estão em curso vários programas de formação para todos os elementos destas equipas, sendo que a formação considerada mais prioritária é em Cuidados Paliativos e em Saúde Mental na área das Demências e da Violência Doméstica.

Esta necessidade de articulação com os CSP é reconhecida pelos dirigentes:

> Estes serviços têm que ser feitos sempre de forma muito articulada, porque se não forem feitos de forma articulada com outras instituições é muito complicado [...]. Nós temos [...] a consulta de psiquiatria de ligação, que é os psiquiatras irem fazer consultas aos centros de saúde. [...] Corre-se este risco de estar a alienar alguma responsabilização dos cuidados de saúde primários porque está lá um psiquiatra que vai resolver o problema. É sempre esse risco que se corre... (PCA).

Para evitar estes equívocos da psiquiatria de ligação, está a desenvolver-se uma outra prática que confere mais autonomia aos profissionais de medicina geral face aos da medicina psiquiátrica.

> Nós estamos a investir muito [...] e já estamos a começar a dar os primeiros passos [...] na psiquiatria, que agora se chama consiliar, com "s". Corresponde [...] mais a esta coisa de que: «Eu vou dar consultas, mas não vou substituir ninguém... Eu vou dar consulta ombro-a-ombro... Eu vou a um Centro de Saúde, mas não vou fazer consultas, eu vou a um Centro de Saúde porque os médicos de medicina familiar têm problemas, têm lá os doentes, e nós analisamo-los conjuntamente» [...]. Isto é uma batalha que tem que ser feita não só a nível de saúde mental, mas a nível dos cuidados de saúde primários. E por isso a intervenção das ARS é fundamental (PCA).

Entende-se que a proximidade e o conhecimento dos centros de saúde e dos clínicos gerais deveriam ser melhor aproveitados para tentar corrigir a falta de mobilidade que se verifica por parte deste tipo de doentes, mas existem dificuldades que surgem de onde menos se espera. Uma é a diferente territorialização dos agrupamentos dos centros de saúde e das estruturas de saúde mental. Existem, assim, problemas de articulação que são causados pelo diferente âmbito territorial dos serviços e que tornam as relações entre eles muito disfuncionais.

> Em termos dos cuidados de saúde primários, neste momento é uma coisa que não se entende. Nós temos zonas onde metade do agrupamento de centros de saúde pertence a uma área, a outra metade pertence à nossa. [...] Eu acho que quando se criam esse tipo de coisas, ou são as zonas da psiquiatria que estão mal divididas e não estão bem, ou de facto há aí qualquer problema a nível dos cuidados de saúde primários que também não funcionam muito bem em termos das divisões administrativas propriamente ditas (DC).

> Era importante que as nossas áreas coincidissem com as deles, quer dizer... A nossa sai primeiro e não coincide com os agrupamentos de centros de saúde. [...] Não percebo, quando o nosso projeto diz que uma das áreas de trabalho de uma equipa de saúde mental comunitária é trabalhar nos centros de saúde. [...] Limitam [muito] porque... Por exemplo, se eu, para fazer uma área, tenho que reunir com o diretor do agrupamento de três concelhos e depois com o diretor de outro agrupamento de três concelhos [...] é muito complicado reunir com as pessoas. Organizar cuidados. Implementá-los (DHD).

Até agora tudo se tem resolvido de um modo bastante informal, baseado apenas na boa vontade:

> Pegamos num telefone, falamos às pessoas, explicamos às pessoas e acabamos por ultrapassar esse tipo de questões precisamente assim [...]. Mas, se calhar, às vezes a boa vontade não chega, e as questões burocráticas acabam por também ser uma barreira que nos impede de ir um bocadinho mais além (DC).

Mas isso só acontece, reconhece o entrevistado, porque ainda não se está a trabalhar toda a zona de influência do CHPC.

O balanço que se faz da colaboração com os Centros de Saúde é positiva, apesar das dificuldades. São três os Centros de Saúde em que já se está a trabalhar, com uma regularidade semanal e com bons resultados (São Martinho,

Santa Clara e Condeixa), contando-se em breve alargar estas atividades com a abertura da USMC de Figueiró dos Vinhos.

> Até agora, as nossas dificuldades em termos funcionais não têm sido complicadas. Nuns sítios com melhor adesão, noutros sítios com menor adesão, mas depois as coisas têm sempre aquele lado "fase de arranque", assim muito difícil, mas depois começam a andar e a fluir duma maneira... E as pessoas começam-se a habituar a nós, e nós a eles, e começamos a funcionar (DC).

2.8. O encerramento dos hospitais psiquiátricos

Para além do que já foi referido sobre a transferência de competências para os serviços de psiquiatria dos hospitais gerais, as dúvidas quanto à inevitabilidade ou à conveniência do encerramento dos hospitais psiquiátricos permanecem.

Já se viu que o anúncio do encerramento suscitou uma reação negativa e quase epidérmica por parte dos profissionais que neles trabalham ou os dirigem. É significativo que todos os entrevistados tenham referido esta reação negativa sem atender ao facto de estar expresso e muito claro no Plano que

> a reestruturação dos hospitais psiquiátricos [será feita] à medida que as respostas por eles asseguradas forem sendo transferidas para outros serviços [pág. 8] [e que] nenhum serviço poderá ser desactivado até ao momento em que esteja criado o serviço que o substitui [pág. 12] (CNRSSM, 2008).[52]

De notar ainda que as medidas para a desinstitucionalização dos doentes psiquiátricos, segundo o Plano, se prolongam até ao fim do período da reforma (31 de dezembro de 2016) e comportam a criação de "novas unidades", que a transferência dos serviços dos hospitais psiquiátricos para os DPSM se efetuará à medida que estes forem sendo criados e que a saída dos doentes a desinstitucionalizar se fará «de acordo com o ritmo de criação de estruturas dos cuidados continuados» (CNRSSM, 2008: 36). Por isso se designa aqui a reação de epidérmica...

---

[52] Ao mencionar os desafios que se colocam à concretização da organização de serviços proposta pela lei, afirma-se o seguinte: «Não é possível desenvolver a reabilitação e a desinstitucionalização se não existirem na comunidade equipas que apoiem os doentes e as famílias. [...] não é possível desenvolver novos serviços mais próximos das pessoas se a maior parte dos recursos continuarem concentrados no tratamento intra-hospitalar» (CNRSSM, 2008: 8).

> O plano foi recebido com algum ceticismo perante essa questão de dizer que os hospitais psiquiátricos são para acabar, são para fechar... Eu acho que isso só se colocaria depois de implementarmos os serviços em termos de cuidados comunitários (DHD).

Também nos doentes e seus familiares o anúncio do encerramento dos hospitais psiquiátricos causou muita perturbação, pois não se sabia o que iria acontecer aos doentes neles internados ou por eles seguidos.

> Porque depois tivemos pessoas na nossa consulta... familiares de doentes com doença mental grave, enfim, que cá vêm e perguntam «Então, senhor doutor, isto vai fechar? Vamos fazer um abaixo-assinado. Como é que é? Vamos ficar sem hospital? Os nossos filhos vão ficar sem tratamento? Como é que é? E depois quando é preciso, numa crise, para internar como é que fazemos?» Portanto isso assustou muitas pessoas a nível da comunicação social. [...] Porque as pessoas pensavam: «Encerra-se isto e vai-se criar serviços na comunidade. E quem? E como?» E, portanto, foi um mau princípio (DHD).

Uma das questões que a reforma suscita é a do modo como os doentes serão desinstitucionalizados. O Plano prevê duas situações relativamente aos doentes que estão internados em Hospitais Psiquiátricos.

A primeira, fundada na Lei de Saúde Mental de (AR, 1998), é a dos doentes que estão internados nos hospitais psiquiátricos e para a qual se prevê a transferência dos doentes para os novos serviços locais de saúde mental ou para os departamentos de psiquiatria e saúde mental dos hospitais gerais, conforme o caso.

A segunda, de caráter excecional,[53] é a dos doentes inimputáveis[54] e dos "doentes difíceis",[55] para a qual se prevê a transferência destes para (ou a sua

[53] O caráter excecional desta situação é explicado pela escassez de recursos e pela existência de «quadros institucionais mais adequados para a colaboração com outras especialidades, o ensino e a investigação» (CNRSSM, 2008: 10-11).

[54] O desenvolvimento futuro e o funcionamento dos serviços que prestam cuidados de saúde mental a doentes inimputáveis serão definidos, segundo o Plano, após negociações entre os Ministérios da Justiça e da Saúde.

[55] A criação de um serviço para doentes difíceis está prevista no Plano, mas ainda não existe consenso suficiente sobre esses casos. «Ora, se o doente mental tem um estigma, o doente difícil é outro. E o doente da forense também é outro. [...] O que se coaduna agora é em vez de se chamar doença mental crónica é doença mental leve moderada e doença mental grave. Acabemos com o resto, portanto, este conceito novo que ainda não está muito na nossa gíria é, de facto, importante para depois podermos trabalhar» (DHD).

manutenção em) serviços próprios nos Hospitais Júlio de Matos, Sobral Cid e Magalhães de Lemos (CNRSSM, 2008: 11).

A transferência de doentes institucionalizados para serviços na comunidade tem sido programada com base numa avaliação feita da situação de cada um dos doentes residentes nas três unidades que compõem o CHPC. Os resultados, porém, não têm sido muito positivos, como reconhecem os dirigentes, por várias razões, desde logo, pela falta de serviços de acolhimento para doentes com as condições de saúde e com as situações de dependência de cuidados como os que estão nessas unidades.

> Nós temos feito experiências que não têm dado resultado nenhum porque [...] não há capacidade para receber este tipo de doente, porque estas pessoas, por assim dizer, já não têm quase problemas de saúde mental: são pessoas que estão bastante degradadas; a maior parte delas não têm patologias severas, têm patologias mais de debilidades mentais, de atrasos mentais severos, e que foram aqui deixadas pelos familiares e foram aos poucos e poucos abandonadas, às vezes até com alguma injustiça social (PCA).

Ainda que a natureza das patologias pudesse obter resposta capaz nas organizações existentes para doentes não mentais, a verdade é que estas, em geral, se recusam a receber doentes provenientes de hospitais psiquiátricos ou sinalizados por terem problemas mentais, como já foi atrás referido.

As dificuldades apontadas e o risco de uma desinstitucionalização precipitada que seja contraproducente para os doentes levaram a encarar a manutenção dos doentes residentes na instituição como uma inevitabilidade.

> Nós temos que assumir, quer queiramos, quer não, que vai haver sempre este tipo de doentes, e vai sempre haver este risco de o doente que é internado ser abandonado imediatamente a seguir; porque é uma patologia complicada; é uma patologia de difícil manejo; é uma sobrecarga familiar terrível... terrível, e ainda não há estruturas suficientemente idóneas que possam fazer um pouco aquilo que, eventualmente, deve ser o futuro, que é o alívio de cuidador, ou seja, é internarmos os doentes para a família descansar um bocadinho, e isso é muito complicado (PCA).

Por sua vez, a manutenção é favorecida pelos argumentos da qualidade dos serviços prestados.

> Nós temos enfermarias com 25 doentes, [...] dois andares [...] dois refeitórios. [...] Eles estão uns 12, 13 juntos [...]. Portanto, nós até nem temos grandes problemas. [...] Há um grupo em cima, 12, 13, 14 e um grupo em baixo, 12, 13, 14, porque há refeitórios separados, há camas em cima e em baixo, tem que ver com o grau de dependência também, os que podem subir e os que não podem subir, como é óbvio. [...] É claro que, se isto pudesse ser tudo repensado, possivelmente faziam-se pequenos lares, digamos assim, que recebiam para aí 10, 12 e com uma estrutura muito própria. Dá-me ideia que sairia caríssimo nesta fase do campeonato, como é óbvio, não é? E aquilo que não há a gente sabe que é dinheiro, não se podia de forma nenhuma fazer uma coisa dessas (DE).

Por último, a questão dos recursos humanos. O encerramento dos hospitais psiquiátricos acompanhado da descentralização dos serviços implica, em muitos casos, mudanças radicais na vida dos funcionários. Em abstrato, os recursos humanos necessários para o funcionamento das novas unidades viriam, em grande parte, das instituições desativadas, mas este processo de mobilidade é muito difícil de gerir e na prática coloca sérios problemas de ordem laboral e humana.

A integração dos Hospitais de Arnes e Lorvão numa unidade centralizada em Coimbra e a progressiva transferência de serviços tem sido um teste à capacidade de superar estes problemas. No caso do Lorvão, a transferência de alguns serviços (urgências e agudos) não foi isenta de dificuldades, mas conseguiu ser realizada sem uma grande perturbação, mas o encerramento das enfermarias de residentes afigura-se particularmente difícil deste ponto de vista estritamente laboral.

> Nós não podemos esquecer que, por exemplo, o [hospital do] Lorvão é só o maior centro empregador do concelho de Penacova e, portanto, por muito que a gente chegue lá e diga «isto é para fechar», temos aqui dois problemas: onde é que pomos os 95 ou 97 doentes que ainda lá temos e, o segundo, [...] como é que explicamos ao Presidente da Câmara que aquilo é para fechar. Nem sequer nos autoriza a fechar uma coisa daquelas, não é? Nós não temos esse poder. [...] Se, por um lado, os enfermeiros, digamos que noventa e tal por cento, residem fora do Lorvão ou Penacova, no que diz respeito aos auxiliares já é exatamente o contrário, noventa e tal por cento residem ali, portanto, no Lorvão, Chelo, Penacova, tudo ali naquela zona, [...] e, portanto, é dramático também encerrar ali seja o que for. Ainda por cima, são pessoas cujo vencimento é o mais baixo que nós conhecemos e as pessoas por quatrocentos e tal euros [...] terem que se deslocar de Penacova para aqui [Coimbra] diariamente [...] quase que não chega para a despesa, para o transporte (DE).

Outra situação em que esta questão laboral se coloca é a da constituição das primeiras Unidades de Cuidados de Saúde Mental Comunitária com vista a descentralizar os serviços do CHPC, como já foi referido atrás.

O processo de mobilização e de reconversão dos recursos humanos do hospital revela-se muito difícil e tanto mais quanto mais distante e distinta for a missão a desempenhar. Por isso, os dirigentes defendem que ele tem de ser realizado com muito cuidado e gradualmente, tirando partido da situação em que as pessoas se encontram relativamente à sua carreira:

> Eu tenho aqui um conjunto de profissionais que não há mecanismos nenhuns de os deslocar oitenta quilómetros. Não há. Ou as pessoas têm motivação e se disponibilizam para ir ou não vale a pena. Então o que é que nós podemos fazer? [...] Da mesma maneira que alguns, pela sua idade, vão pedindo a reforma, [...] eu tenho que os reforçar não na mesma medida, não no mesmo número, mas um número relativamente novo, com pessoas novas com capacidade e com disponibilidade e já preparadas para poder fazer este trabalho. [...] E depois essa adaptação dos recursos humanos vai sendo feita gradualmente (PCA).

A transição dos doentes para os serviços dos hospitais gerais é também particularmente difícil se os médicos dos hospitais psiquiátricos não se deslocarem também para esses serviços. Se isso acontecer – e nada tem sido feito em sentido contrário –, os doentes transitam para um novo médico que não conhecem e que não os conhece.

Como reconhece um dirigente, a concentração de médicos nos hospitais psiquiátricos correspondia a uma outra filosofia de cuidados que hoje está em crise, mas a mudança de filosofia não pode cortar abruptamente com o sistema anterior, sob pena de prejudicar os doentes.

> Nós temos, neste momento, cerca de 3800 doentes em ficheiro na consulta externa que não pertencem à nossa zona de influência, por assim dizer. O esforço que eu tenho que fazer neste momento é convencer os colegas de que têm que dar alta a estes doentes para poderem ser observados nos outros Hospitais. Mas tenho que também acautelar que os outros Hospitais recebam estas pessoas. [...] O Plano não está a ter isto em atenção (PCA).

Para finalizar este ponto, sublinha-se o facto de o argumento porventura mais forte para a desinstitucionalização, e que está na base da legislação reformista desde 1963 – o de que as instituições psiquiátricas isolam os doentes e favorecem assim a sua estigmatização –, não ser invocado por nenhum dos dirigentes entrevistados.

Como interpretar esta omissão? Trata-se de uma omissão casual e sem significado ou de uma omissão deliberada e fundada na convicção de que os hospitais psiquiátricos não correspondem mais ao protótipo de Goffman e de Foucault?

A história da instituição mostra que, com avanços e recuos, tem havido uma progressiva abertura ao exterior, afastando-se aparentemente do protótipo da instituição fechada e totalizante que estes autores denunciaram e que tem sido alvo das maiores críticas a partir de então.[56]

Importa, no entanto, analisar com detalhe as mudanças ocorridas em múltiplos aspetos, designadamente verificar em que medida a relação terapêutica superou o modelo biomédico e reconheceu as dimensões não estritamente clínicas da perturbação mental, em que medida a abertura ao exterior alterou os modos de relacionamento dos doentes com os meios sociais de origem e com o próprio hospital, em que medida é respeitada a autonomia e a dignidade do doente nos procedimentos terapêuticos. Sabendo como tradicionalmente a abordagem biomédica era predominante e a atenção aos aspetos sociais da doença mental era pouco ou nada valorizada, torna-se particularmente adequado indagar como é que o processo de desinstitucionalização veio contribuir para uma mudança de orientação na abordagem da doença mental.

Só o olhar cruzado dos profissionais e dos doentes sobre a instituição permite avançar o conhecimento e dar resposta a estas questões. É o que se fará no ponto seguinte.

3. O Hospital na perspetiva dos profissionais e dos doentes

3.1. A abertura do hospital ao exterior

A abertura do hospital ao exterior é particularmente visível a partir da década de 1990, um facto que é realçado na apresentação que o Hospital faz de si mesmo:

> após reestruturações entretanto produzidas, o Hospital foi-se aproximando progressivamente de um conjunto de outros Serviços de Saúde do S.N.S., especialmente vocacionados para a medicina geral (Centros de Saúde e Hospitais

[56] Recordem-se os principais aspetos críticos das instituições: a separação do doente do seu meio, o que leva à segregação e ao isolamento, a dependência crescente da instituição para a vida quotidiana, o agravamento ou cronificação da doença pela permanência na instituição, o tratamento despersonalizado e desumano e o estigma decorrente da permanência na instituição.

Gerais – C.H.C.), e de Segurança Social e outras Instituições de Solidariedade Social de carácter não Governamental (sítio na Internet do CHPC).[57]

A lei de 1998 e o Plano de 2007 estabelecem claramente a prioridade aos «cuidados prestados no meio menos restritivo possível» e determinam que a «decisão de internamento só deve ser tomada quando esgotadas todas as alternativas de tratamento na comunidade» (CNRSSM, 2007: 62).

Começamos por identificar a estrutura de serviços de que dispõe atualmente o Centro Hospitalar para, de seguida, analisar quais aqueles que fazem melhor a ponte com a comunidade e representam a abertura desejada.

Trata-se de um vasto conjunto de serviços, muitos deles de criação recente, que cobrem áreas distintas de intervenção: as clássicas de tratamento em regime de internamento, como o Serviço de Doentes Residentes,[58] o Serviço de Internamento de Curta Duração,[59] o Serviço de Reabilitação,[60] o Serviço de Adições,[61] o Serviço de Doentes Difíceis,[62] e o Serviço de Psiquiatria Forense,[63]

---

[57] <http://www.chpc.min-saude.pt/chpc/historia/Pages/SobralCid.aspx>.

[58] «Um em cada uma das Unidades do Centro Hospitalar, com equipas multidisciplinares, destinados a prestar cuidados assistenciais aos doentes de evolução prolongada institucionalizados e a desenvolver programas de reabilitação adaptados às suas necessidades com vista à sua reinserção na comunidade» (sítio na internet do CHPC <http://www.chpc.min-saude.pt/Unidades%20e%20Servi%C3%A7os/SPCS/Pages/default.aspx>).

[59] «Com equipas multidisciplinares, destinado ao tratamento de doentes, não estabilizados clinicamente e exigindo níveis elevados de intervenção profissional especializada, provenientes da urgência ou outra unidade, tendo como destino a sua transferência para outros serviços de Internamento do mesmo ou de outro hospital» (*ibidem*).

[60] «Com equipas multidisciplinares e destinado a prevenir a institucionalização e cronicidade de novos doentes mentais de evolução prolongada e a fomentar programas de desinstitucionalização, integrando unidades de convalescença e de treino de autonomia, unidades residenciais de vida apoiada e autónoma, oficinas e ateliers de reabilitação, entre outros, e estruturas de formação profissional e de fomento da empregabilidade» (*ibidem*).

[61] «Com equipas multidisciplinares, destinado ao tratamento de doentes com dependência do álcool, drogas ou outras adições» (*ibidem*).

[62] «Vocacionado para doentes que, pela sua situação clínica, exigem vigilância e cuidados especializados de grande intensidade e frequência, por períodos de duração variável» (*ibidem*).

[63] «Dotado de uma equipa multidisciplinar, para tratamento e reabilitação de doentes inimputáveis da Zona Centro do país, referenciados pelo Ministério da Justiça» (*ibidem*).

as de regime aberto, como o Hospital de Dia,[64] o Serviço de Ambulatório,[65] o Serviço de Psicogeriatria,[66] o Serviço de Violência Familiar[67] e o Serviço de Psiquiatria Comunitária.[68]

De todos eles, são os serviços de doentes residentes e, porventura, o de doentes difíceis os que mais desafiam a filosofia de desinstitucionalização, tendo ficado abundantemente descrito o quadro das dificuldades práticas que se colocam para implementar as medidas previstas no Plano para eliminar estes serviços dos hospitais psiquiátricos ou outros.[69]

Porém, o risco da institucionalização, entendida numa aceção mais ampla de submissão dos doentes a um regime de internamento temporário (ainda que interrompido por períodos de remissão), existe também nas outras unidades de internamento, designadamente nos serviços de Internamento de Curta Duração, no Serviço de Reabilitação (quando a funcionar com internamento e dentro das instalações hospitalares) e no Hospital de Dia.

Mas pode-se ir mais longe e admitir que quaisquer serviços de caráter médico-hospitalar possam ter uma lógica de funcionamento que subvalorize a inserção comunitária do doente e privilegie as ações de caráter médico-terapêutico. Obviamente, a situação inversa é igualmente possível: haver serviços de internamento, mesmo de longa duração, que nunca cortam os

---

[64] «Com uma equipa multidisciplinar, vocacionada para a prestação de cuidados assistenciais médicos, de enfermagem, psicossociais, medicamentos, meios auxiliar de diagnóstico e terapêutica, hoteleiros e outros, a doentes em regime de internamento a tempo parcial» (sítio na internet do CHPC <http://www.chpc.min-saude.pt/Unidades%20e%20Servi%C3%A7os/SPCS/Pages/default.aspx>).

[65] «Integrando a Consulta Externa, Psiquiatria de Ligação e Apoio Domiciliário» (*ibidem*).

[66] «Com uma equipa multidisciplinar, destinado a prestar cuidados diferenciados, designadamente, consultas externas, intervenções psicoterapêuticas em área de dia, internamento de curta duração e apoio domiciliário, a doentes agudos com mais de 65 anos, residentes na área assistencial do Centro Hospitalar» (*ibidem*).

[67] «Com uma equipa multidisciplinar, destinado a dar resposta, ao longo do ciclo vital, às várias problemáticas da saúde mental associadas à violência doméstica/familiar, dirigindo a sua actividade a vítimas, agressores e famílias, defendendo uma estratégia de intervenção multidisciplinar, multisectorial e em rede» (*ibidem*).

[68] «Integra quatro Serviços Locais Sectorizados de Psiquiatria e Saúde Mental, correspondendo a áreas geodemográficas específicas, com equipas multidisciplinares, destinados a prestar cuidados globais à população adulta residente nessas áreas, designadamente, internamento em clínicas de agudos e programas em consulta externa, hospital de dia, área de dia, apoio comunitário e intervenções reabilitativas psicossociais» (*ibidem*).

[69] Omite-se aqui a referência aos serviços de Psiquiatria Forense, pelo seu regime legal específico.

laços do doente com a comunidade e procuram, na medida das condições do doente, promover mesmo essa relação. O importante, para uma avaliação dos riscos da institucionalização, é que sejam considerados na análise das práticas dos serviços e dos discursos dos profissionais, dos doentes e das suas famílias todos os fatores, quer os que favoreçam a institucionalização, quer os que a combatam.

Para uma análise rigorosa das situações, foi tida em conta a possibilidade de existência de lógicas e de práticas contraditórias nos serviços e nos discursos dos profissionais, dos doentes e das suas famílias que tornam mais complexa a análise e obrigam a uma leitura crítica dos discursos.

3.1.1. A visão dos profissionais

O reconhecimento de que a institucionalização deve ser evitada e de que, mesmo nas patologias mais severas, o doente deve ser mantido no seu meio social e apenas internado quando isso seja estritamente necessário para a sua recuperação é consensual entre os profissionais. Reconhece-se ainda a importância de minimizar o impacto da ação terapêutica na vida social do doente, evitando ruturas com o seu modo de vida, com as suas rotinas e com os laços sociais. Por outro lado, o doente pode ter uma vida "praticamente" normal se seguir os procedimentos terapêuticos e tiver um acompanhamento profissional:

> Na esquizofrenia, como todos nós sabemos, se o doente for devidamente acompanhado, se se seguir a medicação à risca, se as famílias forem interventivas, se estiveram na comunidade terapêutica, [esse] doente [...] passa perfeitamente despercebido. Ele está a trabalhar normalmente, faz a sua vida praticamente normal, não será uma vida normal como é óbvio, mas um terceiro que não saiba nem nota... (DE).

Neste quadro, o acompanhamento é decisivo para o bem-estar do doente. O risco de em casa, mesmo que acompanhado por familiares, o doente não seguir convenientemente a medicação e os cuidados prescritos é considerado elevado e, por isso, os profissionais defendem a necessidade de existir um sistema eficiente de apoio à distância acionado pelo doente ou por alguém da sua proximidade.

> Agora ele tem obrigatoriamente que ser seguido, tem obrigatoriamente que ser visto, tem obrigatoriamente que estar com alguém da referência... O tal

> terapeuta de referência que não tem que estar aqui, pode estar... pode ser um vizinho dele, pode ser... seja quem for. Pode ser um técnico de saúde ou não, ser alguém a quem ele telefona e que exponha os seus problemas e esse próprio depois contacta com o hospital (DE).

Mas existem também obstáculos à abertura do hospital ao exterior. Um deles, muito referido pelos entrevistados, decorre do enorme envolvimento dos profissionais em atividades de rotina no hospital, o que impede que dediquem mais tempo às atividades no exterior ou torna muito limitada esta intervenção.

Apesar dessa dificuldade, existe desde a década de 1980 um serviço de apoio domiciliário ou em centros de saúde próximos da residência do doente sempre que exista o risco de os doentes não seguirem à rica a medicação e os cuidados prescritos mesmo quando acompanhados por familiares. O sistema de sinalização dos doentes com risco de suspensão da medicação e este serviço são complementados através de acordos com instituições para que lhes seja assegurada a vigilância do cumprimento dos seus planos terapêuticos.

> Nós temos muitos doentes [...] que levam uma injeção mensal, e com essa injeção mensal andam mais ou menos compensados. E, porque têm dificuldade em vir cá todos os meses, [...] nós temos, normalmente, uma equipa de enfermagem, que cobre vários centros, vários doentes referenciados, e vão lá. Vamos lá dar a injeção, conversar com eles... E temos [...] acordos com algumas instituições, em que de facto nós referenciamos para lá, e eles fazem-nos esse acompanhamento e vão lá (DC).

Este serviço, cuja validade é inquestionável, é um bom exemplo do que deve ser a descentralização de cuidados e de como se pode prevenir a institucionalização. Embora a proporção dos doentes cobertos por este apoio seja ainda reduzida (estima-se em 10% dos doentes de ambulatório), espera-se que, uma vez as USMC constituídas e operacionais, possa dar resposta adequada e competente com resultados sensíveis na melhoria da qualidade de vida dos portadores de doença mental.

O Hospital de Dia, criado em 1998, é outro serviço que abriu as portas do Hospital ao exterior. Orientado para uma população que pode ser reabilitada e socializada para uma vida autónoma sem ter de ser internada para beneficiar da ajuda terapêutica necessária, o HD tem vindo a contribuir para a disseminação de uma cultura de desinstitucionalização no próprio Hospital. O trabalho de acompanhamento é intensivo e personalizado e, por isso, não tem sido possível alargar as respostas do serviço para além de um número muito limitado de doentes. Também o facto de os custos das deslocações não serem cobertos pelo SNS ou pela Segurança Social limita muito a participação de doentes que residem a maior distância de Coimbra (Rodrigues, 2009).

> É uma unidade de internamento parcial [...], em que nós pretendemos manter os doentes durante o processo de tratamento sempre em ligação com a família e a sua comunidade de origem. É responsabilizar também a família pelo tratamento. Nós fazemos mensalmente uma reunião de famílias, em que todas as famílias são convidadas a participar. [...] De preferência, as pessoas com quem a pessoa vive [...]. E depois fazemos, sempre que necessário, intervenções familiares; terapia familiar, mais raramente. [...] Portanto, somos os três terapeutas, mas às vezes até são famílias da consulta externa. E fazemos muito menos do que devíamos, porque não podemos fazer mais. [...] Nós temos internados, tínhamos 25, neste momento devemos ter 23. [...] Portanto, distribuídos por nós, são muitos doentes, a quem nós não damos a atenção que devíamos dar (DHD).

Os doentes são encaminhados para o Hospital de Dia (HD) pela urgência, pela consulta externa, ou pelos serviços de internamento e já devem estar parcialmente compensados, para poder ser feito um trabalho de acompanhamento. Os casos são discutidos em equipa e é formulado um plano de reabilitação personalizado, incluindo o treino para aptidões sociais, a melhoria das suas capacidades de interação com os outros, mas também o combate à apatia e falta de interesse. Para além da frequência de programas no HD, cada doente tem um plano de atividades que tem de realizar fora desses programas, «sobretudo as coisas em que eles têm dificuldades» («ir ao café sozinho», fazer compras, ou arranjar-se e sair de casa, «porque passam muito tempo na cama») em fazer ao fim de semana. Têm também saídas de grupo para exercitarem as capacidades de reação e interação social em contexto mais real.

> Aqui, eles treinam isso. Porque a maior parte das atividades são em grupo. Portanto, eles estão cá connosco, mas isto, apesar de tudo, é sempre um ambiente semiprotegido. E, portanto, a certa altura já é muito fácil para eles estarem aqui e, muitas vezes, lá fora continuam a não fazer essas coisas (DHD).

QUADRO 11
Programa de intervenção terapêutica

	Segunda	Terça	Quarta	Quinta	Sexta
9h30	Caminhada	Caminhada Consulta de Avaliação	Caminhada Psicoterapia Individual	Caminhada Psicoterapia Individual	Cinematerapia Discussão de Tema
10h30	Partilhar Conhecimentos/ Habilidades	Reunião de Equipa	História de Vida	Treinos de Autonomia Doméstica	Educação para a Saúde
11h30	Programação da Semana	Construção em grupo	Ginástica	Reunião de Famílias (mensal)	
14h30			Almoço		
15h30	Ginástica Terapia Familiar	Avaliação de Atividade Reunião Comunitária Psicoterapia Individual	Psicodrama Modelação de Ansiedade	Psicoeducação Formação da Equipa (mensal)	Relaxamento Atividades no Exterior

Fonte: Rodrigues (2009).

A ação com as famílias e a comunidade é considerada essencial e complementar desta com os doentes. Como o risco de retrocesso no processo de ativação e ressocialização do doente quando este volta para casa é elevado, importa estabelecer com a família um programa na comunidade para ele se sentir ativo e manter-se a conviver com as pessoas, embora este seja um objetivo cheio de dificuldades quando assenta apenas na cooperação da família. Por outro lado, a família deve ser informada e ajudada de modo a manter expectativas realistas sobre a evolução da doença e poder contribuir positivamente para a recuperação, o que nem sempre é fácil.

Os profissionais tendem a enfatizar a falta de respostas ou as motivações egoísticas das famílias, sempre que estas não seguem estritamente as recomendações por eles feitas.

> Estou-me a lembrar que tínhamos aqui uma doente, que é uma rapariga muito nova, com frequência universitária, com uma esquizofrenia. Esteve muitos anos em casa, sem sequer aceitar a sua doença. Mas evoluiu muito aqui. Então, nós propusemo-la para fazer formação profissional. Enquanto esteve aqui connosco

> inclusivamente foi feita uma inscrição no Centro de Emprego. Bom, foi uma verdadeira catástrofe. Quando ela foi chamada para ir fazer a formação, [...] e chegou a ser chamada para uma entrevista para trabalho, foi um pé de guerra. A mãe dizia que não se responsabilizava, porque ela ia perder a pensão social. E depois, se as coisas corriam mal, ela já não [...] queria. Bom, a família basicamente não deixou (DHD).

Em muitos casos, esta acusação pode ser excessiva perante a situação concreta em que as famílias se encontram para cuidar dos seus doentes, uma realidade que as entrevistas às famílias permite conhecer melhor, conforme será mencionado no capítulo seguinte.

Quando se avaliam os resultados da ativação e da ressocialização conseguidos no Hospital de Dia, o fator tempo assume uma importância decisiva. Trata-se de processos inevitavelmente demorados e dificilmente podem ser obtidos bons resultados encurtando a duração das frequências para alargar o número de pessoas acolhidas pelo serviço, como parece ser a orientação mais recente de limitar a duração dos internamentos por razões de contenção de despesa. A demora na obtenção de resultados positivos e na recuperação é um dado inequívoco e tem de ser reconhecida na organização e gestão dos serviços. A experiência mostrou que a duração ideal seria de seis meses, mas na prática este tempo é excedido (havendo doentes que estão até dois anos), pois nem sempre a evolução dos casos se faz sem problemas. Mesmo cessado o programa se reconhece que os doentes têm de continuar a ser acompanhados à distância na medida do possível:

> Por exemplo, este senhor X, se não é a confiança e, no fundo, o apoio que ele sentia aqui, se ele não pega no telefone quando começa a descompensar e telefona para mim, é um homem que ia começar a ficar em casa, até ficar [...] a delirar, e provavelmente acabaria por ter um internamento compulsivo qualquer em [...] um internamento agudo. Ia meter a justiça, ia não sei... ia fazer-lhe muito mais mal a ele assim (DHD).

Ainda assim existem bons resultados conseguidos no HD, os quais são atribuídos ao tipo de trabalho feito com os doentes, bem diferente daquele que se faz nos serviços de internamento, através da criação de laços com a equipa, sempre em grupos pequenos, num trabalho continuado e muito estruturado.

O que foi dito sobre a criação de uma cultura de desinstitucionalização no HD pode ser alargado a outros serviços do CHPC que apostam na ressocialização dos doentes e no acompanhamento descentralizado, de base comunitária, como é o caso dos Serviços de Psiquiatria Comunitária e de Reabilitação (nas duas vertentes de Terapia Ocupacional e de Formação Profissional).

3.1.2. A visão dos doentes

As experiências passadas marcam fortemente a visão dos doentes sobre o hospital, ainda que o discurso que expressa essa visão seja porventura menos elaborado do que o dos profissionais. O modo como se processa a relação com os doentes no interior do Hospital é revelador dos efeitos negativos da institucionalização a que eles possam estar ainda sujeitos. A recolha de informação sobre o quotidiano dos doentes na instituição mostra os pontos fracos e os pontos fortes do Hospital em função dos objetivos da desinstitucionalização.

Selecionaram-se três tópicos que são recorrentemente referidos nas entrevistas aos doentes e que interpelam criticamente a relação terapêutica que se estabelece dentro do hospital: o medo do internamento, a disciplina da instituição, a relação terapêutica, a falta de informação sobre a doença e a imposição das terapêutica*s*

O medo do internamento

O internamento no hospital psiquiátrico suscita medos e receios nem sempre fáceis de explicitar que radicam fundo em representações largamente partilhadas sobre a loucura, os manicómios e os tratamentos. Da simples consulta psiquiátrica ao primeiro internamento, tudo constitui motivo de receios por parte de quem recorre a um hospital destes.

> Eu tinha medo do hospital. Tinha medo do hospital, tinha medo que me dessem comprimidos e que eu morresse, que fosse alérgica. Eu sou alérgica à penicilina, mas nem os médicos sabem. [...] Porque prefiro... Tinha medo dos hospitais, tinha medo... [...] Quando era pequenina, tinha... Ver se eu tinha a memória a trabalhar bem, eu tinha sempre medo de não ter memória [...]. É assim: eu fiquei um bocadinho com medo de vir para aqui, porque eu já me estava a habituar aos medicamentos. [...] Houve um tempo que eu tive medo, no pavilhão 1, de tomar comprimidos. Eu pensava assim: «Ai, vão-me dar comprimidos e depois adormeço e pensam que eu morri e eu estou aqui a dormir. Pareço uma pedra.» Pensei mesmo isso. «Será que eu fico fria e depois eles pensam que o meu corpo... Que eu estou a dormir e pensam que eu estou morta?» Eu tinha pensamentos desses (Cândida).

[Eu já tinha ouvido falar do Sobral Cid], mas com muito má reputação, porque era uma casa de loucos. «Estão-me a dar como maluca e conseguem convencer o médico em como eu estou maluca.» E vim para aqui, fui muito bem tratada no internamento, mas eu pensava que ia passar o resto da minha vida aqui (Iolanda).

Eu sentia-me mal de estar naquele sítio, porque o Sobral Cid sempre teve assim um... Um hospital para malucos (Inês).

Tinha ido... tinha ido ali às Brancas, ao pé de Leiria, e tinha ido ao Lorvão. E a ideia que eu tinha confirmava-se, que era... Andavam por ali... andavam por ali... drogados. Andavam por ali completamente drogados. Via-se nos olhos; via-se no... na maneira de andar, na... nas tremuras, na... O esquizofrénico tem sempre as mãos pendentes... Uma série de características. Pronto, e aquela ideia que eu tinha, de facto, confirmou-se... confirmou-se. Alguns... a língua fora, e tal... o queixo pendente... E pronto, e eu fui criando essa ideia (Vasco).

A experiência dos doentes de contacto com outras instituições e em outras alturas da sua vida leva os doentes a fazer comparações. Faz sentido os depoimentos, ainda que não possam ser levados à letra, pois decerto o lugar, o tempo e o contexto da entrevista favorecem uma atitude de avaliação mais positiva da instituição presente, serem tidos em conta para entender os critérios usados na avaliação: atenção recebida dos profissionais, atividades realizadas, indiferenciação dos espaços, dureza dos tratamentos, falta de informação, indiferença e desumanização, entre outros.

A psiquiatria em [Hospital X] é uma selvajaria. A forma como tratam os doentes. [...] Não se fazia nada. Uma vez tivemos uma sessão de ginástica. Foi a única vez que tivemos, que fizemos qualquer coisa. De resto, não havia ocupação nenhuma [...] Não há uma conversa com o doente, não há nada. [...] Pronto, era muito impessoal, aquilo tudo muito frio, o tratamento aos doentes [...]. Porque havia lá [no Hospital X] todo o tipo de doentes e estávamos confinados a uma sala, que era o bar também, uma área de sala de convívio. E era [...] mesmo todo o tipo de gente que lá aparecia. [...] No internamento, estávamos internados no mesmo pavilhão todo o tipo de doentes, quer dizer, doentes profundos, que não falam a ninguém [...] com tiques de comportamento, perfeitamente alucinados e assim. Até pessoas mais equilibradas, como eu me achava na altura. E menos graves, como eu era. [...] Acho que era selvático (Alberto).

Foi muito má. Tortura, tortura, tortura mesmo, tortura. Tortura e tinha a terapia e depois punham-me a pintar desenhos de século XVII e eu... Era horrível, detestava pintar [...]. Foi uma tortura muito grande durante um ano, depois meteram-me mais seis meses internado, sempre seguido e foi uma tortura muito grande. [...] [O dia-a-dia] era péssimo, era pesado, pesado, um ambiente pesado. Um ambiente mesmo pesado [...]. Péssimo, enfermeiros agressivos para os utentes. Enfermeiros agressivos, que quase que nos ameaçavam com porrada. E sempre a mandar vir muito em... ameaça..., tom de agressividade para a gente (Diogo).

Nem sequer conhecia os meus direitos, nem sequer me informaram, nem sequer... Não querem saber. No [Hospital Y] ninguém... não se preocupavam com ninguém. Tê-los lá era ter gado: «Gado para aqui, gado para acolá...», «e agora vai o gado para ali...», «vão ali pastar o almoço, vão ali fumar o cigarro...», «Tomem lá um cigarro para irem fumar». Era assim... uma coisa assim. [...] Falta de humanismo por parte dos... principalmente dos enfermeiros, porque... Dos enfermeiros? Não sei se era dos enfermeiros, era, era tudo! Ali era tudo: médicos, enfermeiros... As auxiliares eram muito porreiras algumas, algumas (João).

Foi no Hospital [Z] que eles me lixaram a vida, que eu nunca devia ter sido internado nessa altura. Eu estava perfeitamente bem, mas para eles, não... Eles tinham... Eles, eles olham para uma pessoa e percebem: «tu precisas deste medicamento e deste e deste. E tens este problema e este e este» (João).

No [Hospital X] a gente andava na rua todo o dia. Ia beber a bica, fumava o cigarro e ninguém se metia e no Sobral Cid tínhamos que fumar na rua. E lá, não, tínhamos aquele... portanto eu não estava mesmo da... eu estava internada na terceira enfermaria, que é aquela enfermaria que não tem grades nenhumas nas traseiras... que não tem grades nenhumas e a gente tomava o café de manhã, vínhamos para... para a rua. O barzito era logo ali no jardim e eu passava a vida no jardim. À hora de almoço é que ia almoçar, tomava os... davam-me os comprimidos a tomar e vinha outra vez para a rua (Olívia).

Mas existem muitos outros receios, alguns deles relacionados com a reinserção nas comunidades de origem, doravante considerada hostil por quem passou pelo internamento psiquiátrico. Receia-se o que pode (vai) acontecer depois da alta hospitalar, uma vez regressados a casa. Não existindo um acompanhamento que permita manter a recuperação conseguida no internamento nem instituições que acompanhem localmente os doentes enquanto não arranjam uma ocupação, estes sentem-se abandonados.

Quando as pessoas têm alta do hospital psiquiátrico [...], devia já estar preparado, ou estarem preparados alguns canais de comunicação com várias... com instituições de solidariedade social; instituições de apoio à criança; instituições de apoio à vítima; instituições de apoio à... aos idosos... Ou seja, nos últimos tempos da nossa estadia, ou estada, no... no hospital poderia ser-nos perguntado: «Oh senhor Vasco, agora vai sair. Tem... tem perspetivas... tem perspetivas, agora que está aposentado...?» [...] E o Hospital Sobral Cid, o hospital psiquiátrico, tem muita responsabilidade no assunto, porque o hospital psiquiátrico devia já ter elencados todos esses... esses organismos todos, para que, assim que sai... assim que vão saindo os doentes [...] para que, por exemplo, enquanto não têm emprego [...] vão para essas instituições e o Estado dá-lhes algum apoio monetário. Mas não. Nas prisões é a mesma coisa; as pessoas saem, são abandonadas (Vasco).

3.2. A disciplina da instituição

Sintetizando muito, em fases agudas da doença, a tendência é de os doentes fazerem apenas «o que o corpo pede», ou seja, nada. Em fases de doença prolongada ou mesmo crónica, o efeito conjugado da doença e da medicação leva a uma atitude de inação e de desinteresse. Mas isso no Hospital não é aceite e os doentes são pressionados de todas as formas para se manterem despertos e ocupados. No caso dos doentes de internamento prolongado, verifica-se que a maioria não ocupa os seus tempos com qualquer atividade e apenas uma parte dos que têm autonomia participa nos passeios organizados pelas equipas dos pavilhões.

A Unidade de Residentes Femininos (Pavilhão 13)

De manhã, por volta das 8h30 a equipa de enfermagem faz a passagem de turno, até cerca das 9 horas. Começa, então, a rotina de higiene.

Depois dirigem-se ao refeitório para tomarem o pequeno-almoço, até cerca das 10h30. Duas doentes mais autónomas são responsáveis pelas atividades domésticas, como lavar a loiça e arrumar a cozinha, põem a mesa. Há outra doente que é responsável pela roupa, passa a ferro e arruma.

No refeitório cada uma tem o seu lugar, as cadeiras têm cartolinas com os nomes e desenhos criadas por elas. Todas se sentam à mesa para a refeição. É um incentivo à realização das atividades.

Existem duas cadeiras próprias para o banho. Todos os dias, todas as doentes tomam banho de chuveiro.

O quarto de banho é grande, com duas divisões individuais e apropriadas. O local para os banhos não é o mais confortável, mas sem dúvida está adaptado às necessidades destas doentes. É largo e amplo, permitindo que a cadeira de rodas ali permaneça, bem como mais do que uma pessoa para auxiliar o banho. Como são muitas doentes, e praticamente todas precisam de ajuda, os banhos estão escalados para várias horas: de manhã, à tarde e à noite. Tenta-se manter ao máximo as suas capacidades, manter um mínimo de autonomia das doentes, ajuda-se no banho, mas, depois, orientam-se sozinhas para se vestirem.

A hora do almoço é entre as 12h30 e as 13h30. São sentadas de forma estratégica, de acordo com o seu grau de dependência e o tipo de patologia, por exemplo, algumas gostam de comer a comida das outras, portanto tem de se ter atenção a quem se senta ao seu lado. É um espaço grande e agradável. É nesta hora que a enfermagem vai distribuir pelos pratos a medicação. Algumas doentes têm diabetes, ou hipertensão, doenças próprias da idade, como já referi, então, está afixada no refeitório a dieta de cada uma. Após o almoço, muitas das doentes vão descansar um pouco.

Por volta das 16h00, a enfermagem troca o turno. Seguindo-se o lanche. As doentes que estão destinadas ao banho na parte da tarde fazem-no antes do jantar que é às 19h00. Por volta das 21h00 as doentes vão dormir.

As doentes não estão em quartos individuais, estes têm de duas a quatro camas. As residentes mais dependentes ficam nos quartos do rés-do-chão, as com alguma autonomia ficam no primeiro andar. No entanto, devido à avançada idade, cada vez mais vão passando para o andar de baixo. Isto está a limitar muito o espaço físico.

Os quartos estão decorados de acordo com as preferências de cada uma, como se estivessem em casa. Umas gostam muito de peluches, têm vários em cima da cama; outras, mais religiosas, têm várias imagens e santos; outras gostam de brinquedos, tendo prateleiras arrumadas onde os guardam.

Aquelas que necessitam de cadeira de rodas, não podem ter muitos bens nos quartos, pois dificultam a sua mobilidade.

Junto à sala de enfermagem está a sala da medicação, onde está separada a terapêutica diária de todas as doentes. Está neste local todo o material que é necessário ao nível da enfermagem, como pensos e desinfectantes.

Fonte: Rodrigues (2009).

No caso dos doentes de evolução prolongada ou residentes no CHPC, o estudo de Luisa Pereira (2007) mostra que, em qualquer das três unidades (Sobral Cid, Lorvão e Arnes), a maioria dos doentes está numa situação de elevada dependência e «necessita de [...] orientação para a realização das actividades de vida diária». Por isso, apenas uma parte dos doentes com autonomia participa nos passeios organizados pelas equipas dos pavilhões e a maioria dos doentes não ocupa os seus tempos com qualquer atividade (Pereira, 2007, s.n.).[70]

A Unidade de Residentes Masculinos (Pavilhão 2)
A rotina deste piso é constituída pelo pequeno-almoço dos doentes que se realiza por volta das 8:30. Após o pequeno-almoço, alguns doentes gostam de sair e de ir tomar o seu café, dirigindo-se antes à Sala de Enfermagem, onde lhes é dado algum dinheiro (cerca de um euro por doente) e alguns cigarros. Após o café, os doentes gostam de deambular pelo exterior do pavilhão e pelo hospital. Por volta das 12:30 é o almoço, às 16:30 o lanche e às 19:30 o jantar.

Ao longo do período que estive neste serviço pude constatar que existem poucas actividades para os doentes, pois grande parte do tempo é passado a deambular pelo pavilhão e pelo exterior. A nível de actividades, existe um professor de Educação Física que vai até ao CHPC uma vez por semana, a fim de promover a actividade física entre os doentes. Tive a oportunidade de assistir a uma aula de educação física. No decorrer da aula fui falando com o professor, o qual referiu que o objectivo dele não passa pelos doentes cumprirem a cem por cento os exercícios, mas sim que estes se mexam, para ele o essencial é promover a actividade física. O exercício consistia essencialmente numa caminhada pelo CHPC e alguns movimentos de aquecimento. Deste pavilhão apenas dois doentes participavam nestas aulas, uma vez que eram os únicos que aderiam de livre vontade a esta actividade.

Fonte: Rodrigues (2010: 53).

Existe, apesar disso, uma preocupação em envolver os doentes internados em atividades, organizar saídas ou promover animação no espaço do Hospital, mas com os residentes é mais difícil.

[70] Estudo idêntico realizado no Hospital Psiquiátrico do Lorvão, em 2008, mostra que apenas 3% dos 67 doentes residentes têm uma ocupação; em contrapartida, quase três quartos deles participam em passeios organizados pela equipa multidisciplinar (Coelho, 2008: 17).

> Todos os dias de manhã, durante meia hora, uma hora (e às vezes, também à tarde), realizam algumas actividades terapêuticas. A enfermagem tem um plano que normalmente segue. Essas actividades englobam "jogos de recordar e aprender", o "movimento e saúde", realizam passeios pelo hospital, jogos à bola, dançar, jogos que impliquem actividade física. Jogos terapêuticos, como o dominó ou desenhos (Rodrigues, 2009).

É diferente a situação dos doentes internados nos serviços de clínica para tratamento em fase aguda ou de agudização da sua doença e caracterizados pela sua curta duração comparados com os anteriores residentes.

A avaliação que os dirigentes fazem das atividades de socialização dos doentes é muito positiva:

> Há muita coisa que se organiza além das coisas pontuais como já falámos. [...] Por exemplo, as saídas são cerca de mais ou menos uma por mês, estou a falar de grandes saídas. Portanto, saem de manhã e vêm à noite. Não é só as férias em que estão normalmente duas semanas fora ou uma semana fora, mas também aquelas saídas a Fátima, gostam de ir ao rio, gostam de ir ao jardim zoológico, etc. [...] Portanto, são as tais saídas uma vez por mês.[71] Por exemplo, há coisa de uma semana estiveram cá dois grupos folclóricos, um da Polónia e outro da Rússia, [...] conseguimos fazer isto, além disso são as rotinas de animação que têm os doentes. Os doentes têm normalmente festas, estão ocupados no dia-a-dia, não só com os ateliês, normalmente, mas também, todo o tipo de interação que se faz desde jogos à parte pedagógica, jogos não só únicos, mas todo o tipo de jogos, é claro dentro da possibilidade de cada um, não é? Mas, se visitar um ou outro serviço, consegue vê-los ocupados, na maior parte do tempo estão perfeitamente ocupados. Temos doentes [...] a trabalhar e a receber [...] na lavandaria também, estão a colaborar aqui nos parques e jardins [...], foi pedido até para montarem uma lavagem de carros, sendo feita pelos nossos

---

[71] Importa referir que a quase totalidade destes doentes residentes tem recursos financeiros próprios e, nomeadamente, recebe uma pensão de invalidez. Mesmo quando interditos, a instituição funciona como representante legal dos doentes numa elevada proporção dos casos. Segundo o estudo de Pereira (2007), relativo ao HSC, 43% dos residentes do sexo masculino e 64% do sexo feminino estavam interditados; e, segundo o de Coelho (2008), relativo ao HL, 54% dos doentes residentes do sexo masculino e 83% do sexo feminino estavam interditados. A informação sobre quem é o representante legal dos doentes interditados só existe para o HSC e mostra que em 96% dos doentes do sexo feminino essa representação cabe à instituição, contra 59% dos doentes do sexo masculino.

doentes, etc. Portanto, nós temos várias atividades onde os doentes participam, aliás é feita para os doentes como é óbvio. Em todos os serviços. Temos alguns profissionais a colaborar como é óbvio (DE).

Em geral, os programas terapêuticos deixam muito tempo livre a estes doentes e esse tempo é aproveitado para atividades. O mesmo dirigente entrevistado explica melhor em que consistem:

> Por volta das sete horas, eles vão passear, vão ali até ao recinto, ao jogo, estão lá um bocadinho, desentorpecer um bocado as pernas, há quem goste de jogar à bola e põem-se ali um bocadinho a jogar à bola. Dentro do serviço tentam-se ocupar também. [...] Portanto, há atividades próprias e agora instituí por parte da enfermagem outra vez um... é chamado o escalão de formação [...]. Um formador que é um enfermeiro em todos os serviços... foi criado para todos os serviços para dar não só formação aos colegas como animação aos doentes, portanto, ele programa, digamos, a semana com a colaboração dos colegas. Portanto, ele é o responsável por aquilo. Vai fazendo programas próprios, não só os terapêuticos que estão vinculados e que [...] é preciso fazer, mas também os lúdicos de ocupação, existe muito e no Lorvão também existem bastantes.
> [...]
> Não tem havido problema rigorosamente nenhum. Nem pessoas a afastarem-se, inclusivamente, não tem havido rigorosamente nada... rigorosamente nada. [...] E eles, as viagens, tanto fazem para o litoral, para as praias, como fazem para o interior, ou para a serra, vão visitar outras áreas, igrejas também gostam... também fazem para o interior e não vejo reação rigorosamente nenhuma. Restaurantes, por exemplo, não vão parar agora na estrada para comer, não é, embora só se fossem fazer um piquenique, até que a ideia é salutar, não é? Mas não, vão ao restaurante perfeitamente normais com os nossos técnicos, como é óbvio, e as pessoas estão no restaurante, estão normalmente a comer, deixam-se estar e não comem mais à pressa para sair, nem se afastam, estão ali normalmente, é que não tem problema rigorosamente nenhum (DE).

A visão dos doentes sobre as rotinas confirma a importância das atividades e de sair dos pavilhões, mas reconhecem que essas atividades são escassas e que deveria haver mais.

> Uma rotina é levantar, tomar banho, arranjar, ir para baixo tomar o pequeno-almoço. Depois vai-se fazer uma caminhada a pé... [Vão acompanhadas?] Às vezes, não, outras, sim. Depois voltamos, vai-se chegando a hora do almoço.

> No fim de almoço a pessoa descansa um bocadinho, se quer descansar um bocadinho... Depois há alguma atividade aqui ou não há, depende também do funcionamento. [...] Quando há atividades, costuma haver, às vezes, jogos. Certos jogos, certas... Olhe hoje, por exemplo, [...] é segunda... segunda-feira é ginástica... Costuma haver ginástica. Vem um professor de ginástica que costuma vir aí duas vezes por semana. Depois é... quando está a chover fazem isso, não fazem uma caminhada. É assim. As atividades não são muitas, mas é o que pode ser. Com certeza que não pode ser mais (Filomena).
>
> Era de manhã, acordar, tomar banhinho, ir tomar o pequeno-almoço e andar ali um bocadinho no corredor do hospital. [...] Não saía cá para fora, porque andava... Isto com receio de que a gente se... Não era... Eu não... Eu apanhei uma dose boa de medicamentos; babava-me muito. [...] Estávamos um bocadinho à frente do pavilhão, ficávamos ali a conversar (Cândida).

Os doentes sentem muito a pressão dos profissionais para que eles estejam ocupados, o que, sendo aconselhável por razões terapêuticas, se torna particularmente difícil de aceitar em certas fases da doença e por efeito dos medicamentos que impelem à inação:

> De manhã não nos deixam estar deitados, temos que nos vestir, lavar e fazer qualquer coisa de útil ou ler um livro ou fazer coisas de mão... (Iolanda).
>
> Porque eu ali era obrigada a estar das nove às quinze horas ocupada. Não podia estar na cama. Não estava na cama. Nós ali tínhamos que estar em atividade, nem que fosse olhar uns para os outros na sala. Pronto, mas havia sempre umas atividades. Eu penso que foi isso. Foi o ocupar-me (Inês).

São inúmeros os relatos dos sacrifícios feitos para participar em atividades.

> Olhe, inicialmente foi horrível. Eu não queria ir. Porque eu sentia-me mal, não queria ver ninguém, nem que ninguém me visse. Só queria estar fechada no meu quarto. E, depois, ser obrigada a estar ali um par de horas grande ainda e ter que ver pessoas num estado equivalente, ou pior ou melhor do que o meu, não é? que havia de tudo – e não havia só depressões, havia outras situações. Não foi encarada de bom modo por mim, não. Eu não queria ir. Mas tive que ir (Inês).

Nem sempre a atitude dos profissionais parece reconhecer o que representa o esforço que está a ser pedido aos doentes e estes queixam-se de que são tratados como preguiçosos ou teimosos. Importa ter em conta que os sintomas negativos destes doentes só aparentemente se assemelham a preguiça ou teimosia, antes são uma consequência da doença. Os profissionais ou a família, concentrados na sua tarefa de ativação terapêutica dos doentes, subestimam frequentemente o mal-estar que isso representa para estes. Do mesmo modo, as atitudes de irritação, resistência ou mesmo revolta, que os doentes em certas ocasiões expressam são facilmente consideradas "descompensações" ou "descontrolos" pelos profissionais em vez de atitudes normais e até legítimas à luz dos padrões usados para o comum das pessoas.

Também a estranheza da vida na instituição, aliada à falta de informação precisa sobre o que se vai fazer, pode dificultar muito a integração. O modo como se formam grupos de doentes para uma atividade e se promove a interação social pode aumentar o desconforto ou ser constrangedor para o doente se não houver um conhecimento razoável da história do doente e a disponibilidade para encontrar soluções adequadas a cada caso por parte dos profissionais, como relata expressivamente um doente referindo-se à sua entrada no HD.

> Veio a enfermeira Y e disse assim: «Pronto, aqui o senhor Vasco tem que começar a fazer alguma coisa.» Eu sabia lá o que era o hospital de dia, eu sabia lá se tinha que trabalhar. Não sabia, nunca ninguém me explicou nada. [...] Uma senhora que estava a trabalhar com lãs... com novelos grandes de lã. «Senhor Vasco, ajude... Senhor Vasco, sente-se ali ao pé da dona... e ajude-a ali a enrolar o novelo.» [...] O meu primeiro trabalho na sala de trabalho do hospital de dia foi pôr as mãos assim. Piorou a situação (Vasco).

As "estórias" que este mesmo doente ouvia no bar, contadas pelos outros doentes que já lá estavam há mais tempo, também não ajudavam, perturbando-o ainda mais.

> «Olha, aquele... aquele ali matou... matou a mulher e os filhos e depois foi considerado inimputável e agora está ali no 18 e agora está não sei quê. Ora... Aquela... Olha aquela... aquela ali, naquela mesa tal»; «Sim. Sim, estou a ver»; «Aquela ali matou três filhos, pô-los na arca congeladora e não sei quê, não sei quê... Olha... olha, aquele colega é esquizofrénico...» E eu pensava assim: «Bem, esses, pelo menos, não estão no hospital de dia.» Pensava eu, porque eu não sabia quem é que estava no hospital de dia, entende? (Vasco).

Só dois ou três dias depois teve uma conversa demorada com a médica que lhe permitiu «ter uma maior noção, uma noção mais exata e rigorosa, do sítio onde estava e do que estaria lá a fazer». Hoje conclui:

> A ideia que eu tinha mantinha-se. A única diferença era que estava ali um bloco, que é o bloco 6, que é o hospital de dia, que era um pequeno oásis no meio de um grande pântano (Vasco).

Tal como mostra este caso, existe o risco – e é importante que os profissionais tenham consciência disso – de que a ativação dos doentes pode agravar os seus problemas. Se a apatia e o desinteresse por parte dos doentes devem ser contrariados para levar o doente a socializar-se com outras pessoas, para serem eficazes, as atividades que lhes forem propostas e os grupos em que forem integrados têm de corresponder, de algum modo, aos interesses e aos universos culturais do próprio doente, o que implica um conhecimento razoável da história do doente e a disponibilidade para encontrar soluções adequadas.

A liberdade de movimentos dos doentes no espaço do Hospital é também um aspeto crítico e muito salientado. Em geral, essa liberdade é limitada, sobretudo em fases iniciais e agudas do processo terapêutico. A razão da limitação é em geral compreendida e aceite com conformismo.

> Temos de sair sempre... Pedir para sair... Podemos sair, mas estando nos primeiros dias não se pode sair sozinha... Sinto que [as atividades] são importantes, mas sinto que são... são algo muito difíceis. Por vezes, nos primeiros dias, quando nós não podemos sair, é... é uma... é... digamos que é assim um pouco como uma prisão. [...] A pessoa não está em condições de tratar das suas coisas... de andar nas suas coisas. Não sei. Tudo bem, mas há outras alturas que... que depois a pessoa já sai. Pronto, é assim, tem assim umas regras um bocado... assim, rígidas, mas... tem que se aceitar, que remédio (Filomena).
>
> [Para sair] tem que se dar a conhecer a uma enfermeira. [Pode-se sair] desde que autorizem. Também não podemos fazer aquilo que queremos. [...] Ainda hoje fomos um grupo de sete pessoas. [...] Fomos dar ali uma volta... para esticar as pernas (Carolina).

As rotinas e os expedientes para as quebrar são também referidos, mas as formas de domesticação da vontade são omnipresentes, mesmo quando se quer apenas fumar um cigarrito...

> Acordávamos às nove horas, tudo a levantar da cama, tudo a ir tomar o pequeno--almoço, depois ia-se à sala ou ao gabinete dos enfermeiros pedir um cigarro... porque eles tinham lá o tabaco e não nos davam o tabaco. Tínhamos que lá ir pedir. Só nos davam dez cigarros por dia, o que é uma estupidez... para uma

pessoa que está com problemas, que não tem nada para fazer. Pelo menos, olha, fuma uns cigarritos. Íamos lá pedir o primeiro cigarro, depois era a uma certa hora que tínhamos outro cigarro, a outra certa hora tínhamos outro cigarro... Depois era o almoço, depois era... depois outro cigarro e depois outro cigarro e depois outro cigarro... Depois era o lanche, depois era o jantar e depois era tomar banho e ir para a cama. [...] Todos iguais os dias, todos iguais, todos iguais. Sempre ali, tau, tau, tau tau... Tudo igual. [...] Podíamos jogar às cartas, se quiséssemos. [...] Podíamos jogar às damas... (João).

Distinta é ainda a situação de internamento num pavilhão clínico ou no Hospital de Dia. Do ponto de vista dos doentes, a autonomia que lhes é dada e o regime de presença apenas diurna no hospital contrastam com o regime de vigilância apertada e de clausura a que ficam sujeitos os internados agudos, um sector em que a disciplina dos doentes é uma preocupação central e pouco discreta.

É muito diferente [o internamento num pavilhão ou estar no Hospital de Dia]. O internamento psiquiátrico é mais doloroso e mais... Somos também muito, muito seguidas pelas enfermeiras que relatam tudo aos médicos. Temos uma consulta regular todas as semanas com um médico, mas não é a mesma coisa. Estar fechada, não voltar para casa, não ter autonomia nenhuma, é mais doloroso. Aqui somos seguidas, temos orientações, temos acompanhamento mas depois, chegadas as 4 horas, 4 horas e meia, temos que ser nós a fazer a nossa vida. Estamos em casa, vamos fazer a refeição em casa, dormimos em casa, é totalmente diferente (Iolanda).

Apesar de tudo, o balanço que muitos doentes fazem da participação em atividades de grupo é positivo, nomeadamente por lhes ter permitido aperceberem-se de que muitas outras pessoas sofrem os mesmos problemas e partilharem experiências com elas.

No hospital de dia fizeram-me muito bem. Fizeram-me muito bem. Todas as atividades... Quando digo todas, exceto para aí uma ou duas, fazia-me bem, sobretudo as histórias de vida, os psicodramas e tal. [...] Há muitas coisas na história de vida dos outros que também são coincidentes com as nossas, e nós percebemos e ajuda-nos a perceber que, afinal, problemas todos temos e que são problemas, às vezes, parecidos ou iguais (Vasco).

Este doente observa pertinentemente que os trabalhos distribuídos poderiam ser melhor acolhidos pelos doentes se tivessem em conta as suas diferentes experiências de vida e ilustra o seu caso pessoal em que as atividades de dois dos dias da semana acabaram por ser suprimidas precisamente por não se lhe adequarem. Por outro lado, refere o facto de as sessões sobre histórias de vida serem orientadas exclusivamente por assistentes sociais e não por psicólogos ou psiquiatras, denunciando uma finalidade mais pragmática para o serviço do que terapêutica para o doente. Ainda os problemas de falta de organização, como atrasos do início das sessões ou das consultas ou mesmo o seu cancelamento, que geram ansiedade nos doentes: «Mas há muitas situações diárias, rotineiras, quotidianas, em que os doentes estão ali a tomar medicação para combater a ansiedade e, por outro lado, estão a criar ansiedade» (Vasco).

3.3. A relação terapêutica

O objetivo da recuperação (*recovery*) exige uma intervenção em que se combinam, de uma forma que varia com os casos e ao longo do internamento, preocupações de redução dos sintomas a par de preocupações com a ressocialização. Em geral, os encontros com o médico são espaçados e a informação dada por este é parcimoniosa, para que os doentes se concentrem naquilo que devem fazer que é seguir estritamente as orientações recebidas para recuperar o mais depressa possível. Neste quadro, os enfermeiros desempenham um papel importante de acompanhamento próximo e de vigilância médico-terapêutica decisiva para a avaliação médica da progressão dos doentes, enquanto as assistentes sociais têm um papel muito importante de reduzir as preocupações dos doente relativamente às suas obrigações sociais (emprego, família, amigos), permitindo-lhes concentrar-se no esforço de recuperação.

Os doentes não deixam de notar estas diferenças na atitude dos profissionais, muitas vezes interpretando-as da forma como elas se lhes apresentam e ganhando tonalidades afetivas, acompanhadas ou não de críticas ao que lhes parece errado:

> Já percebi que isso talvez funcione assim. Pelo relatório dos enfermeiros, os médicos veem como é que o doente está. Mas não devia ser assim. Deviam falar com as pessoas, tentar compreendê-las... até elas dizerem o que realmente se passa. [...] Um médico, ou um psiquiatra, para ser psiquiatra, tem que ouvir o paciente. Não pode olhar para ele e dizer: «tome isto e isto e isto». Tem que ouvir o paciente e tem que saber quais foram os meandros dentro da cabeça dele (João).

> As regras mudaram. Ou seja, primeira regra... [...] A ordem é arbitrária. Primeira regra: «Não quero que o pessoal auxiliar e o pessoal técnico, de enfermagem, dê

confiança aos pacientes.» [pausa] Quer mais do que isto? [...] Mais uma série de regras, aquilo parecia um quartel. Parecia um quartel. Aquilo não é nenhum quartel. Só faltou encerrar-nos, pá. Ah, e foi-nos educadamente [dizer] que é expressamente proibido sair do hospital de dia durante a hora de almoço[72] (Vasco).

O papel da assistente social é particularmente enaltecido, não só porque representa uma ajuda prestimosa na obtenção dos benefícios sociais a que o doente tem direito (e muitas vezes desconhece) e na resolução de problemas da vida dos doentes que se passam fora do hospital, mas também porque não associam esta profissional aos aspetos mais desagradáveis do internamento.

Foi a Doutora [que conseguiu o rendimento mínimo]... Aqui [no CHPC] a Dr.ª X é que fez um relatório [...]. Ela é que pôs e arranjou-me para eu ir à cozinha económica comer e arranjou-me para eu ir buscar comer à igreja de São José, que ainda lá vou. Dão poucochinho, dão o que elas podem. Às vezes dão mais, outras vezes dão menos, é conforme. [...] Foi tudo através do Hospital, com as assistentes sociais. Ela é muito minha amiga, tanto a Dr.ª X como a Dr.ª Y são muito amigas. E havia outra que era do tempo da minha [filha] bebé, que era a Dr.ª Z. Também era muito minha amiga, que era assistente social (João).

A primeira consulta que eu tive aqui com um médico, a minha consulta foi identificada como primeira consulta e fui logo encaminhado para uma assistente social. Antes de falar com o médico, ainda falei com a assistente social. Tentou saber como é que eu estava socialmente, financeiramente, [de] trabalho... E servi-me dela para depois mais tarde... Vi-me muito mal, apertado financeiramente, e tentei tirar um curso aqui no pavilhão 18, onde dão formação. E ela encaminhou-me para fazer um curso. Ela encaminhou-me para isso. E pronto, e mesmo agora com o internamento, a minha assistente social também se interessou muito por mim e de uma forma se calhar quase de médica, que não... pronto que não... [...] E ela sempre me acompanhou. Esteve sempre interessada no meu caso (Alberto).

Vale a pena ressaltar dois aspetos da análise das entrevistas feitas aos doentes: primeiro, a apreciação positiva que estes fazem dos profissionais, apesar do rigor e da incomodidade dos cuidados prestados por eles no internamento; segundo, a confiança depositada nos profissionais.

---

[72] «Se a gente sair [...] do recinto do hospital durante a hora de almoço. Porque nós, às vezes, íamos tomar café a Ceira. Era para aí a 1 quilómetro e íamos. Tínhamos tempo, íamos, e eu era um dos que lá ia a Ceira, para desanuviar e tal» (Vasco).

Não tenho razão de queixa dos empregados. Era mais os doentes, que nem todos estão nos mesmos sítios; nem todos têm a mesma linguagem, e custa... Pronto, uma pessoa está habituada a uma linguagem e está habituada a uma certa educação e fomos ensinados assim e, depois, quando sentimos que há pessoas diferentes, com linguagens assim um bocadito rudes... (Cândida).

Fui parar às mãos da Dr.ª A e... e ela internou-me. Esteve mais ou menos vigilante quanto ao meu comportamento. Viu que eu deixava de tomar a medicação e que era novamente internada. Via que eu tinha problemas com a minha... com a minha... com o meu aspeto físico (Iolanda).

Aqui anda tudo muito mais descontraído. Então com este, com este... com esta natureza belíssima que temos cá fora [...] Os enfermeiros que aqui... neste pavilhão são altamente. Alguns, alguns eu gosto bastante (João).

[A experiência de internamento] tem sido boa [...] Há cá... uma equipa espetacular e estão-nos a dar o apoio que é preciso... e depois lá fora é que depois a gente vê se consegue enfrentar os problemas. [...] Eu não tenho razão de queixa de ninguém. Desde as auxiliares, enfermeiros, médicos, para mim, têm sido tudo uma equipa espetacular. [...] Todos eles tentam levantar as pessoas. Dar um bocado de... digamos, de confiança, de..., acho que realmente a equipa que cá está, nem há palavras para descrever... (Carolina).

Sinto que estou de férias, estou de férias. O ar de pinheiros e assim é bom. Aqui, não, mas ali à entrada do Hospital sente-se aquele cheirinho dos eucaliptos. Cheira bem, dá saúde. Mas, claro, já estou um bocadinho cansada de aqui estar agora, porque já fez dezoito dias. Agora, já pedi ordem ao médico, já vai dar a alta agora a seguir, para ir embora para casa (Olívia).

O grau de confiança depositada nos profissionais é um fator muito valorizado por estes. É frequente os profissionais sustentarem que os doentes são particularmente desconfiados e que, por isso, a relação com o doente deve ser muito cuidadosa para evitar que essa atitude se gere e venha a prejudicar a ação médico-terapêutica. O respeito e a confiança entre doente e profissional são atitudes que se condicionam mutuamente. Em alguns relatos de doentes entrevistados foram referidos episódios que alegadamente corroeram a confiança que estes depositavam nos profissionais:

Fui poucas vezes [ao médico psiquiatra], muito poucas vezes. Depois houve uma altura que até me chateei com ele porque ele falou muito bem à minha frente: «ah, não sei quê...» E depois chegou a minha mãe e: «ah, ele não sei quê...» Tipo

> houve assim uma, uma... Ele falou para mim de uma maneira e depois quando a minha mãe chegou já falou de outra. E eu não gostei disso e então nunca mais lá voltei (João).

Porém, a confiança nos profissionais foi manifestada enfaticamente por vários outros entrevistados. Não se pode generalizar esta postura, ainda que os relatos dos doentes com mais longas experiências de internamentos tendam a reconhecer os benefícios colhidos destas experiências e, por essa via, a justificar a atitude de confiança.

> Não, ninguém sabia. Porque eu se já... se me... «Se sabem que oiço vozes, mandam-me já para o Sobral Cid». Era o que eu pensava. E realmente foi verdade, não é? Mas tive que encarar o problema de frente. E acho que estou a ser bem acompanhada, está aqui uma equipa bem boa, desde auxiliares, enfermeiros, médicos, acho que melhor não pode haver (Carolina).

> Porque o que a médica me disse é que, cada vez que eu tivesse uma recaída, as capacidades iam falhando. E por isso tinha que tomar a medicação para sempre, porque é uma doença crónica. E não deixar de tomar a medicação, porque senão, passados alguns meses, emagreço novamente, entro em depressão, não faço absolutamente nada e... pronto, e sou internada (Iolanda).

> Aquela psiquiatra é uma pessoa acessível, que... Pronto, senti que ela se preocupava comigo e que percebia o que eu lhe estava a dizer e porque é que eu estava assim. Pronto, senti que havia feedback, que ela me dava feedback (Inês).

Curiosamente, o próprio doente que relata a perda de confiança num determinado médico psiquiatra vem reconhecer que mais tarde segue rigorosamente o plano terapêutico prescrito.

> Sempre [obedeci a esse plano médico]. Só houve uma altura em que eu não tomei os medicamentos porque... ó pá, não conseguia. Estava supersonolento, não tinha reação para nada e então não tomei os medicamentos. Depois quando fui à consulta falei com a médica e ela disse: «ah, pronto. Não há problema. Compreendo. Não há problema. Pronto, fica só a injeção». E estive bem durante imenso tempo (João).

A apreciação positiva que as pessoas fazem, em geral, dos profissionais que os atendem ou acompanham, apesar do rigor e da incomodidade dos cuidados prestados por eles, tem de ser entendida com cuidado, pois ela pode resultar também de algum temor reverencial face à instituição onde decorreram as entrevistas. Deste ponto de vista, não deixa de ser flagrante o contraste entre a opinião positiva relativamente aos profissionais deste Hospital e a opinião francamente negativa relativamente aos profissionais de outras instituições com quem se cruzaram na sua trajetória de doentes, como ficou patente atrás.

3.4. A falta de informação sobre a doença e a imposição das terapêuticas

Uma questão sensível e sempre referida é a da informação escassa e evasiva sobre a doença. Em muitos casos a doença só foi conhecida pelos próprios depois de vários anos de consultas e mesmo de internamentos. Nesta fase hospitalar da trajetória dos doentes, o desconhecimento sobre o prognóstico da doença, bem como sobre o resultado das terapias usadas, de cujos efeitos negativos o doente cedo se apercebe, é um fator gerador de ansiedade que acompanha o doente.[73]

As pessoas entrevistadas têm relatos muito impressivos não só sobre o mal-estar próprio da doença como também sobre o mal-estar causado pela medicação e pelo programa terapêutico, incluindo os programas de ativação já anteriormente referidos

> Nunca me deram um diagnóstico certo. Depois, a minha psiquiatra no CAT, quando me internou, disse que eu tinha uma psicose esquizoafetiva. [...] [Agora] não falam nada [do diagnóstico]. Até eram bastante antipáticos. Não falam nada [...]. Em relação aos médicos e enfermeiros foi isso. Foi isso (Paulo).

> Mas eles na altura... eles não me disseram o problema que tinha. Eles disseram que era um problema psiquiátrico e que tinha de ser internada e não sei quê e aquelas tretas todas. Não me disseram logo: «Olhe, tem que ser internada, tem que não sei quê» (Filomena).

A ausência de informação sobre a doença, aliada ao conhecimento de que existe informação que é apenas disponibilizada aos familiares próximos, constitui motivo adicional de ansiedade e leva, por vezes, a uma quebra de confiança relativamente a esses familiares.

> Eles comigo não falam muito, falam mais com o meu pai. Agora comigo não falam muito. [...] Não, nunca me disseram: «O seu problema é este.» Não, nunca

---

[73] O modo como as pessoas, doentes e suas famílias, reconhecem, classificam e valorizam a doença tem sido objeto de estudo de muitos autores. Em Portugal, Fátima Alves e Luisa Ferreira da Silva têm vindo a desenvolver investigação de grande valia sobre as "racionalidades leigas" em matéria de saúde e doença mental (Alves, 1998, 2001a, 2001b, 2011; Silva, 2001, 2008).

me disseram. [...] Tem consultas aí duas vezes por semana... Depende. A semana passada, por exemplo, fui lá duas vezes. Também depende da maneira como ele vê como estão as pessoas, não é? (Carolina).

A evasiva dos médicos acerca da informação a prestar, sobretudo quando são pressionados pelo doente, é sublinhada por alguns entrevistados.

Os médicos têm um bocado o hábito de não nos dizer muitas coisas para a gente não cair no poço da doença, por assim dizer, e então com essa médica eu já andava a pensar em sair de Lisboa, e perguntei-lhe uma vez... Perguntei-lhe uma vez na consulta do que é que eu sofria, qual era a minha doença? E ela disse: [...] «Para a próxima consulta falamos nisso.» Ou seja, a fugir com o rabo à seringa, não é? Então eu... Eu na consulta seguinte não me esqueci. Voltei a perguntar. E ela relutantemente... Ela não queria dizer, mas... Então lançou para o ar as palavras como que..., como quem não quer dizer. E lá me disse: «Você sofre de esquizofrenia paranoide. Mas olhe que isto é uma doença como outra qualquer. E não... E você até está muito bem, portanto não se ponha a pensar que está horrível e que está mal e não-sei-quê...» Lembro-me que na altura até lhe disse: «Mas eu, pronto, eu gosto de saber a doença que tenho, porque gosto de ir investigar sobre isso e assim. Saber mais.» E ela disse: «Pois, mas o meu medo é que você comece a ler coisas e a pensar que está muito gravemente doente e não está assim tão gravemente doente quanto isso.» Pronto, foi a conversa e aí é que eu soube que doença é que [tinha] (Alberto).

Recuperando para este assunto a questão das representações sociais dos doentes acerca das profissões presentes num hospital psiquiátrico, cabe registar o modo como as pessoas distinguem os papéis dos diferentes profissionais com quem contactam no hospital, designadamente o psiquiatra e o psicólogo, e como os valorizam em função da sua capacidade de informação e de escuta.

Os extratos seguintes evidenciam a reduzida autonomia do doente na escolha do profissional, uma vez entrado na instituição. Sendo a regra em qualquer instituição hospitalar, nos hospitais psiquiátricos, em que a natureza da doença assume diversas dimensões disciplinares e envolve múltiplas competências profissionais, a imposição de uma hierarquia rígida de contactos não facilita a adesão das pessoas. Adicionalmente, estes extratos mostram a existência de duas perspetivas dos doentes sobre o papel dos psicólogos: na primeira, o psicólogo é visto como alguém que vai mais longe na ajuda aos doentes, ocupando-se de problemas não estritamente clínicos que também atormentam os doentes;

na segunda, esse campo mais alargado da intervenção do psicólogo é valorizado muito negativamente precisamente porque aumenta a devassa do pensamento do doente, explorando a dependência deste face ao profissional.

> Eu até pedi, se fosse caso disso, para me darem uma psicóloga, e nunca me deram nenhuma, é porque veem que isto é mesmo só caso de psiquiatria. [...] O meu problema era mais deixar de fumar. Por isso é que eu queria a psicóloga, talvez ela me conseguisse ajudar a deixar de fumar, mas viram que não era preciso, nunca ma deram. [...] Eu acho que sim. Acho que deve ser uma terapia importante, porque senão ela também não existia, não é? Mas para o meu caso... acho que não deve... Se não ma deram, não deve ser mesmo necessária (Carolina).

> Eu percorri... Eu fiz as minhas etapas, que tinha que fazer com os psicólogos, não era? [...] Tinha que, prontos... Tudo tinha que responder, mesmo responder assim por responder, eu respondi e tinha as consultas. Depois houve uma altura, começaram-me a explo... O psicólogo explorava-me imenso. E explorou-me durante um ano fechado num corredor. [...] Explorou a minha religião, mas duma forma... como ele queria. À base da psicologia dele. E eu podia ter alta em breve, por ordem do Tribunal e ele não. Assumia como um compulsivo e não me deixava libertar. [...] Aqui é mais... mais em liberdade. E lá é o inverso (Diogo).

As pessoas entrevistadas têm relatos muito impressivos não só sobre o mal-estar próprio da doença como também do mal-estar causado pela medicação e pelo programa terapêutico, incluindo os programas de ativação já anteriormente referidos. O cansaço de uma e outra, o desespero da falta de uma saída para a doença, o sentimento de injustiça pelo sofrimento, tudo isso se mistura e influencia o estado de espírito dos doentes e as suas atitudes. Para os internados, há mais tempo, a desmotivação é também uma atitude comum e, muitas vezes, a falta de iniciativa que os doentes associam a falta de energia não é senão uma manifestação de falta de confiança em si próprios.

> [Estive aqui internada] cinquenta vezes. [...] Era sempre um mês. [...] [o que é que faz aqui?] Não faço nada, aqui não faço nada. Fumo. [...] Não consigo fazer nada. Depois canso-me, depois canso-me. É cansativa a doença sempre. Ter que tomar, ter que tomar... ter que tomar... Chega a um ponto que fico cansada. Agora tem sido... O meu companheiro é que me tem dado os comprimidos. Ele não se esquece nunca. Às vezes eu digo: «Eu hoje não quero. Eu não quero, estou cansada, não quero tomar nada disso. Depois amanhã ao acordar custa-me a acordar e fico mal disposta não quero nada disso. Faz doer o estômago e tudo...» E ele diz:

«Ó, depois passa, bebes um chá. Ai toma lá.» «Hoje não tomo». E ele diz assim: «Está bem, dorme lá que quando acordares daqui a um bocadinho eu dou-te os comprimidos.» Então às vezes às duas da manhã ele dá-me os comprimidos e lá tomo e lá durmo. Mas gosto muito de dormir (Olívia).

Os efeitos desagradáveis dos medicamentos, mesmo quando eles são contrariados por outros nos seus efeitos iatrogénicos, são referidos por todos os entrevistados. Por vezes, a reação é de não os tomar, enganando a vigilância dos profissionais:

> Estive quatro meses internada até que chegaram à injeção... ao injetável. Porque eu punha os medicamentos no canto da boca e depois de comer... de tomar as refeições ia à casa de banho e deitava fora [...] e chegou a um ponto em que ela [a Dra. X] disse: «Agora vamos para o injetável.» Porque se apercebiam. Começaram a aperceber-se as enfermeiras. [...] Foi um bocado dura de mais a enfermeira [risos] que me tratou assim... Mas [...] porque eu estava muito debilitada e achei que foi dura de mais. Mudei do andar de cima para o andar de baixo, novamente. Eu a pensar que ia apanhar ainda choques elétricos e outras coisas mais... Estava miserável... Parecia-me... Sentia-me miseravelmente mal com as injeções. Voltei a ser novamente meiguinha, uma pessoa fácil... E... acharam que eu estava melhor e vim para aqui depois, para o hospital de dia (Iolanda).
>
> Depois estive lá um mês. A consumir medicamentos, medicamentos, medicamentos, medicamentos e era um esgotamento, era um esgotamento. Tomava *Medipax, Medipax, Medipax, Haldol, Haldol.* Vim para casa uma carrada de medicamentos, até que certo dia enchi-me dos medicamentos e meti-os no lume. Mais nada. Não via melhoras nenhumas (Matilde).
>
> Quando me sentia bem, durante já assim um período assim largo, em que eu me sentia mais segura, começava a diminuir, sem ser a conselho da psiquiatra. Mas mesmo deixar tudo, nunca consegui. Nunca tentei, porque tinha medo (Inês).

Existe a consciência de que por mais adequada que seja a medicação existem sempre sintomas desagradáveis que persistem ou efeitos da medicação que são igualmente perturbadores e que resultam da medicação. Neste quadro, o acompanhamento do doente e a capacitação deste para lidar com os sintomas através de, por exemplo, terapias cognitivas podem ser decisivos. Vários dos entrevistados afirmaram ter sido apoiados no reconhecimento precoce das crises e esclarecidos sobre o que fazer nessas circunstâncias. «Eu sei sempre tudo. Eu compreendo porque é que eles [os sintomas] aparecem, e consigo identificar, e mesmo...» (Inês).

A tentação, nestas fases, é os doentes fazerem apenas o que o corpo pede, ou seja, nada...

> Só que eu não queria estar [no Hospital], porque eu queria era ir para casa, ficar escondida no meu quarto. [...] Eles dão os medicamentos e é dormir, dar comer, dormir. E não há muita conversa. Depois há observação. Há umas perguntas e depois falam com os familiares (Cândida).

Mas isso no Hospital não é aceite e as pessoas são pressionadas de todas as formas para se manterem despertas e ocupadas.

> E eu não gosto de fazer compras. Não gosto de andar a gastar dinheiro. Eu não gosto de ir ao cinema. Mas já fui com a doutora X... A enfermeira Y e o doutor Z levaram-nos ao cinema mesmo de propósito para gostarmos. [...] Depois, o doutor W e a doutora A é que disseram: «vai... Cândida, você vai conhecer outra... vai ver, vai pintar, vai... vai ver outras coisas. Não gosta de pintar?» Porque eu pintava. Eu: «Eu não quero. Eu não quero.» Eu já não queria, para já, queria era sair de lá. Queria era ir para casa. E depois eu dizia: «Eu quero ir-me embora, eu quero ir para casa.» E então aí eles mandaram-me para casa. Mas depois: «vai conhecer... é um sítio diferente, onde vai pintar...» (Cândida).

Ficaram aqui apenas quatro dos muitos aspetos sobre que importa refletir para pensar a desinstitucionalização a partir das práticas hospitalares. O que parece estar subjacente a qualquer um deles é uma enorme dependência relativamente à instituição, um elevado desconhecimento e incerteza quanto à terapêutica que vai ser usada e quanto à recuperação e uma flagrante privação de poderes (no que respeita ao acesso à informação, à capacidade de afirmar e de fazer escolhas, ao controlo sobre si próprio, e à melhoria da autoestima e superação do estigma).

Sobre eles pode-se avançar com algumas conclusões provisórias:

Os medos dos doentes são um fator de instabilidade e de resistência que compromete a sua integração num projeto terapêutico e constitui um obstáculo à recuperação. Uma parte deles está relacionada com a instituição em si, independentemente da qualidade da relação terapêutica que esta ofereça e, portanto, não desaparece com a diligência e o empenhamento dos profissionais.

A ativação dos doentes, quando dissociada da capacitação, é uma faca de dois gumes, que tanto pode funcionar como uma condição essencial para a sua recuperação, contrariando a tendência para a inação, como um procedimento para gerir e disciplinar os comportamentos imprevisíveis dos internados.

A relação terapêutica fica comprometida e assume um viés paternalista quando assenta na assunção por parte dos profissionais de que o doente não tem qualquer capacidade para decidir ou para decidir corretamente, mesmo em questões triviais. Acresce que a divisão de trabalho profissional hierarquizada e assimétrica protege os decisores terapêuticos pelo distanciamento e reserva face ao doente e não confere grande margem de manobra aos executantes terapêuticos que estão próximos dos doentes para poderem adequar a intervenção ao perfil do doente.

A aceitação da terapêutica está fortemente relacionada com a informação que é dada ao doente. O apoio deste no reconhecimento precoce das crises e o esclarecimento do que fazer nessas circunstâncias pode ter um impacto muito positivo na sua vida, tornando-o mais autónomo e dando-lhe algum poder de controlo sobre a doença.

CAPITULO 3

FAMÍLIAS, REDES E SERVIÇOS

Neste capítulo pretendemos caracterizar os principais agentes de produção de cuidados e os seus respetivos modos de ação, identificando potencialidades e constrangimentos. Conhecer as formas de intervenção da família e das redes sociais e analisar a articulação entre cuidados formais e informais revela-se um elemento fundamental para avaliar os impactos da desinstitucionalização na vida das famílias e dos indivíduos. O mapeamento dos atores ativos na prestação de cuidados às pessoas com doença mental permite conhecer a capacidade de resposta das redes sociais, o tipo de apoio prestado e as necessidades sentidas, fornecendo elementos para a identificação dos fatores que bloqueiam ou facilitam a implementação da filosofia de desinstitucionalização.

A resposta a este objetivo ancora-se no recurso a conceitos e metodologias da teoria das redes e na opção por uma técnica qualitativa de recolha de informação – a entrevista – que permitiu aceder à história de vida dos indivíduos, reconstituir trajetórias, necessidades, estratégias, laços e apoios sociais.

A análise apresentada neste capítulo centra-se nas vinte entrevistas realizadas às pessoas com doença mental e nos sete estudos de caso selecionados a partir desse conjunto. No âmbito dos estudos de caso, foram realizadas vinte e oito entrevistas (entre duas a oito pessoas por caso) a elementos das redes sociais dos indivíduos – familiares, amigos, colegas, vizinhos, técnicos. Para a caracterização da ação das Associações utilizaram-se, ainda, dez entrevistas realizadas a técnicos/as e dirigentes, assim como um inquérito telefónico.

1. Quem cuida? Um mapeamento das redes de cuidados

Neste ponto reconstituem-se as redes sociais das pessoas entrevistadas, de modo a identificar quais os laços ativos na prestação de cuidados e os tipos de apoio prestado pelos diferentes elementos das redes.

Uma rede social pode ser definida como «um conjunto de unidades sociais e de relações, diretas ou indiretas, entre essas unidades sociais, através de cadeias de dimensão variável» (Mercklé, 2004: 4). De uma forma operacional, a análise a partir das redes sociais pode sintetizar-se em algumas questões muito simples: Quem? O quê? Como? – Quem faz parte das redes? Quais os conteúdos dos fluxos das redes? Quais as normas que regulam a sua ação? (Portugal, 2007).

Neste ponto interessa-nos caracterizar, simultaneamente, a morfologia das redes e os conteúdos dos fluxos que circulam no seu interior – quem faz parte da rede? Que propriedades apresentam as redes sociais das pessoas com doença mental? Que tipos de apoio são prestados pelos diferentes elementos? A que recursos podem os indivíduos aceder através dos seus laços formais e informais? Para responder a estas questões usámos alguns conceitos da teoria das redes que permitem, de uma forma operacional, mapear laços e apoios prestados.

Os laços – as relações entre os nós da rede – podem ter características muito diferentes. Um critério fundamental para a caracterização dos laços é a existência ou não de uma relação de parentesco (Portugal, 2006). No entanto, outras distinções são importantes: os laços podem ser positivos ou negativos (Lemieux, 1999), fortes ou fracos (Granovetter, 1973, 1982), passivos ou ativos (Milardo, 1988). Estas distinções permitem analisar as fronteiras das redes com o seu ambiente externo, mas também as fronteiras entre subsistemas no ambiente interno das redes (Lemieux, 1999: 124).

A força dos laços, analisada nos trabalhos seminais de Granovetter (1973, 1982), tem como critérios para a sua avaliação, segundo este autor, a duração da relação (antiguidade da relação e tempo despendido junto), a intensidade emocional, a intimidade, os serviços recíprocos. Degenne e Forsé (1994) acrescentaram um quinto critério: a multiplexidade, ou seja, a pluralidade de conteúdos de troca existente num laço.

Relativamente à diferenciação entre laços positivos e negativos, seguimos, tal como Portugal (2006), a apresentada por Lemieux, que se baseia em trabalhos anteriores de diversos autores e que segue, até certo ponto, as distinções de Simmel (1955) entre laços de identificação e laços de diferenciação. Os laços positivos são laços de identificação, através dos quais os atores sociais se consideram membros de uma entidade comum, enquanto os laços negativos são laços de diferenciação, que fazem os indivíduos demarcarem-se como pertencentes a entidades diferentes. Lemieux acrescenta a estas duas categorias outras duas: os laços mistos, que envolvem elementos positivos e negativos, e os laços neutros ou de indiferença (Lemieux, 1999).

Os laços podem, também, ser ativos ou passivos (Milardo, 1988), ou seja, podem basear-se numa interação face a face frequente ou em laços afetivos que envolvem uma interação irregular. Os laços ativos e passivos são ambos importantes no apoio aos indivíduos, mas tendem a operar de modos distintos. Os laços ativos incluem interações rotineiras que, em geral, envolvem ajudas diretas, conselhos e críticas, apoio e interferência. Os laços passivos, apesar de não envolverem uma interação quotidiana, podem ser igualmente importantes do ponto de vista da segurança individual e familiar – os laços existem e os indivíduos sabem que podem contar com eles quando for necessário.

O sentido e a força dos laços prendem-se com propriedades como: o conteúdo dos fluxos, a sua diversidade, a frequência dos contactos, o tempo despendido na interação, a influência e a interferência de um elemento sobre o comportamento do outro. A caracterização dos nós e dos laços permite identificar algumas propriedades morfológicas das redes, das quais se destacam as seguintes: a) dimensão – número de elementos que constituem a rede; b) densidade – relação entre os laços ativados e o total de potenciais membros da rede; c) orientação – as relações orientam-se preferencialmente para parentes, amigos, vizinhos, colegas? No que diz respeito à rede de parentesco, as relações estabelecem-se preferencialmente num sentido vertical ou horizontal: privilegiam-se os parentes em linha reta ou os colaterais?; d) polarização – existem atores que desempenham um papel de "catalisadores de relações", por quem passam os laços estabelecidos entre os diferentes membros da rede?; e) sobreposição ou dissociação – um laço tem mais do que um conteúdo? Os diferentes elementos da rede desempenham mais do que um papel no total da rede?; f) segmentação – os elementos que pertencem a diferentes redes (parentesco, amizade, vizinhança) interagem entre si, ou constituem núcleos de relações independentes?

Estes instrumentos analíticos permitiram olhar as redes sociais das pessoas com doença mental e identificar alguns traços que exploraremos de seguida. Em primeiro lugar, a reduzida dimensão e densidade das suas redes sociais. A doença mental produz um fechamento das redes sociais que começa antes do seu diagnóstico, mas que se intensifica com este, rompendo com muitos dos laços anteriormente estabelecidos. O eclodir da doença condiciona fortemente os laços relacionais dos indivíduos, restringindo as suas sociabilidades e limitando as suas possibilidades de apoio social e afetivo.

Em segundo lugar, a orientação das redes é para os laços de parentesco e, especificamente, para o parentesco restrito – pais, cônjuges, irmãos, filhos. No interior da família restrita, as mulheres são as grandes polarizadoras das relações e por quem passa a articulação entre diferentes laços e apoios. A escassez de nós na rede e a centralidade do parentesco restrito relaciona-se com outra característica que encontramos nas redes sociais das pessoas entrevistadas – a forte sobreposição de papéis dos elementos da rede, traduzida, sobretudo numa forte sobrecarga familiar no enfrentamento da doença. Como se verá, esta deve-se sobretudo a um outro traço das redes – a sua segmentação. Sobretudo entre redes formais e informais, encontramos ausências de interação e articulação que prejudicam a inserção social e a autonomia dos indivíduos.

1.1. A família

O traço mais marcante da morfologia das redes sociais das pessoas entrevistadas é a sua orientação para os laços de parentesco e, no seu interior, para o parentesco restrito. Se esta é, de um modo geral, uma característica das redes sociais no nosso país (Portugal, 2006), na população entrevistada essa característica é ainda mais acentuada. O fechamento das redes produzido pela doença acentua a demarcação entre "a família" e "os outros". Os laços familiares representam segurança, permanência, confiança. Por oposição, os "outros" laços estabelecidos fora do parentesco são alvo de desconfiança e insegurança, os relatos de desilusões com amigos, colegas e vizinhos são muito mais frequentes do que aqueles que se referem aos parentes. "Os outros" desaparecem quase todos com o poder disruptivo da doença, os parentes tendem a permanecer e a resistir.

> – E os amigos em vez de me ajudarem... enfim...
> – *Afastaram-se?*
> – Afastaram.
> – *Como é que era a sua vida a esse nível, mais afetivo? Também teve namoradas, nesse período?*
> – Não, nunca tive namoradas nesse período.
> – *E quando diz que os amigos se afastaram, isso parece ter sido uma coisa que o magoou. Quando fala disso, fala com alguma mágoa. Lembra-se de como é que isso aconteceu? Quando é que se começou a aperceber do afastamento? Foi depois do primeiro internamento ou foi antes?*
> – Não... Foi antes do primeiro internamento. E às vezes ouvia-os dizer «ele está maluco» e não sei quê. E chegavam ao ponto de eu estar assim com um grupo e eles combinarem alguma coisa... Oh, para mim, para mim até foi... eles, esses dito amigos, até foi bom porque eu acabei por deixar as drogas.
> – *Eram os amigos da droga?*
> – Eram os amigos da droga. E às vezes piscavam os olhos uns aos outros para... para irem para outros sítios ou para eu não perceber. Mas eu apercebia-me das coisas (Ricardo).

Assim, é no interior da rede familiar que encontramos os laços positivos e ativos. Apesar de, como se verá, os amigos e os colegas de hospital serem também nós com os quais existe identificação, e, portanto, com que se estabelecem laços positivos, é com os parentes que as pessoas estabelecem uma relação de identificação mais clara. É sobretudo com eles que se estabelecem os laços fortes, ou seja, segundo a definição de Granovetter, com quem se passa mais tempo, com quem se tem uma relação emocional mais forte, com quem existe uma relação de intimidade e de quem se recebe mais apoio.

– *E, com a sua família, como é que as coisas corriam? Durante esse período em que bebia e em que andava numa fase complicada, a relação com a sua família, com as pessoas à sua volta... Pronto, com a sua namorada já sei que as coisas começaram a ficar mal aí, não é?*
– Hum, hum.
– *E com a sua mãe? Com o seu pai? Com o seu pai, com quem até tinha tido uma relação difícil...*
– Ele tornou-se compreensivo.
– *Foi?*
– Foi. Ele tornou-se compreensivo, tornou-se compreensivo. Aa... pronto, é óbvio que ele não gostava e... dava-me uns sermões, mas tornou-se compreensivo, tornou-se compreensivo. Isso foi, isso foi.
– *Surpreendeu-o?*
– Surpreendeu. Sim, sim, sim. Por acaso foi. Por acaso foi. Surpreendeu-me. E a minha mãe também, a minha mãe também foi muito condescendente e... Mas a minha mãe também tinha sido sempre assim. Foi sempre assim.
– *Foi sempre apoiante, uma mãe próxima...?*
– Foi, foi, foi, foi. Aa... às vezes próxima de mais. Ela sempre foi mãe galinha [risos] [...]
– *E o seu irmão, no meio disso tudo, durante esse período ainda antes do internamento, como é que... Qual era o papel dele? Como é que ele se posicionava?*
– O meu irmão, aa... Não gostava que eu bebesse, claro, não é? Não gostava, já sabia que eu tinha um problema, que não era bom eu beber. Aa... mas nessa altura ainda não... mesmo não... Não falava muito com ele, não falava muito com ele. Por acaso, não falava muito com ele. Agora falo mais, agora falo mais [breve silêncio]. Mas de resto... Agora... Mas ele agora, por acaso, é um bom... é um bom apoio. É um bom apoio. Se bem que eu também não gosto de preocupar muito as pessoas lá em casa. Só falo às vezes, mesmo quando estou... quando estou assim mais... mal (Júlio).

É também entre a família restrita que encontramos os laços ativos na prestação de apoio. Os parentes próximos desempenham múltiplos papéis e respondem a múltiplas necessidades materiais e afetivas das pessoas com doença mental, sendo centrais para as suas trajetórias sociais e clínicas.

Laços ativos e passivos são ambos importantes no apoio aos indivíduos, mas operam de modos distintos. Os laços ativos estão presentes no quotidiano e prestam ajudas diretas. Os laços passivos, apesar de não envolverem uma interação rotineira, são igualmente importantes e constituem "suportes invisíveis" – as pessoas sabem que podem contar com eles quando for necessário (Portugal, 2007). Se, na população em geral, os laços ativos são essencialmente estabelecidos no interior do parentesco restrito, enquanto nos laços passivos encontramos mais os amigos, a família alargada e, nalguns casos, os colegas (Portugal, 2006: 531), na população que entrevistámos, laços ativos e passivos limitam-se quase exclusivamente ao parentesco. O sentimento de isolamento social e de incompreensão é generalizado e restringe ao máximo a identificação das pessoas "com que se pode contar".

1.1.1. O protagonismo da família restrita

A família restrita é o principal agente de cuidados informais. Dependendo do ciclo de vida e da sua situação conjugal, a maioria dos/as entrevistados/as tem na sua família de origem e/ou na família conjugal o seu principal suporte.

Em geral, a família de origem é a principal cuidadora. O apoio faz-se sobretudo no sentido vertical descendente – os pais, essencialmente as mães, são os *nós* mais ativos na prestação de apoio. O seu papel é crucial para as trajetórias pessoais e sociais dos indivíduos e na manutenção da vida quotidiana. Os laços parentais caracterizam-se pela sua continuidade e pela diversidade de apoios prestados ao longo do ciclo de vida.

> Sempre foi lutadora [a mãe] e... [pausa] e que sempre nos ajudou. Apesar de eu estar mal, não é? numa certa altura, pronto, por causa de drogas e essas coisas. Ela nunca me abandonou e sempre me ajudou e eu estou-lhe grato por isso. Porque para mim é uma grande mulher, além de ser mãe (Ricardo).

Quando as pessoas vivem ou viveram em situações de conjugalidade, a família conjugal tende a substituir o papel assumido pela família de origem, assegurando a maioria dos apoios necessários. A importância dos laços ascendentes, no entanto, tende a manter-se, em articulação com os laços de aliança. Essa importância é tanto maior quanto se verifica uma incapacidade da família conjugal para lidar com os efeitos da doença – incapacidade decorrente do esgotamento emocional ou, como se ilustra a seguir, da relativa falta de preparação quando a relação de conjugalidade é ainda recente.

> – *Quando a doença despoletou, deixou de viver com o seu namorado?*
> – Não, é o que eu digo: em setembro de 2003 isto começou. Eu só me fui embora em dezembro e até julho de 2004 ainda se passaram uns meses largos. O que é que acontece? É que, quando eu entrava neste esquema de depressão, eu deixava de fazer as coisas mais básicas, como tomar banho. E o meu namorado tinha dificuldades em lidar comigo assim. O meu namorado na altura. E então os meus pais iam-me buscar. E eu vinha com os meus pais. E então, aquele período, aqueles meses, era cá e lá. Eu sentia-me mal, vinha para cá. Se já me começava a sentir com mais forças, ia para lá. Pronto, até que depois pagávamos muito de apartamento, e até que as coisas se tornaram insustentáveis, porque eu não fazia lá uma vida normal. Tanto estava cá, como... Porque aquele período foi muito complicado. E então, depois chegou a um ponto que não podíamos... Depois, eu estava de baixa, ele também estava a fazer um estágio numa empresa... A renda era muito cara e continuar naquele apartamento era insustentável a nível monetário. E a nível... psicológico também já se estava a tornar... E depois ele disse-me que não podia continuar assim, e disse-me que se eu, num dia, numa última crise, em junho, se voltasse a vir para casa dos meus pais... Porque ele encarava mal o facto de eu ir para casa dos meus pais. E os pais dele também. Diziam que não fazia sentido. E se calhar não fazia, mas se eu lá não cuidava de mim, não tratava da casa, não fazia nada. Nem ele conseguia fazer nada comigo... Os meus pais também não me conseguiam deixar lá estar, não é? (Inês).

Quanto mais precoce é a manifestação de sintomas da doença, mais difícil é que as pessoas experienciem situações de conjugalidade. Apenas dois dos homens que entrevistámos são casados. Dos solteiros, vários nunca tiveram qualquer relação amorosa. A vida afetiva é uma das áreas onde o impacto da doença nas redes sociais se revela com maior violência. Os relatos de solidão e incompreensão abundam nas histórias de vida destas pessoas.

> – Tive um esgotamento.
> – *Lembra-se de como é que isso aconteceu? Porque é que teve esse esgotamento?*
> – Ó minha senhora, tive... [silêncio] [suspiro]
> – *Prefere não falar nisso?*

– Prefiro não falar disso. [Silêncio] Eu tinha lá uma amiga lá na... na... lá [na minha aldeia] onde estava a trabalhar na mercearia... Tinha lá uma *amigota* e... [silêncio] e perdi o sexo, deixei de ver a amiga, deixei tudo. Vim para casa e depois de minha casa aqui... informaram os meus pais que havia um Hospital no Lorvão. Lá me internaram e... e depois daí para cá nunca mais consegui nada na minha vida.
– *Mas foi na altura... O esgotamento teve que ver com uma relação de... com um namoro que o senhor Eduardo teve...*
– Não.
– *Foi alguma desilusão?*
– Não foi... não foi nada disso. Foi... foi aquilo que tinha que acontecer... que... que eu... Pronto, fui ao médico com... com o patrão e... e... e o médico passou-me a receitar umas injeções e não me disse que não... que não havia de beber bebidas alcoólicas e nem nada disso... e de maneira que, por causa... Mais... mais por causa disso é que eu... é que eu... é que eu me fui mais abaixo. [...]
– *Sempre aceitou que tinha uma doença como a esquizofrenia ou... ou nem sempre?*
– Nunca aceitei bem, nunca aceitei bem.
– *Não?*
– Nunca... Nunca me... Nunca, nunca andei satisfeito com... com... com... com os problemas que tinha.
– *Nunca acreditou, nunca...*
– Pensava... Pensei em ser uma pessoa saudável, ter... ter mulher, ter filhos... Nunca...
– *E tem pena de não ter podido...*
Tenho pena... Tenho pena de deixar este mundo e não deixei... e não deixar cá a semente (Eduardo).

– E depois é assim: sempre tive aquela tentação de acreditar nas pessoas que não devia. Porque, aquela pessoa que me desse um bocadinho mais de carinho e de atenção, para mim já era boa.
– *Porque era uma pessoa carente e precisava de atenção?*
– Sim, aí está.
– *E não encontrava essa atenção em lado nenhum?*
– Não, não. Agarrei-me ao Y, pensava que me dava carinho e atenção, lixou-me. Agarrei-me ao J, pft! Lixou-me! E agora vamos lá a ver o que é que o K [atual companheiro] me faz. Que isto é sempre um pé que está atrás (Helena).

Mesmo homens, nunca... Conheci aqui alguns e tenho os telemóveis, o número de telemóveis deles, mas... não... nunca mais. Nem quis fazer vida afetiva. Tenho uma vida afetiva quase nula em relação ao sexo oposto. Não sei porquê, mas pronto (Iolanda).

Nunca tive, portanto, uma rede de amigos. Mas lembro-me de uma... Lembro-me muitas vezes, e... e há tempos sonhei com ela, porque tem a ver com as minhas preocupações, uma rapariga que... que me ligou antes de a doença me surgir, e que me ligou e que fazia parte do meu grupo de amigos quando eu tinha 12 anos, um grupo... Eram mais os amigos dos meus irmãos do que meus, mas eu entrei no grupo de alguma forma. Um pouco mais facilmente, mas entrei no grupo. Quando eu tinha 12 anos ou 13, ela fazia parte desse grupo de amigos. Ela era um pouco mais velha do que eu, teria talvez 14 ou assim. E depois deu-me explicações de filosofia, ela foi para filosofia, deu-me explicações de filosofia quando eu andava no 11.º ano. E então telefonou-me, já muitos anos depois, mas a doença ainda não tinha sido diagnosticada, teria eu para aí 29 anos ou 28. E ligou-me e encontrámo-nos, acho que fui comer a casa de... Não, fomos... fomos a um restaurante. Pronto, mas saímos os dois, saímos. E depois, mais tarde, ela voltou-me a ligar, já a doença me tinha sido diagnosticada e eu fui... Pronto, fui ao convite dela, mas já ia com..., muito perturbado, fisicamente e mentalmente. E fui... O encontro foi assim um pouco desconfortável, por assim dizer. Se calhar, até mais para ela do que para mim. Ou seja, tenho pensado muito, hoje em dia..., em falar-lhe [...] tenho pensado muito... Já há uns anos que ando a pensar, a pensar em ligar-lhe quanto mais não seja para dizer: «Olha, ainda... ainda cá estou e... e para saber como estás e assim.» Mas nunca tenho tido... Ainda não tive coragem de lhe ligar. Foram tantos anos que... Na altura ela também ficou... também foi... Acho que foram sete anos desde o primeiro telefonema dela, até ao segundo. Do primeiro convite até ao segundo, acho que foram sete anos ou o que foi. Depois eu lembro-me que ela à saída do segundo encontro, ela disse-me: «Olha, agora não estejas sete anos sem me dizer nada.» E a verdade é que já passaram uns quinze anos para aí e eu nunca mais disse nada. E... Não gosto das pessoas que... Pronto, tinha respeito por ela e as pessoas por quem eu tenho esse respeito, custa-me... Vou sempre pensando e... Mas nunca... Nunca tenho a iniciativa, está a perceber? Sinto-me muito desconfortável e inseguro nisso (Alberto).

Das pessoas entrevistadas, apenas dois homens e quatro mulheres são casados/as e/ou vivem em união de facto. Três das mulheres são divorciadas. Os relatos de ruturas amorosas causadas pela doença são frequentes. Dificilmente os/as parceiros/as resistem às adversidades causadas pela doença – aos comportamentos de quem está doente, às exigências clínicas e terapêuticas, ao estigma social, aos problemas materiais, aos conflitos. No entanto, as ruturas matrimoniais são menos frequentes. Quando a doença se manifesta já num contexto de vivência da conjugalidade, as relações revelam enorme resistência às dificuldades. Nos casos em que as pessoas vivem em conjugalidade, o cônjuge torna-se o laço mais forte e mais ativo na prestação de apoio, desempenhando um papel crucial no enfrentamento da doença e na integração social.

– A minha mulher tem sido um pilar. [Pausa] Eu queria ver se arranjava algum adjetivo... Se eu disser que a minha mulher tem sido um pilar fundamental, é pouco.
– *É pouco...*
– É pouco. Portanto, já percebe o que eu quero dizer. Eu até diria mais. Eu até diria mais. Arrisco... Arrisco... Eu arrisco a dizer que qualquer outra mulher no lugar dela já se tinha ido embora há muito tempo. Não tenho grandes dúvidas; qualquer outra mulher... E, no entanto, aconteceu justamente o contrário. Eu é que já disse *n* vezes... *n* vezes que me ia embora. Qualquer outra mulher no lugar dela já se tinha ido embora há muito tempo. Muito tempo. Nunca... Não aturaria um décimo do que ela tem aturado. Com... Sempre presente, sempre presente. Sempre com uma palavra amiga, sempre a meu lado... Sempre a fazer tudo o que está ao alcance dela para melhorar; sempre a tentar que eu tente... Sempre a tentar que eu arranje alternativas; sempre a dar-me a mão; sempre a fazer-me os melhores pratos... (Vasco).

– Às vezes, eu digo que ele é mais meu pai do que meu marido. É, porque ele olha para mim como se eu fosse se calhar uma filha para ele. Que eu às vezes vejo coisas que ele tem... Ele é muito cuidadoso comigo. Ele, quando estive doente, ainda sofreu mais do que eu. Ele ainda sofreu mais do que eu [silêncio]. [...] Ele tem um amor por mim... eu não... não sei explicar. Faz coisas que não dá para explicar. Que nunca ninguém me fez. Mas eu também não consigo demonstrar essas coisas.
– *Acha que não consegue retribuir ou...?*
– Não [pausa]. Ele é capaz de dizer: «Compras isto para ti. Compras aquilo para ti.» Sempre a pensar em mim. Mas nele não pensa [pausa]. Se eu me lembrar de ir comprar umas botas, eu vou. Se me lembrar de comprar isto, eu vou. Ele compra sempre. Ele compra sempre tudo. Não falta com nada. Se eu disser que quero isto para comer, ele vai [e] compra. Se disser... «quero aquilo...», ele vai [e] compra. Não falta lá com nada em casa. Eu posso dizer... Eu tenho duas arcas... tenho[-as] cheias de comida. Tenho o congelador cheio de comida. Tenho os armários cheios de mercearias. Eu tenho tudo. Eu se precisar agora de um fogão... Se lhe dissesse:

«Queria um fogão», ele é... ele para o mês que vem aparecia-me em casa com o fogão. Se eu dissesse: «Olha, quero mais uma televisão para aquele quarto», ele vai e compra. A máquina de secar... Eu tenho máquina de lavar... Eu tenho tudo. Ele compra tudo. Ele faz tudo. Ele é capaz de fazer horas ao sábado e tudo para ter as coisas para comprar. Carregou-me... Comprei um beliche para o quarto dos meninos... Dei quatrocentos e oitenta euros. Ele foi... pagou. Ele vai... paga. Está-se a pagar a prestações, mas ele vai e compra (Helena).

Uma das mulheres que entrevistámos, apesar de divorciada, tem no seu ex-marido a principal fonte de suporte afetivo e material.

– Não tenho nada, nada. Nem um cêntimo. E o único que me está a apoiar é o Y [o ex-marido] e a minha irmã C.
– *E o seu filho, que tem um salário...*
– Mas é para... Nós temos uma despesa bancária...
– *Da casa?*
– Da casa. Eu, com o pagamento ainda... Aquilo ainda foi... Foi dos contratos... Só dos juros, nós temos que pagar...
– *E é uma prestação alta, ainda?*
– Ainda falta um... É este ano ou para o ano que acaba. Estou farta de... Estou farta da casa.
– *O salário que o seu filho tem acaba por ser para pagar a casa?*
– É, ajuda... O Y [o ex-marido], tem sido ele a pagar.
– *A pagar a prestação?*
– Sim. Eu até [lhe] disse: «Olha, tu estás com a D», a D é a namorada dele, é advogada, «mas se tu te deres mal, tu vens outra vez para casa, tu tens... É a tua...» E ele... E eu sinto que ele merece, porque andou... Pagou-me sempre as dívidas. Dívidas, que eu... Dívidas, não. Como é que se chama o...?
– *As despesas...?*
– As despesas. Que eu não faço dívidas, que eu estou traumatizada por andar a trabalhar... Eu não gosto de cheques pré-datados, nem gosto de nada dessas coisas, eu não me meto em nada disso.
– *Ou seja, o Y é que durante o tempo em que a D. Cândida não teve trabalho, foi ele...*
– Foi ele que começou a pagar o meu... Tudo.
– *Tudo...*
– Sim. Por acaso, tem sido generoso. Bem, ele é meu amigo, tenho irmãos que não são assim como ele. Ele para mim é um irmão mais velho agora, não é? E é o que eu me sinto melhor em..., é com ele. É a pagar, porque eu tenho uma

> certa... um certo orgulho, não querer aceitar o dinheiro do meu pai, porque o meu pai quando eu estive... Que eu fiquei com aquela dívida, ele tinha dinheiro e ele não me emprestou o dinheiro. Eu pagava-lhe a ele e... Mas ele não quis. [...] É de... Eu dou parte de orgulhosa, como tenho... Pronto, estou habituada ao Y e o Y... e ele disse-me: «Se tu precisares, já sabes que é comigo que contas.» Eu, pronto, estou... (Cândida).

De referir que no conjunto de pessoas que entrevistámos apenas duas têm filhos em idade adulta. Em ambos os casos recebem fortes apoios materiais e emocionais deles. A família nuclear parece, assim, ser uma fonte crucial de suporte, ampliando a rede social para além da família de origem.

> – *Vive sozinha, portanto, o seu filho vive lá perto de si?*
> – Vive. Todos os dias me vai ver.
> – *Todos os dias?*
> – Todos os dias.
> – *Então tem apoio...*
> – Tenho muito apoio. [...]
> – *Portanto, está com eles ao domingo, o seu filho vai vê-la todos os dias...*
> – Vai.
> – *É preciso... Às vezes é preciso ele dar-lhe dinheiro, ou não?*
> – Às vezes é.
> – *Quando precisa...*
> – Hoje é um deles. Hoje é um dos dias, é que me dói muito a garganta. Já lhe disse: «à noite tens que me dar alguma coisa para comprar pastilhas».
> – *Tem que pedir dinheiro ao seu filho para comprar medicamento para a garganta?*
> – Sim (Felicidade).

> Em relação aos meus filhos, a minha filha é dócil, a minha filha é um amor, a minha filha é... a minha filha é... tem um coração do tamanho do mundo; é dócil, é meiga, é afetuosa, é... Quando eu me fechava ali num quarto, no quarto das visitas; quando eu me fechava lá dois e três dias, era ela que conseguia que eu comesse alguma coisa, era ela que conseguia conversar comigo, mais ninguém (Vasco).

Um traço importante para avaliar este protagonismo da família restrita é a análise das propriedades dos laços ativos. Destacam-se algumas características: em primeiro lugar, a enorme diversidade de conteúdos que circulam no seu interior; em segundo lugar, a frequência e duração dos apoios prestados e, finalmente, a influência que os laços têm nas escolhas, decisões e comportamentos das pessoas.

A diversidade de apoios que circula no interior dos laços de parentesco restrito é sem dúvida o traço mais marcante na análise das redes sociais destas pessoas. A família presta apoio material, financeiro e em serviços, suporte afetivo e social, provê recursos instrumentais e simbólicos. A variedade de conteúdos que circula no interior das relações familiares demonstra, simultaneamente, a vitalidade dos laços de parentesco e a sobrecarga a que está sujeita a família restrita. Apresenta, ainda, um duplo impacto na integração social das pessoas com doença mental: se, por um lado, provê recursos que deveriam potencializar a autonomia, por outro, alimenta a dependência face às relações familiares e restringe essa autonomia.

> Ele ainda agora, ainda agora tem lá pão ao pé de casa e... oiça, às vezes eu estou não sei onde e ele: «Ó pai, preciso de pão. Ó pai, traz-me papel higiénico» [ri-se]. É muito assim (Aníbal, pai).

> Os meus pais não me deixam sozinha. Fiz o erro [tentativa de suicídio], tenho que o pagar (Carolina).

Nas histórias e trajetórias das pessoas que entrevistámos encontramos relatos da multiplicidade de apoios prestados pela família restrita. Numa população em que a integração económica é extremamente difícil, um dos principais apoios que provêm da família restrita é o material. As ajudas financeiras, em bens e em serviços revelam-se cruciais para assegurar a vida quotidiana destas pessoas. As dádivas são em dinheiro, alimentação, vestuário e bens materiais, como mobiliário e equipamento doméstico. Recursos fundamentais como a habitação e o emprego têm na família restrita o seu principal provedor. Não só grande parte dos entrevistados que não tem família conjugal habita com familiares, podendo usufruir de alojamento através do acolhimento familiar, como alguns dos que habitam sozinhos vivem em casas de familiares (emprestadas ou doadas) ou têm alojamento custeado pelos familiares (pais e/ou irmãos).

Também no acesso ao emprego a família restrita tem um papel importante. Nos casos em que a doença se manifesta numa idade pré-ativa, a família constitui uma "almofada" para amortecer os efeitos negativos da doença relativamente ao mercado de trabalho. Por um lado, quando isso é possível, são oferecidas possibilidades em empresas familiares, por outro, são usados os recursos relacionais para encontrar oportunidades.

Quando a doença se manifesta já num contexto de integração no mercado de trabalho, para além do capital relacional ser importante para aceder a postos de trabalho, a mediação familiar é, muitas vezes, importante para interceder junto das entidades patronais no sentido da integração e para resolver situações de conflito laboral.

Os laços familiares são também fundamentais no apoio à vida doméstica. Encontramos prestação de ajuda para as mais diversas tarefas: limpeza e arrumação da casa, preparação da alimentação, tratamento da roupa, tarefas de *bricolage*, compras, atividades de gestão doméstica (pagar contas, contratar reparações, etc.). Nas situações de conjugalidade, a doença introduz, muitas vezes, uma reorganização na divisão das tarefas domésticas, com a participação do cônjuge em tarefas em que habitualmente não participava.

> Quem cozinhava era eu. Até há cinco anos atrás, quem... só havia cá uma pessoa em casa a cozinhar: era eu. Agora, deixei de cozinhar; só ela é que cozinha. Nunca se queixa; está sempre tudo bem para ela... Bom, portanto, não posso dizer mais nada em relação à minha mulher. Ninguém aturava... (Vasco).
>
> Eu dantes até tinha... Gostava de cozinhar e eles gostavam muito dos meus comeres. E eu agora nem... Olho para o fogão, não consigo. O meu [filho] é que faz... Nem consigo comer carne, nem consigo comer peixe. Tenho que... Não consigo. Nem todos os dias (Cândida).

Para aqueles ou aquelas que formaram uma vida conjugal e tiveram filhos, uma área importante de apoio são os cuidados das crianças. Tomar conta, ir levar e trazer da escola, dar refeições e banhos, ajudar nos trabalhos de casa – o envolvimento da família restrita, sobretudo em sentido ascendente, é uma constante no apoio às crianças e jovens. De sublinhar, no entanto, que a ajuda ao nível da guarda dos filhos traduz-se nalguns casos num afastamento dos filhos (crianças) e em conflitos com os familiares que prestaram essa ajuda. Tal decorre dos laços que as crianças criam com esses familiares e da incapacidade de manifestação de afetos da pessoa com doença mental quando em crise.

Assim, o apoio dos laços de parentesco para a manutenção de uma rotina diária na vida doméstica revela-se essencial para as pessoas que entrevistámos. Outro domínio onde os laços de parentesco são ativos é no apoio à trajetória clínica e nos cuidados terapêuticos. Como se descreverá no ponto seguinte, a família é, em grande medida, protagonista solitária dos cuidados, lidando com dificuldades com a aceitação e a adaptação à doença ao longo dos diferentes momentos da trajetória clínica. Desde o momento da ocorrência dos primeiros sintomas à busca de um diagnóstico e aos percursos pós-diagnóstico, o papel desempenhado pela família é fulcral e é no seu interior que se encontram os laços ativos na procura de respostas e soluções, na gestão da relação complexa com os sistemas de saúde e segurança social. Como se descreverá abaixo, os itinerários clínicos são tortuosos e os laços familiares revelam enorme capacidade de resiliência, procurando informação, recursos e apoios, resistindo à sua ausência e fornecendo ajuda ao familiar que dela necessita.

A família restrita é fundamental nos cuidados terapêuticos. A partir do momento em que existe um diagnóstico é necessário assegurar contactos com o sistema médico, desenvolver terapias, tomar medicação. São os laços de parentesco que assumem este papel. O controlo e administração da medicação é uma tarefa que a família apoia, a par com as outras tarefas da vida doméstica atrás identificadas. Esta tarefa tem um papel especialmente relevante, dado que grande parte das pessoas resiste à toma de medicação. Este é, aliás, como se verá adiante, um ponto gerador de conflitos intrafamiliares.

> Sempre tomei os medicamentos de forma rigorosa. Sempre, sempre, isso sempre. Aliás, eu mesmo agora às vezes posso acordar tarde, mas a minha mãe vai à cama e vai-mos dar. Sempre, sempre. Isso é (Júlio).
>
> – *E o que é que aconteceu para nunca mais ter tido internamento?*
> – Ai é que não há pai para o meu... O meu filhinho todos os dias... antes de vir já os deixou.
> – *Como?*
> – O meu filhinho tem os... os medicamentos num cofre.
> – *Num cofre?*
> – Cofre, um cofre.
> – *Fechados?*
> – Fechados. E põe-nos, os da manhã, a um lado, os da noite, ao outro. Eu então, chegando àquela *horazinha* vou tomá-los. E pronto, ando ali... (Felicidade).

Para além dos apoios materiais, em bens e serviços, a importância e vitalidade dos laços familiares revela-se, também, nas dimensões afetivas, relacionais e simbólicas. As relações familiares são o principal e, por vezes, único capital relacional das pessoas com doença mental. Assim, a família desempenha um papel importante na mediação da rede de relações formais e informais. Os laços de parentesco são polarizadores de relações. Por um lado, asseguram contactos com instituições e organizações formais e mobilizam laços sociais, facilitando o acesso a recursos essenciais como o trabalho, a habitação, a saúde, a segurança social. Por outro lado, medeiam relações com laços exteriores à família – vizinhos, colegas, amigos. Esta mediação é, sobretudo, importante quando existem conflitos, muitas vezes resultantes do desconhecimento ou da intolerância face à doença. A intervenção da família é, frequentemente, essencial para assegurar a manutenção das relações e a estabilidade das situações sociais, por exemplo, no trabalho ou na vizinhança.

> – Depois já em Coimbra, daí a uns dias, ele saía à noite e um dia chama-me a dizer que estava na polícia.... Pronto, eu não... não sabia o que era, vim para baixo... Pensei que era por causa do carro, que ele tinha um carro. Venho para baixo, para a esquadra, e um polícia diz-me: «Olhe, ele foi apanhado a comprar droga. Temos o carro apreendido e ele está cá até amanhã só para ser testemunha.» Disseram-me que ele estava a comprar a droga e no outro dia... Ah, entretanto, chegou o pai, era uma rapariga que lhe estava a vender droga... E veja o que são as coisas: os pais dessa rapariga tinham sido meus colegas a estudar. Há já muitos anos...
> – *Como o mundo é pequeno!*
> – É verdade. Ali assim. Pronto. Talvez por isso a rapariga disse que o que estava dentro do carro, que eram quarenta contos em dinheiro, ainda era em contos, que isto já foi há quinze anos... Aa... O... Quarenta contos em dinheiro e cem relógios, e algumas doses de heroína, ela disse que eram dela, porque se dissessem que era do carro quem ficava preso era [o meu filho]. Não é? Pronto...
> – *Ela disse que eram dela?*
> – Disse que era dela. Talvez por nos conhecer, por o pai... os pais dela conhecerem-me e termos sido colegas... Pronto, ela disse a verdade. [...]
> Pronto. Eu aparecia sempre nas alturas difíceis, parece que me dava um toque para eu aparecer. Pronto, uma vez ele estava lá com uma crise em casa e apareceu... Havia lá um vizinho que ia chamar a GNR porque ele partia tudo lá em casa! Quando eu estava, segurava-o e não deixava.
> – *E não deixava, claro.*
> – E então eu aparecia... Portanto, eu tentei sempre que ele não fosse traumatizado. Eu tentei sempre que... que ele não ficasse envergonhado, que não fosse traumatizado. Pronto, porque [ele] tem uma vida lá fora, ele não está nada traumatizado do que fez, dos espetáculos que fez! [rindo-se] Eu ainda tenho a casa lá toda partida, porque deixei estar para ele ver móveis que ele... Bastava eu dizer-lhe que não ou exigir alguma coisa para ele partir logo tudo. Pronto, passámos uma fase assim.

> – *E quando diz traumatizado, como assim? O que é que o Senhor Aníbal...*
> Sim, pois, se ele tivesse deixado... Ou que ele viesse para a rua, causasse distúrbios... Que viesse a ser preso. Pronto, eu penso que é aí que surgem de facto traumas depois de...
> – *Maiores problemas...*
> – Maiores problemas. E eu evitei sempre isso, evitei sempre. É por isso que eu digo que parece que me dava um toque, que eu ia logo a correr, chegava naquela hora! [rindo-se]
> – *Ia logo a correr...*
> – É. Pronto. De maneira que, por exemplo, ele vinha para a... Quando ele ia para comprar droga, e eu tinha na altura um carro que era muito conhecido, que era uma Mercedes, que havia cá poucas, e eu ia lá aos sítios onde ele comprava. Eu não o via, mas quando chegava a casa ele já estava em casa! Tinha visto... tinham visto o carro e pronto. E vinha logo para casa. Pronto. Por exemplo, um dia não sabia dele, fui à procura dele e vejo-o de moto. Ele tinha uma moto também. E... e fui encontrá-lo na... Ali ao fundo e já tinha dado um toque no carro da frente, os semáforos abriram, deu um toque e tal, e estava lá a polícia... Cheguei eu... Eu aparecia sempre nestas alturas! [ri-se] (Aníbal, pai).

Um domínio onde é importante destacar o apoio da família restrita é o emocional. É nos laços de parentesco que encontramos os laços fortes e positivos das pessoas com doença mental. Apesar de todas as dificuldades e conflitos, é na família que estas pessoas encontram apoio afetivo. A incompreensão para os seus problemas, a falta de comunicação com os outros e o isolamento social são características da vida destas pessoas, que reduzem as suas redes aos laços familiares, ao mesmo tempo que encontram neles a única fonte de compreensão e suporte afetivo.

Finalmente, algumas observações acerca da relação entre a diversidade dos apoios prestados e a orientação da rede. Se a multiplicidade de apoios é uma característica dos laços de parentesco restrito, e a sobreposição de conteúdos nos laços uma constante, nota-se, no entanto, uma orientação diversa da rede em função do tipo de apoios. Assim, o apoio material é sobretudo prestado pelos laços verticais ascendentes e marcado por uma forte matrilinearidade; o apoio emocional sustenta-se nos laços horizontais – irmãos e irmãs.

> – Foi mais a batalha da minha mãe do que do meu pai. O meu pai às tantas deixou que eu decidisse o que é que queria para a minha vida. A minha mãe é que não... Batalhou muito mais para eu tirar a licenciatura, porque sem o canudo eu

não conseguia nada na vida. Porque foi a experiência que ela teve na vida dela. Mesmo quando as coisas andavam mal com o meu pai, ela dizia sempre que a independência dela fora a melhor coisa que tinha conseguido na vida dela.
– *Porque se acontecesse alguma coisa, ela tinha liberdade para...*
– Exatamente, tinha a liberdade para fazer o que quisesse da vida dela. E foi ela mais aa... Ela foi mesmo uma leoa a cuidar da sua cria e a querer que eu continuasse e que terminasse os estudos. E a última cadeira que eu fiz foi com a ajuda dela, já. Ela... ela pegou-me nos apontamentos que eu tinha das aulas e no livro e começou a estudar Direito Civil comigo. E falávamos alto uma com a outra e... foi assim. O último exame já foi nestas tristes condições, nesta... Ela que era de uma área completamente diferente aa... a envolver-se nas cadeiras de Direito para ver se eu conseguia fazer os exames. E depois fui à oral, fui à oral nesse... fui à escrita, tirei seis, não tirei uma nota muito boa, mas foi porque... por falta, falta de atenção da minha parte. Porque eu errei um caso prático que podia muito bem... Se tivesse mais atenção, podia ter acertado. E por isso fui à oral. Mesmo na oral ela foi comigo a... à faculdade, estava cá fora à espera e tudo, para eu me sentir mais segura, para eu me sentir mais apoiada e falava com os outros... os outros que já tinham feito a oral e... e tudo, pronto. Correu lindamente a oral, mas eu disse que já estava esgotada, completamente esgotada e que não podia continuar. Não tinha condições de continuar (Iolanda).

– *E a relação com os seus irmãos?*
– Foi sempre boa. Sempre boa. Nós tínhamos as nossas desavenças, claro. Mas... E algumas cont... Não continuaram... Depois o... Por exemplo, tenho um irmão que está zangado com duas irmãs. Eu sou incapaz de ter uma atitude dessas, não...
– *Não é capaz de se zangar?*
– Não, não sou capaz de me zangar. Já me zanguei muitas vezes e... Mas... a partir de certa idade comecei a pensar que não vale a pena a gente zangar-se, não... E de certa forma, eu até... e é um agradecimento que eu tenho em relação a eles... Depois de a minha doença ser identificada, reuniram-se todos um pouco à minha volta. E é uma grande... Deram provas de grande união... de grande união familiar e... e eu estou muito agradecido [...]. E quanto a irmãos... O irmão com que – isso desde miúdo, desde muito miúdo – eu me ligava mais era um que é arquiteto, o tal que é arquiteto.
– *O tal que o ajudou na formação de desenhador?*
– É o tal que me ajudou... Exato. E éramos muito cúmplices um do outro, nas brincadeiras e assim, mas sempre me dei bem com... Pronto, à parte as desavenças normais de miúdos, sempre me dei bem com todos.

– *Mas esse será aquele com quem sempre esteve mais ligado?*
– Sim, sim, será. E, hoje em dia, nós temos o mesmo espaço de trabalho e vemo-nos quase todos os dias. E ele ajudou-me muito aqui, quando fui ao Lorvão... Tive mais um episódio de... uma crise da minha doença e ele ajudou-me. Foi incansável. Ajudou-me muito. Porque ele... O outro, ele mora cá em Coimbra, saiu assim um pouco da coisa. Porque tem a vida muito ocupada e assim. Foi ele que, coitado, tratou da minha mudança de casa, tudo. Foi ele que... Ajudou-me muito mesmo (Alberto).

Uma característica que encontramos nas redes de algumas das pessoas entrevistadas relativamente à sobreposição de conteúdos nos laços é a concentração de apoios num só elemento da rede. Por vezes, mesmo em redes de dimensão elevada, onde existe um considerável número de laços potencialmente ativos, apenas um nó presta apoio, desempenhando diversos papéis e fornecendo suporte a diferentes níveis. A concentração do apoio num único membro da família decorre sobretudo de dois tipos de situações: da opção do próprio familiar, que não quer perturbar o resto da família; do afastamento deliberado do resto da família, que não quer ou não tem condições para se envolver.

1.1.2. O papel residual da família alargada

De um modo geral, não encontramos laços ativos na prestação de apoio no interior da família alargada, raros são os casos em que os parentes afastados estão presentes no quotidiano das pessoas com doença mental.

Iolanda retrata uma exceção:

Tenho tios, tenho dois tios. Tenho tios da parte do meu pai que são emigrantes, praticamente nunca os vejo. Então, depois de os filhos casarem, de os meus primos casarem nunca mais houve ligação. Mesmo quando eles cá estão não nos procuram também. Da parte da minha mãe, tenho uma tia que não tem filhos e que é casada. Com eles temos também uma ligação muito forte. E a minha mãe pensa que um dia quando falecer eu encontro mais apoio sobretudo na minha tia do que no meu irmão, porque o meu irmão não pode estar tão disponível.

No entanto, embora a maioria das pessoas entrevistadas não tenha laços fortes com a família alargada, esta tende a representar, tal como acontece para o conjunto da população (Portugal, 2006), uma referência afetiva, que constrói uma identidade coletiva, um "nós" de referência identitária – tios, tias, primos e primas tecem uma teia que não é ativa nos apoios, que não está presente no quotidiano, mas "está lá" e representa uma retaguarda de apoio, se não diretamente para as pessoas com doença mental, pelo menos para os seus familiares diretos, sendo este um papel importante.

Para além desta função simbólica, a importância dos parentes afastados é diminuta. Os contactos são esporádicos e a relação da família restrita com a família alargada não difere muito da que se constrói com elementos fora do parentesco. Como adiante se verá, a doença fecha a família ao exterior, sente-se a mesma incompreensão dos parentes e dos outros, sofre-se o mesmo estigma, esconde-se deles a dor e o sofrimento.

1.1.3. O conflito

A família faz-me a vida num inferno (Fernanda).

O papel preponderante da família na prestação de apoio não pode ser olhado sem considerar a dimensão conflitual. Há que considerar dois elementos na sua observação: com quem existe conflito? Porque motivos surge?

As elevadas exigências e desafios que a doença mental coloca à vida familiar potencializam conflitos, quer entre a pessoa com doença mental e os seus familiares, quer entre eles.

No interior do parentesco restrito, de um modo geral, os conflitos são mais comuns entre irmãos do que entre pais e filhos. No entanto, as divergências e conflitualidades entre irmãos passam também pelas relações entre pais e filhos, pela forma como os pais lidam com a doença do filho ou da filha, pelo modo como os pais estruturam dádivas e obrigações para os diferentes filhos, pelo modo como foi realizada a socialização familiar de uns e de outros. As necessidades de apoio da pessoa com doença mental exigem dos pais uma dedicação que coloca em causa o princípio da igualdade que preside às relações intergeracionais. A desigualdade é causa de conflito entre irmãos e entre pais e filhos.

> – Quer dizer, uma pessoa agora sofre por certas coisas, porque não foi bem tratada na altura. Porque se eu tivesse tido uma infância mais... Porque há mães e filhas e filhas e mães e isso tudo. Eu nunca confiei na minha mãe. Porque ela nunca me deu espaço para eu confiar nela. Se ela tivesse sido mais... Como é que eu hei de explicar? Mais... Sei lá, mais minha amiga, se calhar tantas coisas que eu passei na vida, não passava, porque se me dissessem para não ir para ali, pois eu tinha que ir, tinha que ver como é que era. Mas se me dissessem: «Olha, vais

para ali, acontece-te isto, acontece-te aquilo...» Eu tinha que aprender à custa dos meus erros. Hoje eu sou criticada por isso, porque dei-lhe muitos desgostos e dei-lhe não-sei-quê, não-sei-quê. Só que ela esquece-se de dizer também que ela também não me apoiou muito.
– *Ela não a acompanhou devidamente?*
– Não! Porque eu via as minhas tias com as minhas primas, que era totalmente diferente. Se eu não aprendesse, eu levava porrada, porque andava a fazer mal. Mas também não me ensinavam a fazer bem (Helena).

A minha filha... A minha filha esquecia-a sempre mais. Como ela... ela não precisava de mim, e então eu dediquei-me mais a ele, não é? Porque a minha filha diz muitas vezes: «Dás tudo ao menino e para mim...» Pronto. Dizia-me muitas vezes isto. Eu penso que o grande mal [do meu filho] foi de facto muita proteção (Aníbal, pai).

É possível identificar dois motivos principais de conflito no interior da família: um prende-se com o conhecimento da doença, a sua aceitação e a compreensão das suas consequências, o outro, com as necessidades de apoio das pessoas com doença mental.

Relativamente ao primeiro fator, por um lado, a falta de informação e de conhecimento sobre a doença mental, os seus sintomas e as suas consequências leva a sentimentos e atitudes de incompreensão e intolerância dos familiares. Por outro lado, a doença induz comportamentos disruptivos para a vida familiar que as pessoas doentes recusam reconhecer e, muitas vezes, combater, através de terapias e/ou medicação. Estas duas facetas do mesmo problema são geradoras de fortes conflitos e conduziram, em vários dos casos analisados, a situações de afastamento e rutura.

Quanto ao segundo fator, das necessidades de apoio das pessoas com doença mental, estas sujeitam a família a enormes pressões, geram sobrecargas e criam desigualdades entre os diferentes elementos da família. Por um lado, a multiplicidade de papéis que os laços ativos desempenham leva a um esgotamento físico e psicológico que potencializa o conflito. Por outro lado, a desigualdade existe, quer ao nível da prestação de apoio, por exemplo, fortemente penalizadora para as mulheres; quer da sua receção, quando se trata das já referidas relações intergeracionais e do sentimento de injustiça sentido por alguns irmãos face ao apoio que os pais prestam à pessoa com doença mental.

1.1.4. A sobrecarga

A vitalidade e capacidade de resposta da rede de parentesco restrito face às necessidades de apoio das pessoas com doença mental têm como reverso a sobrecarga dos laços ativos na prestação de cuidados. Tal como se descreveu atrás, a ausência de outras fontes de apoio obriga a família a responder continuamente a uma enorme diversidade de necessidades materiais e emocionais que conduzem ao esgotamento físico e psicológico.

Os impactos sentem-se na vida profissional, afetiva e relacional e, de um modo geral, na saúde. Relativamente à esfera laboral, os efeitos vão desde a exclusão do mercado de trabalho (como é o caso das mães que deixaram de trabalhar para cuidar dos seus filhos), ao condicionamento da atividade profissional pela situação familiar (procura de trabalho condicionada pela mobilidade geográfica, trabalho a tempo parcial, restrição a atividades que possibilitem a conciliação), a uma inserção problemática devido às condicionantes resultantes do acompanhamento continuado da pessoa doente: faltas frequentes ao trabalho, incumprimento das leis por parte das entidades patronais, incompreensão por parte dos colegas, etc.

> Eu estou a trabalhar numa imobiliária. Eu também já tive uma imobiliária mas [o meu filho] obrigou-me a fechá-la porque não podia... fazer as coisas todas... Obrigou-me, isto é, não tinha tempo. Eu para o atender a ele... Eu cheguei a estar numa escritura e tinha vinte e sete chamadas no telemóvel, dele! (Aníbal, pai).

> – Não aguento esta pressão toda. Porque depois consegui desequilibrar-me completamente, em trabalho. Era impossível eu trabalhar com a presença... Com a questão [do meu irmão] não consegui trabalhar durante mês e meio, praticamente...
> – *Esteve um mês e meio sem conseguir... sem conseguir trabalhar.*
> – Sem conseguir concentração, sem conseguir... pronto. Ia resolvendo obviamente algumas tarefas diárias, mas sem qualquer concentração e... pronto, e... Até que, pronto... E dos irmãos, de facto, da parte da minha irmã que está em Lisboa, pode fazer o que pode. Veio cá... O que pode, pronto... É a situação dela, quer dizer... Isto não tem... não tem... não tem valores em si. Pronto... Tem ajudado de facto em termos... em dinheiro, tem ajudado no dia-a-dia. O F [outro dos irmãos] ajuda também o que pode, está de vez em quando com [ele], tomam uma refeição juntos, conversam um pouco... Eu sou o que estou mais próximo aqui, porque tenho esta dependência... o trabalho... Ele passa por aqui correntemente, e continua...

– *Ele continua a frequentar aqui o ateliê?*
– Sim, sim... agora tem um trabalho na Figueira, tem ido para a Figueira, daí estar a pedir menos...
– *Isso já foi depois... Exato... Já foi depois de falar com ele.*
– Já foi depois... Exatamente. E portanto, agora, até... Na semana passada não foi, nem esta, porque o trabalho... Aquilo é por trabalho faseado e, portanto, nesta fase não tem trabalho. Esperemos que a seguir à Páscoa, a prenda venha novamente. E, pronto, ando preocupado com [ele] neste momento, com a questão da renda, portanto... Porque o perturba imenso, percebo isso. Estou a tentar...
– *Essa instabilidade é muito... é muito preocupante para si, não é?*
– É muito preocupante para mim, porque sinto... Para já, incomoda-me vê-lo... como incomoda qualquer pessoa, vê-lo... vê-lo menos bem, e ando mais preocupado, pronto... A primeira questão... A segunda questão é porque tenho sempre receio que isto possa despoletar algum agravamento da doença, porque eu já percebi que há alterações... alterações que mesmo os médicos têm dificuldade em perceber quando é que elas se dão, quer dizer... Aquilo é um bocadinho, pronto... Tenho[-lhe] pedido, dentro do possível, para ir conversando... Portanto, se há algum sintoma de alguma coisa, até porque todas as questões dele e todas as atitudes de violência... A forma como a doença se apercebe nele, é de facto sempre através de... de... relações com vizinhos, pronto... Até hoje... tem sido... (Simão, irmão).

Os impactos psicológicos, afetivos e relacionais são, também, múltiplos. Por um lado, o estigma social é forte e limitador das relações sociais, por outro lado, os quotidianos são exigentes e pesados e a sobrecarga de trabalho impeditiva.

«Tudo gira à volta da doença». O "tudo" engloba tudo o que se faz – as tarefas domésticas, os cuidados, o acompanhamento a terapias e médicos, as mediações de conflitos, os ritmos acelerados para conciliar o inconciliável – e tudo o que se deixa de fazer – as conversas que não podem ocorrer, os lugares a que não se vai (restaurantes, cafés, cinemas, teatros), as férias que não se têm.

Os impactos ao nível da saúde são bastante elevados, quer ao nível físico, quer ao nível mental, formando um círculo vicioso com as outras dimensões acima identificadas: trabalho e sociabilidades. Quanto mais debilitada é a saúde dos indivíduos, maiores dificuldades encontram nos outros níveis, quanto mais precárias são as suas condições ao nível profissional e relacional, mais frágil se torna a sua saúde.

Assim, a doença e o cuidado tomam conta do quotidiano dos elementos da rede mais ativos, dificultando a conciliação da vida doméstica e profissional, restringindo os círculos e espaços de sociabilidade, induzindo dor e sofrimento que se repercutem, também, numa sensação de fardo para a pessoa doente.

> – Não tenho vivido eu. Isto é, a minha aparência é... é uma farsa, é... é... Pronto. Eu sinto-me... Aa... Nunca mais fui de férias... Para não... para não... causar problemas a quem vive comigo [refere-se à atual companheira, com quem vive desde o falecimento da mãe do seu filho], também aguento sozinho. Aa... etc.
> – *Aguenta tudo sozinho, significa que não partilha com essa pessoa... a...*
> – Não... não. Aa... Pronto a... Isto é, nem com a minha filha. Nem com a minha filha. Primeiro, ela estava longe e eu não queria estar a criar problemas, aguentava eu sozinho. Aa... E ela, eu vejo agora... Temos de falar pouco porque ela não está. Mas que ela também não se apercebe da situação. Que ela é que está muito longe do que se tem passado (Aníbal, pai).

A sobrecarga emocional e física que se deteta nos familiares resulta da herança do passado, da vivência do presente, mas também da antecipação do futuro. Uma das principais preocupações dos cuidadores, sobretudo dos pais, é o futuro do seu familiar quando morrerem. A ausência de alternativas formais e/ou informais para acolher e cuidar as pessoas com doença mental é um motivo gerador de profundas angústias para a família e representa uma pressão adicional num quotidiano fortemente penalizador.

> O que mais me constrange agora é de facto estar com esta idade e vê-lo assim. Se ele não arranjar alguma coisa não sei o que é que vai ser dele... (Aníbal, pai).
>
> Tem medo de perder a autonomia dele e, portanto, não tem... não tem este meu pragmatismo que é: «Como é que me vou organizar para o futuro?» E portanto, a situação dele, não faço ideia como é estar na situação dele, não é? Mas, aa... preparar-me-ia para o futuro e aliás como faço na vida que tenho hoje, não é? Procuro preparar-me para o futuro, hoje a realidade é outra, portanto, faria isso também (Henrique, irmão).
>
> – *Só para finalizar mesmo, como é que vê o futuro [do seu irmão]?*
> – Olhe, não vou... Pronto... Assim uma resposta política... [risos]. Muito limada... No aspeto social, tenho uma visão péssima, ou seja, não vejo bons futuros, nem para mim nem para [ele]. Portanto... de todo, não. Para mim, vejo a minha capacidade... Tenho uma filha muito pequenita, muito pequena ainda. Pronto, dentro de dez anos está uma mulherzita, mas não é adulta de todo. E portanto, vejo para mim também uma velhice que... Deus nos dê saúde para conseguirmos, porque não acredito de facto que sejam as instituições sociais

que temos, o apoio social e tudo isso, até porque temos um país complexo, cheio de pessoas idosas, cada vez mais. Portanto, aí não vejo grandes coisas. Admito que... Eu acho que alguma solução vai ter que haver. Pronto... Estou a começar a preocupar-me com isso, ainda não... não estou francamente a preocupar-me, estou a começar a preocupar-me. A tentar encontrar meios, e alguns que estou minimamente a controlar. O ter possibilidade de ter uma casa paga, quando for... Portanto, aquelas coisas mínimas para conseguir, e depois lá terei soluções. Quanto [ao meu irmão], gostaria de facto que ele tivesse mais estabilidade de trabalho, que ainda não tem. Não me preocupo... Não penso muito nisso, o que será a velhice dele. De vez em quando passa-me pela parede... pela cabeça... com a minha, mas penso que se ele tiver saúde, de facto, e alguma estabilidade económica, e um apoio médico na doença que tem, poderá ter uma velhice interessante, e sem... Pronto... Não me parece que seja... Fiquei um bocadinho assustado quando me disseram que a doença tem tendência para se agravar, mas depois foi-me dito que não é tanto assim. Pronto... Primeiro disseram-me isso de forma muito clara, e eu penso que para justificar um bocadinho a terceira crise que ele teve, que foi mais grave do que as outras. Ou seja, deram a ideia que as crises...
– *Têm tendência...*
– Que cada... Têm tendência... Que cada uma vai ser ainda mais grave do que a anterior. Pronto... Não, eu penso é que... Olhe, devia haver de facto mais apoio das pessoas. Provavelmente o meu [outro] irmão deveria ter uma atitude... Deveria não, era bom que tivesse uma atitude mais clara e mais presente para ajudar...
– *O seu irmão F...*
– ...«Eu vou-te ajudar de facto, vou tentar.» Gostaria que a minha irmã de Lisboa também o fizesse. Porque apesar de estar disponível e... pronto, ainda há alguma timidez na relação. Ou seja, eu fico com a fatia mais incómoda, vá lá. Pronto, a fatia mais incómoda sobra para mim. E gostaria, e que está a acontecer, e espero que continue a acontecer com outras soluções, que é de facto os hospitais e os meios... pronto... neste caso, públicos, possam usar o que conhecem e o que sabem para melhorar a qualidade de vida [dele].
– *E manter sempre esta articulação consigo...*
– E manter sempre esta articulação comigo. Até porque para mim é extremamente cómodo, e dá-me uma confiança muito maior. Sinto que não estou sozinho (Simão, irmão).

1.2. As redes informais para lá da família

Como já foi referido, os laços ativos fora do parentesco restrito são escassos nas redes sociais das pessoas com doença mental. A relação com vizinhos, amigos e colegas é marcada pelo estigma da doença que fecha as redes e isola a pessoa doente.

As relações com os "outros" fora da família distinguem-se pelo grau de liberdade que a sua escolha comporta. As relações com os parentes são muito mais sujeitas a constrangimentos sociais do que as relações com os outros. Os nós da rede fora dos laços de parentesco são menos permanentes no tempo, mais efémeros. Os parentes são os mesmos toda a vida, os amigos, os conhecidos, os vizinhos, os colegas vão mudando ao longo do ciclo de vida. Os amigos não têm regras claras de associação, não estão sujeitos às mesmas obrigações e responsabilidades dos parentes. Os laços de amizade são muito mais livres do que os laços de parentesco. E é nessa liberdade que se jogam as suas vantagens e desvantagens: o preço da escolha livre é o risco da perda do laço, que não existe na relação de parentesco (Portugal, 2006).

De um modo geral, o que os relatos das pessoas entrevistadas revelam é que perante a doença a escolha dos laços fora do parentesco é sair da relação. Poucos têm capacidade para lidar com os sintomas e manifestações da doença, a incompreensão é generalizada, o medo dos comportamentos, comum, a intolerância, uma constante. As relações sociais fora do parentesco são dominadas pelo estigma da doença – as pessoas doentes são excluídas dos círculos sociais de sociabilidade e amizade e remetidas para o fechamento do espaço familiar.

1.2.1. A vizinhança

Tal como alguns autores já apontaram (Lemieux, 1999), os vizinhos fazem parte das redes sociais quando são parentes ou amigos, mas a vizinhança por si não constitui uma rede. No entanto, existem diferenças entre meios rurais e urbanos, sendo que em contexto rural é mais comum a cooptação de amigos entre a comunidade de vizinhança (Portugal, 2006).

Na população estudada, os laços de vizinhança revelam-se importantes para avaliar o impacto da doença mental nas relações sociais, dado que os vizinhos recebem, por vezes, os primeiros ecos do desencadear da doença – comportamentos bizarros, discussões, agressões. Quer em meio urbano, quer rural, a reação é, em geral, de intolerância, rejeição, rotulagem e afastamento.

Este é um fator com impactos fortes na estruturação das redes sociais das pessoas com doença mental, dado que conduz a processos de autofechamento e autoexclusão, que contribuem decisivamente para a redução das suas redes e do seu capital relacional.

> As pessoas, quando souberam que eu andava no Sobral Cid, às vezes ouvia bocas. Uma vez um até... me quis bater e tudo por eu me sentar numa mesa num café: «ai, o que é que está aqui a fazer, seu anormal e não sei quê» (Ricardo).
>
> Era, era. As pessoas aqui tinham medo de me ver a andar. Aqui na aldeia. As pessoas viam-me na rua com os olhos assim muito arregalados e a andar assim com o corpo... Não conseguia com o corpo... As pessoas tinham medo de mim. Viam-me... Pronto, não era uma pessoa normal. A andar estava mesmo... mesmo acabado. As pessoas diziam à minha esposa: «O teu homem está mesmo... mesmo...». Andava mesmo, mesmo em baixo (Francisco).
>
> É por causa da família lá... lá da minha rua e há pessoas... há pessoas da minha rua que me acham um triste... Porque eu adoeci aos dezoito anos e nunca estive cem por cento bem e coisas do género. Houve uma senhora que no funeral de sétimo dia ou não sei quê da minha mãe ou do meu avô..., já não sei... O Padre disse ou costuma dizer... Eu nunca fui à missa, mas naquele dia fui. Estava lá em último. E o Padre disse: «Agora cumprimentem-se e... e não sei quê». Essa senhora virou-se para trás, viu-me e cumprimentou-me. A partir daí nunca mais me falou (Paulo).

Apesar de a rejeição ser a norma, encontramos casos em que as relações de vizinhança são fundamentais no apoio às pessoas com doença mental. Nalguns deles é entre os vizinhos que se constroem laços fortes e ativos na prestação de cuidados. É o caso de Olívia. Perante o esgotamento da família e o seu afastamento, a vizinhança tornou-se o seu grande apoio, dando ajudas materiais e afetivas e mobilizando apoios institucionais.

1.2.2. Os colegas

Na população em geral existem dois tipos de colegas: os colegas de escola e os colegas de trabalho. A escola e o trabalho são os locais onde as pessoas estabelecem a maioria dos laços exteriores à família. A importância e a evolução dessas relações depende, em grande parte, do tipo de percurso escolar e do tipo de trabalho desempenhado (Portugal, 2006). Para as pessoas que entrevistámos, os nós da rede que identificam como "colegas" são sobretudo colegas de trabalho. Raros são aqueles que mencionam colegas de escola como elementos das suas redes. Se, por um lado, este dado se justifica pelos reduzidos percursos escolares da maioria dos/as entrevistados/as, por outro lado, os relatos revelam sempre trajetórias solitárias com escassas sociabilidades em contexto escolar.

Estes laços com colegas de trabalho surgem nas redes daqueles/as para quem a doença surgiu já num contexto de inserção na vida ativa. Os relatos acerca destas relações são muito semelhantes aos que encontramos relativamente aos laços de vizinhança – a incompreensão e a intolerância dominam. Os contextos laborais são extremamente adversos à integração destas pessoas – os sinais da doença são mal compreendidos, os problemas no trabalho atribuídos a falhas pessoais, as baixas e faltas *médicas consideradas desnecessárias e vistas como abusivas.*

> – *Então, assim que foi diagnosticada a doença foi-lhe vedada a possibilidade de fazer o transporte [guiar o autocarro]?*
> – Foi, por questões de segurança. Porque podia acontecer alguma coisa e o seguro não cobria e os pais das crianças iam reclamar e mais não sei quê, mais não sei quanto. Mas qualquer coisa pode acontecer com qualquer colega dos meninos, por isso... E mais não estão doentes. Agora, e porque eu estou medicada e porque estou a tomar esta medicação e porque estou a tomar aquela... [suspiro], arranjaram mil e uma desculpas. Fizeram o relatório médico. Mandaram-no para a entidade, para a inspeção-geral do trabalho. Pediram para assinar um acordo a dizer que eu não me importava de baixar a categoria, nem no ordenado. Ou congelavam-me o ordenado, ou baixavam-me o ordenado. Eu optei por baixar, para ir subindo, porque congelar o ordenado vitaliciamente não me interessa nada.
> – *Portanto, foi de certa forma obrigada a negociar com a instituição?*
> – Sim.
> – E *o que é que passou a fazer então?*
> – Baixei de categoria e de ordenado (Matilde).

Tanto até... que isto começou a piorar. Era internamentos... Depois ia para o Sobral Cid, chegava lá... Vinha... Estava lá três semanas, um mês..., vinha. Mandavam-me ir trabalhar. Chegava lá: Tumba. Outra vez. Mais internamentos. Chegaram a um ponto que já não me mandavam trabalhar mais. Depois tinha uma coisa: os encarregados na firma não me ajudavam em nada. Os encarregados a mim só me... ainda me enterravam mais, porque eu... Na vez de me ajudarem... viam que eu estava a... a ficar doente, não... Eu estava habituado lá nessa firma a trazer... A minha máquina..., por exemplo, com que eu trabalhava, o chão dela podia-se lamber com a língua que andava sempre tudo limpinho. Gostava da máquina sempre a brilhar. Eu gosto... Tinha aquilo tudo sempre que era um brinco. Então, o encarregado, a pensar que eu estava a fazer as coisas com malandrice, tirou-me a minha máquina e deu-me uma máquina muita podre, muita velha, cheia de lixo, toda porca... Então aí, muito... mais mal me senti. Estava habituado à minha máquina, sabia como é que eu tinha e como é que... Eu via os outros a trabalhar com ela e eu a andar com aquilo... Ficava... Então aí é que começou a internar (Francisco).

Apesar de esta ser a tendência generalizada, encontramos também entre os casos analisados pessoas que estabelecem laços fortes com colegas de trabalho. Estes são, em geral, laços ativos na prestação de apoio emocional e um fator importante para a manutenção do posto de trabalho e o enfrentamento das adversidades.

Agora, mesmo a nível do trabalho, todos compreenderam o que se estava a passar, principal... Aliás, foi no trabalho, os meus amigos é que... e as minhas colegas é que chamaram a atenção ao meu pai para aquilo que se estava a passar. Portanto, acho que eles também compreenderam bem o que se estava a passar e eles são do tipo que veem: quando a pessoa não está bem, eles notam. Porque eu, ainda agora desta última vez, tive lá colegas que me disseram para mim: «Carolina, não te deixes ir agora abaixo.» Pronto, sempre me ajudaram, sempre me deram apoio (Carolina).

Mesmo quando os contextos laborais são mais adversos e o estigma predomina, a inserção no mercado de trabalho é extremamente importante para o estabelecimento de redes sociais e para a ampliação do capital relacional das pessoas com doença mental, contribuindo decisivamente para a sua integração social.

Ajudou-me [o trabalho de apoio domiciliário a idosos] num aspeto, acho que foi mais fácil passar o tempo, porque sinto-me útil, ajudando as outras pessoas. Acho que é uma maneira, enquanto há pessoas que procuram fazer voluntariado, eu faço isso no meu trabalho e acabo por fazer voluntariado também, porque às vezes é um gesto, um... Não é só... O apoio domiciliário não se limita só a tratar deles. É também a dar apoio moral, a conversar com eles, a dizer que têm ali alguém [com] quem podem contar. Eu acho que isso também faz parte do apoio, não é? Também tem a ver com a nossa parte humana, o nosso ser humano. É nesse aspeto que eu gosto do apoio, porque trabalhamos com pessoas, não é, não é com uma máquina (Matilde).

1.2.3. Os amigos

Os amigos são *nós* escassos nas redes das pessoas com doença mental. Por um lado, encontramos aqueles que nunca construíram laços ativos de amizade ao longo do seu percurso de vida, tendo uma rede social totalmente orientada para a família, por outro lado, temos aqueles que, ao verem a doença manifestar-se num período mais tardio do ciclo de vida, perderam os amigos que tinham. Os relatos de abandono dos laços de amizade perante a doença são comuns. Frequentemente, esse abandono é protagonizado pela própria pessoa, em virtude da incapacidade para a interação social provocada pela doença.

> – Nesse ano senti-me muito isolado, muito... muito... Eu separava-me das pessoas. Não era isolado. Eu separava-me das pessoas.
> – *Afastava-se.*
> – Afastava-me. Não me sentia em condições de estar a interagir com ninguém. Sentia medo. Sentia medo, não sei... Mas antes disso era... Antes disso, eu costumo dizer que antes dos dezoito anos ninguém me parava. Porque eu, prontos, eu... era extrovertido, falava com toda a gente, era simpático com toda a gente, não fazia mal a ninguém... Pronto, e depois a doença fez-me... (Paulo).

As entrevistas revelam a dificuldade que as pessoas têm em atribuir o estatuto de "amigo" a alguém. A desconfiança para com as relações de amizade é grande e aparece como contraponto à confiança nas relações familiares. Se, na população em geral, existe uma ideia generalizada de que as verdadeiras amizades só se reconhecem quando postas à prova (Portugal, 2006: 518), entre as pessoas entrevistadas este princípio parece ser absolutamente estruturador das redes – a doença "filtra" as amizades. Ela é o "momento da verdade" – só restam aqueles que são merecedores de confiança e resistem a todas as adversidades.

Apesar da escassez de laços de amizade na morfologia das redes das pessoas com doença mental, aquelas que os identificam mostram-se extremamente gratificadas com estas relações. Pelo grau de liberdade que comportam, pela ausência de obrigação, por "só ficarem porque querem", os laços de amizade quando existem e "dão provas" são muito valorizados e pontos de apoio e referência cruciais. Estes laços prestam algumas ajudas materiais, mas essencialmente apoio afetivo. Os amigos são fonte de sociabilidade, conversam, obrigam a sair do espaço doméstico, transmitem confiança e segurança.

> Dantes cumprimentavam, só que eu tinha medo deles. Não queria... não queria... evoluir numa relação com eles... de amizade. E agora encontrei-os muito mais acessíveis e simpáticos e sempre... Nunca me esqueceram, foi, foi... Fui sempre muito amigo deles e pronto.
> [...] E depois tenho um amigo que é o Y, que é o meu vizinho... Também me dá apoio moral e foi ele que me puxou para eu sair mais para o café, para conhecer mais pessoas e essas coisas todas (Paulo).

> Eu na altura... uma altura que perdi a noção das coisas. Deixei de conhecer as pessoas, deixei... Cheguei a pôr açúcar no arroz..., sal num bolo. Mas ela... Nunca aquela rapariga... nunca me disse que estava mal feito. O primeiro bolo que eu fazia, levava-lhe uma fatia. Um doce que eu fazia, levava-lhe. Tanto que ela considera-me como irmã dela e eu considero-a como minha irmã. Tenho mais abertura com ela do que com a minha irmã (Helena).

1.2.4. Os colegas de Hospital

Os laços com pessoas que se conheceram no hospital são identificados pelos utentes do Hospital de Dia. Estes *nós* revelam-se bastante importantes para a redefinição e ampliação das redes sociais das pessoas entrevistadas.

A classificação destes *nós* como "colegas" revela a sua característica institucional. Os laços estabelecidos no contexto hospitalar são relevantes por duas razões fundamentais: em primeiro lugar, eles são laços positivos de identificação. Para muitas pessoas a convivência com outras com os mesmos problemas tem uma enorme importância simbólica – é a primeira vez que contactam com alguém que compreende o significado de ouvir vozes, de ter alucinações, de não conseguir controlar os impulsos. Em segundo lugar, permite uma renovação das redes sociais, a ampliação do capital relacional, através do estabelecimento de novos laços. Estes laços são fortes e fracos, dependendo das proximidades afetivas e das similitudes de estatutos e percursos de vida. Os laços com os colegas do hospital são sobretudo prestadores de apoio emocional.

> – Conheci uma moça ali no 1... que era... é assistente social, foi... – não, educadora de infância – que estava na 1. E eu assim: «Mas tu... Qual é o teu problema? Também ouvias...?» «Eu ouvia vozes. Está calada, não me fales em mais nada, que eu não ando nada bem.» Eu pensava que era a única. Afinal de contas...
> *– E como é que foi o seu primeiro dia? Será que tem memória disso? Do primeiro dia, quando aqui chegou?*

– Fiquei assim um bocadinho... «Aqui estou eu... Chamo-me Cândida». E mais nada. Foi assim um bocado... Fiquei contente, porque conheci o X, que é um mocinho que também dizia que tinha ouvido vozes. E senti um carinho muito grande por ele. Fiquei... É o que eu gosto mais... que eu gosto mais porque ele disse: «Ó Cândida, eu também já ouvi vozes. Ó Cândida – eles aqui chamam-me Cândida – já ouvi vozes.» E eu fiquei... assim... Agora encontrei um bebé igual a mim (Cândida).

– E depois no dia de sair é complicado porque ganhamos aqui relações, amizades... Quer dizer...
– *Ganhou muitas relações aqui no Sobral Cid?*
– Ganha-se, ganha-se. Ganha-se. Ganha-se.
– *Como tinha ganho em Leiria [no Hospital]?*
– Sim, sim. Sim. Sim. Porque vêm pessoas de muitas terras. E depois vêm... Às vezes, a família vem cá visitar... Depois juntam-se aqueles grupos que têm famílias, juntam-se àqueles grupos... Pronto, é assim. E depois nós somos capazes de telefonar ao marido: «Olha, traz-me mais não sei quê porque fulana não tem ninguém.» Pronto.
– *Traz... como assim?*
– Por exemplo, se for preciso... Uma pessoa precisa de... de qualquer coisa que a gente veja que ela não tem. Um sabonete ou umas toalhas ou qualquer coisa que... A gente pede.
– *Pede a quem?*
– À família para trazer.
– *À família... à vossa?*
– À nossa própria família. Por exemplo, se eu não tiver, é capaz de uma colega minha pedir à família para trazer também para mim (Helena).

– *Portanto o Hospital de Dia tem esse lado positivo de trazer...?*
– Novas amizades... de pessoas que tiveram... passaram por problemas semelhantes ou idênticos, que têm também problemas mentais. E pronto, quer dizer, unimo-nos mais [hesitação]. Quer dizer, há uma identidade maior com essas pessoas que passaram por aqui do que propriamente com as outras pessoas que eu vejo todos os dias no café, ou que eu vejo no autocarro. Pronto, é "bom dia", "boa tarde" e praticamente mais nada. Estando aqui, há uma espécie de identidade comum, então as pessoas unem-se também umas com as outras porque estão com um problema praticamente idêntico (Iolanda).

Apesar da relevância simbólica e afetiva destes laços, o seu significado na morfologia da rede é complexo. Se, por um lado, a existência destas relações é valorizada muito positivamente pelas pessoas, por outro, elas próprias reconhecem a dificuldade da sua transposição para o "exterior". Existe uma rede "dentro" da instituição e outra "fora". Os seus papéis estão dissociados e os elementos que as compõem não interagem entre si.

> – *Ainda sobre o Hospital de Dia, tem relações de amizade com colegas daqui...?*
> – Tenho. Encontrei... Está aqui agora um desenhador, também como eu. Só que já tem mais idade do que eu e já tem mais experiência que eu. E faz projetos excelentes, fantásticos a 3D, que parecem fotografias... Aa... Mas há... há outra coisa que é assim: eu uma vez combinei com um rapaz daqui sair, para irmos beber um café. E o que a gente sentiu é que parecíamos dois estranhos lá fora. Um com o outro. Não sabíamos o que dizer, o que falar, não dizíamos nada. Aqui temos qualquer coisa para falar. Temos um objetivo... um objetivo comum. Lá fora, não... Eu, pelo menos, e acho que ele também se sentiu um estranho. Dois estranhos ali (Paulo).

1.3. As associações

O trabalho associativo tem surgido como forma de resposta às necessidades de apoio das famílias, preenchendo o vazio de intervenção estatal neste domínio. As associações da sociedade civil têm sido um espaço dinâmico de procura de soluções, ao nível comunitário, para os desafios colocados pela doença mental.

Neste ponto, procura-se fazer uma análise do modelo de intervenção destas associações, identificando o seu perfil, caracterizando as suas ações e discutindo as suas potencialidades e constrangimentos no contexto da atual reforma psiquiátrica.

Tal como já referimos, na área da doença mental, as características gerais do modelo de proteção social português e, especificamente, a complexa articulação entre atores públicos e privados fazem-se também sentir. A importância de organizações da sociedade civil nos cuidados de saúde mental em Portugal não é uma novidade. Na verdade, desde finais do século XIX, com a fundação da Casa de Saúde do Telhal pelos Irmãos de São João de Deus, que congregações religiosas assumiram uma significativa parte dos cuidados de saúde mental, muito particularmente ao nível de cuidados assistencialistas, como os internamentos. Tal como noutras áreas, as organizações ligadas à Igreja Católica dominaram, durante muito tempo, o panorama da intervenção privada não lucrativa. A intervenção da sociedade civil nos cuidados de saúde mental só muito recentemente passou a integrar organizações que não as ligadas a congregações religiosas. De facto, há cerca de duas décadas eram ainda praticamente inexistentes associações de apoio a pessoas com doença mental fundadas e dirigidas por famílias, doentes e profissionais de saúde mental.

A década de 1990 marca um ponto de viragem no quadro de intervenção da sociedade civil na doença mental. Dois factos contribuem para tal. Por um lado, o lançamento de uma linha de financiamento no âmbito do *Programa Horizon* (1992-94), da Comunidade Europeia, que vem permitir às ONG o desenvolvimento de programas de apoio à inserção profissional para pessoas com doença mental. Por outro lado, no âmbito de sucessivas tentativas de implementação de políticas de transição dos cuidados de saúde mental dos hospitais para a comunidade (orientação já preconizada pela Lei de Saúde Mental de 1963), o Estado começa a comparticipar financeiramente as ONG para a implementação de programas orientados para a desinstitucionalização psiquiátrica. Um importante marco deu-se em 1998 com o enquadramento legal (MS/MTS, 1998) à criação de respostas sócio-ocupacionais e residenciais por Instituições Particulares de Solidariedade Social (IPSS) através de acordos de cooperação com o Estado. Pretendia-se, assim, ultrapassar a ausência de iniciativas estatais na área da reabilitação psicossocial.

Deste modo, a génese do surgimento de associações na área da saúde mental, fora da esfera religiosa, prende-se, sobretudo, com a existência de fatores políticos externos e não com a emergência de um movimento associativo com origem na mobilização de doentes e familiares. Como se verá de seguida, este fator tem uma preponderância fulcral nas características das associações com intervenção neste domínio.

1.3.1. Um mapeamento das Associações com intervenção na área da doença mental

Na ausência de informação oficial sobre o universo de associações portuguesas que prestam apoio a pessoas com doença mental, realizou-se um levantamento das associações existentes com base em múltiplas fontes documentais.[1]

[1] Foram elas: base de dados "Carta Social" (disponível em <http://www.cartasocial.pt>); *Guia de Recursos – Reabilitação Psicossocial para a Saúde Mental*, 2009 (disponível em <http://ceerdl.org/wp-content/uploads/2009/06/guia_recursos_versaoimpressa.pdf>); *Guia para familiares de doentes mentais* (Basteiro *et al.*, 2003); lista de entidades associadas na Federação Nacional de Entidades de Reabilitação de Doentes Mentais (disponível em <http://www.

Identificaram-se 42 associações em atividade,[2] às quais foi solicitada resposta a um inquérito com informação relativa a: a) data da fundação; b) atores envolvidos na origem; c) perfil da direção da associação – profissionais, utentes, doentes; d) estatuto legal; e) número de membros; f) recursos humanos – trabalho remunerado ou voluntário; f) fontes de financiamento.

Do total destas instituições, apenas quatro não responderam. Assim, excetuando a análise sobre a distribuição geográfica, a caracterização que se realiza de seguida diz respeito a um conjunto de 38 associações respondentes. São ainda utilizadas as entrevistas em profundidade a responsáveis e técnicos em nove dessas instituições.[3]

O levantamento nacional das associações com intervenção na área da doença mental revelou, em primeiro lugar, profundas assimetrias regionais na sua implantação. Assim, como se pode verificar no Quadro 9, mais de metade das associações intervém na área de Lisboa e Vale do Tejo, ou seja, na capital do país e territórios próximos. Apesar de a área metropolitana de Lisboa ser a região mais populosa do território nacional, estes números revelam mais do que as desigualdades demográficas. Mostram, sim, profundos desequilíbrios relativamente às estruturas de apoio disponíveis para as famílias e doentes. Numa região do país – o Alentejo, região com níveis de envelhecimento elevados e indicadores socioeconómicos bastante desfavoráveis – não identificámos qualquer associação com intervenção na área da doença mental, num contexto também com escassa cobertura dos serviços de saúde. A análise da implantação geográfica das associações, mas também das características que a seguir se apresentam,

fnerdm.pt/associados.htm>); lista de entidades disponível no sítio na Internet da empresa Janssen-Cilag (http://www.janssen-cilag.pt/patient/international.jhtml?product=none).

[2] No total, as fontes de informação utilizadas permitiram-nos sinalizar 52 associações como sendo associações prestadoras de apoio a pessoas com doença mental. Os contactos com três destas associações resultaram, porém, na informação de que já não se encontram em atividade (dois casos relativos a associações que foram criadas especificamente para atender à população com doença mental) ou que já não têm programas de apoio a pessoas com doença mental (um caso relativo a uma associação originalmente orientada para outras áreas de intervenção, que não apenas a doença mental). Por outro lado, não foi possível estabelecer qualquer tipo de contacto com 7 das 52 associações sinalizadas, em virtude de os dados disponíveis para correspondência (endereço postal, endereço eletrónico, fax e telefone) não se encontrarem atualizados. A impossibilidade de contactar estas sete associações levou, pois, à impossibilidade de averiguar se se encontram ou não em atividade.

[3] De forma a respeitar o anonimato previamente garantido aos técnicos e dirigentes entrevistados, as Associações não serão identificadas, mas referidas por letras do abecedário.

revela, nas palavras de Sousa (2007), uma «geografia das iniciativas e não uma geografia das necessidades».

A informação relativa às associações que responderam ao inquérito revela que nem todas foram criadas especificamente para atender à população portadora de doença mental. Quatro associações foram criadas no âmbito de outras áreas de intervenção: três para a deficiência mental e uma para a reinserção social de pessoas sem-abrigo. A entrevista com um responsável de uma destas instituições, ligado a um grupo de cidadãos de áreas profissionais diversas, revelou que o intuito inicial de apoiar as pessoas com deficiência mental acabou por se estender à doença mental, em virtude de um crescente número de pedidos de auxílio de famílias e de uma instituição hospitalar.

QUADRO 12
Distribuição geográfica das Associações por Região

Região	N.º Associações
Norte	7
Centro	7
Lisboa e Vale do Tejo	23
Algarve	2
Regiões Autónomas	3
Total	42

A *Associação H* começou por ser, e estatutariamente ainda é, uma Associação para apoio a pessoas com deficiência. [...] Entretanto, pontualmente, apareciam pessoas [...] com doença mental. [...] Algumas começaram a vir para os nossos programas, de formação profissional. [...] As coisas foram correndo, regra geral, de uma forma complicada. [...] Eram pessoas que já nos iam preocupando, porque não estavam a caber nas respostas que nós já tínhamos, e daí, quando surgiram as orientações no sentido da criação dos Fóruns e de outras unidades, nós pensámos nesse grupo de pessoas que já iam estando nas nossas listas. Por outro lado, esta associação, também desde a fundação, tem um contacto muito estreito com um departamento de psiquiatria [de um hospital, que], desde essa altura, se habituou um bocado a pedir apoio para as pessoas mais aflitas (Psicólogo, técnico e dirigente da *Associação H*).

A orientação do trabalho destas associações para o apoio às pessoas com doença mental resulta, assim, de dois fatores, ambos exteriores às suas dinâmicas:

por um lado, a pressão exercida por famílias e instituições hospitalares na busca de instituições prestadoras de apoio à integração dos doentes; por outro, a já referida conjuntura político-legal, que abre espaço para possibilidades de financiamento de iniciativas nesta área.

A observação do Quadro 13, referente à data de fundação das associações, permite reforçar esta ideia do condicionamento externo deste movimento associativo. A maioria das associações nasce depois da década de 1990, quando programas nacionais e internacionais começam a apoiar financeiramente intervenções neste domínio.

QUADRO 13
Datas de fundação das Associações

Anos	N.º de Associações
1980-1984	1
1985-1989	4
1990-1994	7
1995-1999	15
2000-2004	8
2005-2007	3
Total	38

Entre as cinco Associações com data de fundação anterior à década de 1990, estão três das que nasceram orientadas para outras áreas de intervenção que não a doença mental. Nos casos destas associações, a organização de programas na área da doença mental fez-se já na década de 1990, quando o crescente número de solicitações se conjugou com a existência de fundos públicos disponíveis para o financiamento deste tipo de atividades.

A análise da origem das associações traz mais alguns elementos para a compreensão do perfil da sua intervenção, revelando, por um lado, a importância das condicionantes externas às instituições, que atrás se sublinhou, e, por outro, a relação complexa entre atores públicos e privados que se estabelece, quer na origem, quer nos modos de funcionamento.

QUADRO 14
Fundação das Associações

Atores envolvidos	N.º de Associações
Profissionais	19
Famílias	5
Profissionais + Famílias	3
Congregações religiosas	9
Outras situações	2
Total	38

O Quadro 14 mostra os atores envolvidos na fundação das Associações. Esta informação permite constatar que metade das instituições foi fundada por profissionais de saúde mental. As associações de famílias são uma minoria e não existe nenhuma associação fundada por doentes. Esta composição social tem reflexos fundamentais no tipo de intervenção desenvolvida pelo movimento associativo. O traço marcante destas associações não é a representação das pessoas portadoras de doença mental mas, sim, a prestação de serviços de apoio.

O elevado peso de associações fundadas por profissionais de saúde mental (médicos, enfermeiros, psicólogos, técnicos de serviço social) é justificado pelo vazio de soluções de reabilitação psicossocial sentido pelos técnicos nos seus contextos laborais. As possibilidades de financiamento público que surgiram na década de 1990, para iniciativas nesta matéria, permitiram aos profissionais insatisfeitos com as respostas oferecidas no sistema de saúde construir alternativas no espaço privado.

> A *Associação I* nasceu porque, depois de vários anos a trabalhar na área da saúde mental, apercebi-me [...] da falta de soluções e de recursos que existiam para pessoas com doença mental grave. [...] Por outro lado, a trabalhar num hospital psiquiátrico com doentes de evolução prolongada, fui estudando e fui procurando o que é que se faz a nível internacional, o que é que a ciência nos diz que pode ser feito para além, mais uma vez, de controlar os sintomas da doença. E, realmente, encontra-se um mundo no âmbito da reabilitação psicossocial, que hoje em dia se calhar já não se chama reabilitação psicossocial, já se chama tratamento integrado. Existe, sim, senhor, uma série de intervenções e tipos de intervenção para conseguir responder às necessidades dos défices provocados [pelas] diferentes doenças (Psicóloga, fundadora da *Associação I*).

Frequentemente, as associações nasceram sob a égide das próprias instituições hospitalares estatais, como forma de colmatar as insuficiências das suas respostas. O sentimento generalizado dos profissionais acerca da existência de um enorme conjunto de necessidades sociais não satisfeitas pelo sistema público de saúde conjugou-se com um enquadramento político-legal, favorável à capacitação financeira de ONG para a organização de programas e equipamentos sociais orientados para a desinstitucionalização e inserção comunitária dos doentes psiquiátricos. Percebe-se, assim, que a integração profissional dos seus doentes seja uma área privilegiada de intervenção destas associações.

Os excertos de entrevistas a duas dirigentes, que a seguir se transcrevem, revelam como o nascimento das suas associações resulta do confronto entre as pressões resultantes da ineficácia do sistema público de saúde e as facilidades oferecidas pela inserção na esfera privada:

> O que se equacionava aqui era arranjarmos, digamos, programas em que conseguíssemos manter a valorização pessoal do indivíduo, em que se mantivessem certos hábitos que o indivíduo, por via da institucionalização, perde, que são hábitos de trabalho, cumprimento de horários [...], que depois são importantes para a sua integração social. Porque é completamente diferente nós colocarmos lá fora um indivíduo que tenha um treino profissional [...] de uma pessoa que não tenha nada, que só tenha os hábitos da institucionalização. Essa foi a grande preocupação [...]. Havia um programa que nós queríamos, [...] que era um centro de emprego protegido. E chegámos todos à conclusão que a via mais fácil era fundarmos uma associação (Técnica de serviço social, fundadora da *Associação B*).

> A Associação foi criada em 1991, por um grupo de técnicos de saúde que trabalhavam na altura no departamento de psiquiatria e saúde mental do *Hospital X*. Estes técnicos eram psiquiatras, enfermeiros, assistentes sociais, psicólogos. E foi criada com o intuito de responder a uma necessidade que estes técnicos sentiam na consulta, principalmente na consulta de ambulatório. E, em primeiro lugar, a primeira necessidade a que se tentou responder foi a necessidade da integração profissional. E isto também teve que ver um pouco com o aproveitamento do contexto político e económico na altura. Portanto, começavam a vir os dinheiros da Comunidade Europeia e na altura a Associação começou logo com um projeto de formação profissional, que na altura era o programa *Horizon*, que foi assim dos primeiros em termos de subsídios e financiamento (Psicóloga, técnica e dirigente da *Associação D*).

A análise das "histórias de vida" das associações, assim como a consideração de outras variáveis de caracterização, como as fontes de financiamento e o estatuto jurídico revelam que estas associações correspondem ao que Boaventura de Sousa Santos chamaria formas de uma «sociedade civil secundária» (Santos, 1990). Por um lado, as debilidades da ação estatal criam um vazio que é necessário preencher, por outro lado, os quadros legais possibilitam o financiamento de organizações não-governamentais que ofereçam respostas nos domínios a descoberto. Assim, «o Estado cria, pela sua actuação, espaços de sociedade civil» (Santos, 1990: 222).

Através do Quadro 15 podemos verificar que a principal fonte de financiamento das associações é o Estado. As associações que têm comparticipação financeira estatal são a maioria e correspondem, essencialmente, às organizações fundadas por profissionais. Este dado revela o modo como o Estado português fortalece atores sociais privados que, não sendo orientados pelo lucro, são produtores de bens e serviços nas mesmas áreas da esfera pública.

QUADRO 15

Fontes Principais de Financiamento das Associações

Fonte de financiamento	N.º de Associações
Comparticipações do Estado	20
Fundos da União Europeia	2
Quotas dos sócios	10
Donativos	6
Total	38

A importância do financiamento público para as atividades das Associações está relacionada com o seu estatuto jurídico. À maioria destas organizações (22) é reconhecido o estatuto de IPSS, o que permite aceder a recursos financeiros e estabelecer acordos de cooperação com o Estado para o desenvolvimento de atividades de assistência social.

1.3.2. Potencialidades e fragilidades do trabalho das associações

O trabalho das associações no apoio à doença mental reveste-se de enorme importância para as famílias e doentes, dada a escassez de alternativas. As respostas desenvolvidas no âmbito destas organizações são, na maioria das vezes, as únicas disponíveis para domínios como o apoio psicossocial às famílias, a integração profissional dos doentes ou o desenvolvimento de projetos autónomos de vida.

As atividades desenvolvidas no domínio associativo oferecem enormes potencialidades, que se prendem sobretudo com a sua proximidade das famílias e doentes, a sua capacidade de adaptação e de resposta às necessidades de umas e de outros. No entanto, como se verá de seguida, as mesmas características, que geram eficácia e versatilidade, originam fragilidades e constrangimentos que comprometem os projetos desenvolvidos e, muitas vezes, a continuidade das próprias associações.

As potencialidades

Os projetos desenvolvidos no âmbito das associações – formação profissional, apoio à colocação no mercado de trabalho, acompanhamento pós-colocação no mercado de trabalho, Fóruns sócio-ocupacionais,[4] Unidades de Vida,[5] apoio domiciliário, grupos psicoeducativos, grupos de autoajuda, grupos de ajuda mútua, serviços de avaliação, aconselhamento, orientação e encaminhamento (Basteiro *et al.*, 2003) – representam para as famílias um alívio da sobrecarga física e psicológica que implica lidar com a doença mental. Os relatos dos técnicos e dirigentes entrevistados sublinham este como sendo um dos principais resultados positivos dos programas desenvolvidos – a diminuição da sobrecarga representa, simultaneamente, um aumento da capacidade psicológica para cuidar dos doentes. Na avaliação dos entrevistados, o sentimento de segurança dado por uma rede de apoio capacita as famílias para cuidar de uma forma muito mais permanente. A rutura dos cuidados familiares quase sempre decorre de situações de esgotamento e desespero, em que as pessoas se sentem sozinhas, impotentes para ajudar, e em que, frequentemente, elas próprias ficam doentes. Quando as famílias sentem que não estão sozinhas, que têm estruturas de apoio e profissionais a quem podem recorrer em caso de crise, são muito mais colaborantes e não se afastam dos familiares doentes.

---

[4] O Fórum sócio-ocupacional é um espaço de cuidados de natureza reabilitativa, destinado a jovens e adultos com doença psiquiátrica que apresentem reduzida capacidade relacional e de integração social. Legislação aplicável: Despacho Conjunto do Ministério da Saúde e do Ministério do Trabalho e da Solidariedade (MS/MTS, 1998).

[5] As Unidades de Vida são unidades residenciais sedeadas na comunidade, destinadas à promoção de habitação, reabilitação psicossocial e reinserção social de jovens e adultos com doença psiquiátrica que não têm alternativa habitacional. Existem três diferentes modalidades (Unidade de Vida Apoiada, Unidade de Vida Protegida e Unidade de Vida Autónoma), dirigidas a pessoas com distintos níveis de autonomia. Legislação aplicável: Despacho Conjunto do Ministério da Saúde e do Ministério do Trabalho e da Solidariedade (MS/MTS, 1998).

> As famílias normalmente estão em situações muito frágeis porque têm as pessoas o dia todo. A partir do momento em que nós conseguimos trazê-las durante o dia, resolve-se o essencial dos problemas. [...] Nem que não seja todos os dias, mas que seja dois ou três dias por semana, isto traduz-se no alívio dos familiares (Psicólogo, técnico e dirigente da *Associação H*).

> Há um efeito que nós criamos na família, que é: a família já não está sozinha naquele problema e acha que se acontece alguma coisa já tem alguém a quem recorrer. [...] Esse efeito também ajuda a que as famílias fiquem mais tranquilas (Técnica de serviço social, *Associação H*).

> Se a família sente que há técnicos que ajudam a resolver alguns problemas quando eles vão surgindo, a família até apoia. [...] Temos sentido as famílias mais colaborantes, se calhar também porque explicamos mais às famílias porque é que aqueles comportamentos acontecem. A partir do momento em que nós dizemos: «Mas olhe, isso é normal nele [...], faz parte da doença [...], vamos tentar que ele melhore esse aspeto, mas nunca vai voltar àquilo que era antes». Quando da nossa parte, equipa de reabilitação e equipa clínica, há um empenhamento no sentido de «vamos todos trabalhar para que a coisa corra melhor», as famílias sentem-se um bocadinho mais confortadas e ajudam também um bocadinho mais (Psicóloga, técnica e dirigente da *Associação B*).

> Temos tido algumas surpresas, pessoas realmente que começaram a voltar a relacionar-se com os filhos de outra maneira. [...] Se calhar, das últimas vezes que os viram, eles não estavam lá muito bem. E agora alguns já estão empregados, apresentam-se também de outra maneira, e a família reconhece essa evolução, pronto, e pensa que se calhar agora também é uma boa altura para os apoiar e para os voltar a receber [a entrevistada refere-se aos familiares dos doentes que se encontram numa Unidade de Vida Protegida gerida pela Associação] (Psicóloga, técnica e dirigente da *Associação D*).

Apoio individualizado e de proximidade

Esta é uma das grandes virtualidades do trabalho das associações. Construídos com base na dedicação e esforço individual dos seus membros, alguns dos programas desenvolvidos por estas associações representam formas de apoio continuado para doentes e famílias, sendo, inúmeras vezes, o único apoio de que dispõem.

Por exemplo, uma das associações fundadas por familiares de doentes criou um Grupo de Apoio Familiar (GAF) através do qual dois membros da Associação (o seu fundador – pai de um doente mental – e uma voluntária – professora de enfermagem) disponibilizam os seus contactos móveis para que, sempre que necessário, as famílias em situação de crise possam solicitar apoio. O GAF procede a um levantamento da história do doente e da sua família e a partir daí procura aconselhar a família sobre os caminhos a seguir para lidar com a doença a nível individual e familiar.

> Temos dois telemóveis e qualquer família que se sinta numa situação de angústia, que não sabe como resolver qualquer problema, contacta-nos e nós fazemos uma sessão com ela. [...] Fazemos um levantamento da situação daquela família e daquele doente desde o início. Procuramos compreender o meio ambiente, a família, a situação, a mentalidade daquela gente, as causas, as atuações, comportamentos, tudo aquilo, até desembocar na situação atual e percebermos o que está na origem... Porque, muitas vezes, os familiares não sabem discernir, não sabem distinguir o que é que está bem e o que é que está mal, o que é que está na origem ou o que não está na origem. As suas atitudes muitas vezes não são as mais corretas, a forma de lidar com uma pessoa não é a mais adequada e, portanto, nós ali [...] fazemos uma espécie de diagnóstico e damos a nossa sugestão. Obviamente, pode não ser exatamente a correta, mas em função dos elementos recolhidos é aquela que nos permite dizer: «por aquilo tudo que nós ouvimos e aprendemos, concluímos que podem optar por isto, podem fazer aquilo...» Por vezes, encaminhamos para um médico psiquiatra ou aconselhamos a mudar de médico (Pai de doente com esquizofrenia, fundador da *Associação A*).

Outro exemplo do apoio individualizado e de proximidade é o programa "Acompanhamento pós-colocação no mercado de trabalho" de uma das associações de profissionais. No âmbito deste programa, procura-se prevenir as situações de crise dos doentes, com eventuais perdas dos postos de trabalho. Assim, uma técnica da Associação mantém contactos muito regulares com o utente, a entidade empregadora e a família. Monitoriza-se a situação clínica (nomeadamente a toma da medicação e a ida às consultas), ajuda-se a gerir conflitos no trabalho e em casa, etc.

> Percebeu-se que muito trabalho que era feito ao nível do projeto do Centro de Formação Profissional, que era arranjar um trabalho no fim da formação, era perdido dois ou três meses depois, porque estas pessoas precisam efetivamente de uma estrutura. Não é que não tenham boas capacidades de trabalho, porque têm. Aprenderam e são capazes de aprender e de funcionar... O que necessitam,

de vez em quando, é de alguém que dê uma estrutura e que diga: «então, como é que estão a correr as coisas? Tens ido às consultas de psiquiatria? Tens tomado a medicação? Tens saído? Não te tens isolado? Não tens faltado ao emprego? Avisa quando vais à consulta...» [...] Estas pessoas desmotivam com facilidade com problemas que vão surgindo. [...] Tentamos ajudar em todos os pequenos problemas que vão surgindo que a pessoa não é capaz de resolver sozinha e que com um empurrãozinho não se tornam problemas, porque a pessoa vai e até resolve... Se não estiver lá ninguém que dê um bocadinho de estrutura, pode entrar em espiral e perder-se completamente [...]. Uma técnica desloca-se às empresas, de quinze em quinze dias, ou mensalmente, conforme seja a necessidade. Eles também nos telefonam muito... A nossa técnica desloca-se até lá e fala tanto com o empresário como com o utente, o trabalhador... Às vezes, se ele não quiser falar na própria empresa, encontram-se num café ali próximo, pronto, num sítio que ele ache que seja recatado o suficiente, para ele se sentir à vontade para falar... E muitas vezes também o acompanhamos à consulta, se ele autorizar e se achar que podemos ir. E fazemos telefonemas frequentes para a família, para saber se está tudo bem, se estão a achar que há alguma alteração... (Psicóloga, técnica e dirigente da *Associação B*).

Informação e combate ao estigma

Como decorre do que se descreveu acima, o trabalho da maioria das associações orienta-se sobretudo para o apoio social aos doentes e famílias. No entanto, existem Associações que assumem a luta contra o estigma como a sua principal missão, estruturando grande parte da sua intervenção em torno desse objetivo.

É disso um bom exemplo o trabalho desenvolvido pela *Associação I*. Sendo esta a associação mais jovem da nossa amostra (foi criada em 2007), não tardou a ganhar visibilidade pública pela autoria e execução de uma inovadora campanha antiestigma objeto de grande mediatização. Consistiu essa campanha no lançamento nos meios de comunicação social (rádio, televisão, imprensa e Internet) de músicas alusivas ao tema da doença mental, compostas e interpretadas (propositadamente para a campanha) por conhecidos artistas portugueses. Um indicador do seu impacto positivo, segundo dá conta a sua mentora, reside no crescente número de contactos de jovens estudantes e de instituições escolares, que, sensibilizados para a importância do tema, solicitam à *Associação I* materiais informativos para a realização de trabalhos escolares.

Houve muitos miúdos nas escolas que fizeram o projeto da *Área-Escola* sobre saúde mental, outros que querem fazer e pedem-nos materiais sobre [a campanha]. Eu já levei cartazes... Ainda agora fui para a Parede levar os cartazes..., foi a última semana da escola e fizeram uma sala sobre a nossa campanha (Psicóloga, fundadora da *Associação I*).

No entanto, é de notar que mesmo as associações que não assumem explicitamente o combate ao estigma como missão principal acabam por ter um importante papel a esse nível, dado que, ao promoverem a inclusão social dos doentes, estão a combater a invisibilidade da doença mental e a discriminação.

Mas, realmente, acabamos por lutar contra o estigma. Todos os dias em que trabalhamos, estamos a fazê-lo. Porque... ou pessoalmente conversamos com alguém e a pessoa fica a saber onde é que trabalhamos, o que é que fazemos... Fazem perguntas: «então, salta-lhes a tampa muitas vezes?» Nós vamos esclarecendo. [...] Uma das maneiras importantíssimas através da qual neste momento estamos a fazê-lo é com a empresa de inserção. Portanto, todos os nossos clientes, sejam os particulares, sejam os privados, sejam os institucionais, como a Câmara e a Casa Pia, sabem que as pessoas que trabalham connosco, não todos, mas na sua maioria, são pessoas com problemas de saúde mental. E, portanto, isso acaba por ser uma maneira de divulgar e desmistificar... (Psicóloga, técnica e dirigente da *Associação D*).

Diminuição das hospitalizações e re-hospitalizações

Os programas desenvolvidos pelas associações têm, de um modo geral, um elevado sucesso na promoção do bem-estar e na integração social das pessoas portadoras de doença mental. O apoio fornecido a doentes e famílias, capacitando uns e outras, contribui para reduzir o risco de hospitalização e/ou re-hospitalização. Deste modo, o trabalho das associações tem uma relevância fundamental no processo de desinstitucionalização, desenvolvendo respostas na comunidade que se constituem como alternativas ao modelo hospitalocêntrico de prestação de cuidados.

As pessoas que estão aqui na Associação reduzem drasticamente a necessidade de hospitalização, quase que não têm necessidade de serem hospitalizadas, reduzem a sua necessidade de grandes doses de medicação, gerem a sua medicação de forma muito mais equilibrada, ou seja, têm uma qualidade de vida, um equilíbrio e uma satisfação social muito maiores (Psicólogo, Dirigente da *Associação F*).

> De facto, se nós conseguirmos [...] [fazer o indivíduo] sentir-se seguro, sentir-se valorizado, ter uma vida estruturada [...]. É o sentido de pertença, não é? Por exemplo, as experiências profissionais transmitem muito disto. Esta ideia da participação social através do trabalho ainda é o instrumento mais fácil para as pessoas terem o sentimento de poderem realizar atividades diárias significativas. Portanto, este também é um aspeto relevante e é por isso que estas experiências socioprofissionais cumprem muitas vezes, para estas pessoas, esse objetivo e dá-lhes também esta estrutura. E, com isto tudo, reduzem-se os internamentos, reduz-se a medicação... (Psicólogo, técnico e dirigente da *Associação H*).

De acordo com a experiência vivida na *Associação F*, relatada pelo seu dirigente, a participação das pessoas com doença mental nos programas psicossociais tem ainda o efeito colateral de diminuir o tempo das (re-)hospitalizações quando estas não podem ser evitadas. Este facto prende-se com a já referida capacitação das famílias para o cuidado e a ampliação das redes sociais do doente que resulta da participação nos programas. Perante a existência de uma rede social de apoio, os técnicos das instituições hospitalares tendem a reduzir o tempo de hospitalização ao mínimo, devolvendo o doente ao seu meio com maior facilidade.

> Quando uma pessoa é hospitalizada, imediatamente temos lá pessoas a visitar, colegas a visitar, técnicos a visitar... E, normalmente, quando isso acontece, os técnicos do hospital imediatamente acham que ela deve sair no dia seguinte, porque eles só mantêm aquelas que estão muito isoladas e não têm apoio familiar (Psicólogo, Dirigente da *Associação F*).

Capacidade de trabalhar em rede

Sendo o universo das associações nesta área tão diminuto, as redes de interconhecimento são muito fortes. Os membros das diferentes instituições conhecem o trabalho desenvolvido por cada uma e conhecem-se entre si. Esta realidade possibilita o estabelecimento de redes informais, que se estabelecem paralelamente às organizações formais.

O confronto entre a elevada procura de apoio por parte de doentes e famílias com a escassez de respostas disponíveis fomenta a busca partilhada de soluções. Assim, é comum as associações encaminharem utentes para outras organizações, recorrendo às suas redes de relações informais. Um exemplo do recurso ao trabalho em rede é o de uma associação fundada por profissionais de um hospital psiquiátrico, que, tendo escassos recursos financeiros e humanos, se vê frequentemente incapacitada para dar resposta aos muitos pedidos de ajuda.

Os voluntários usam a sua rede de contactos entre profissionais membros de outras associações para encaminhar as pessoas para outras organizações que possam oferecer as respostas adequadas.

> Para ajudar as pessoas ao nível da inserção profissional, normalmente reencaminho para o Centro de Emprego, através das colegas do Centro de Emprego, ou através de outros recursos como a *Associação D*, que tem um projeto nesse domínio. E, portanto, aí também me socorro, por vezes, e consigo encaminhar algumas situações (Técnica de serviço social, voluntária da *Associação E*).

Nem sempre, porém, as associações conseguem fazer encaminhamento de casos para outras associações quando estes estão além da sua vocação ou capacidade de intervenção. Segundo a entrevista que a seguir se transcreve, essa situação é comum quando a necessidade de apoio se estende aos familiares dos doentes. A dificuldade de encaminhamento deve-se ao facto de existirem poucas associações de famílias e de as existentes se confrontarem com grandes dificuldades de atuação, por viverem exclusivamente do trabalho voluntário. Este dado obriga a que, mesmo não sendo vocacionadas para a prestação de apoio às famílias, as associações tentem responder a estas solicitações.

> A *Associação D* não é uma instituição para dar apoio às famílias. Os nossos utentes são as pessoas com doença mental, mas o que realmente acontece muitas vezes é que nos chegam famílias tão sofridas... E, lá está, infelizmente, se quisermos aconselhar algum serviço de apoio às famílias, também vamos ter muita dificuldade em dizer: «olhe, pai, mãe, telefone para este número que vai encontrar uma Associação de apoio a famílias de pessoas com problemas de saúde mental.» O que é que fazemos, nessas situações? Damos apoio, vamos dando. Às vezes damos o contacto da *Associação Y*, que é uma Associação de amigos e pais, mas que é uma Associação que infelizmente..., porque as pessoas têm a sua vida, têm a sua vida profissional, acaba por ser uma Associação de voluntários, que não estão sempre lá quando as pessoas precisam (Psicóloga, técnica e dirigente da *Associação D*).

As fragilidades

As dificuldades financeiras

> Nós andamos há anos a tentar fazer um projeto de apoio domiciliário e não conseguimos porque não há dinheiro. É mais uma das dificuldades identificadas aqui pelo departamento de psiquiatria [do hospital ligado à fundação da Associação].

> Portanto, começam a ter pessoas que deixam de vir à consulta devido à idade, pessoas que precisariam de algum apoio em termos da alimentação, da higiene, na toma da medicação, porque já estão em casa com dificuldades. E andamos há anos a tentar... Aliás, temo-lo na gaveta. O projeto está feito e há anos que tentamos um projeto de apoio domiciliário na área da saúde mental (Psicóloga, técnica e dirigente da *Associação D*).

A escassez de recursos financeiros é apontada por praticamente todas as associações como a causa da maioria dos problemas que enfrentam. A incapacidade de gerar fontes de autofinanciamento leva, como atrás se viu, a que a maioria das associações seja muito dependente dos acordos de cooperação com o Estado. Esta forma de financiamento, ao mesmo tempo que potencia o trabalho das Associações, é muitas vezes fonte de insegurança e estrangulamento das atividades, dadas as formalidades e contrapartidas exigidas pelos financiamentos públicos. Para desenvolver determinados projetos, tais como as Unidades de Vida, as associações têm que arrancar com os seus próprios recursos financeiros sem saber quando é que o Estado inicia as transferências monetárias. Este tipo de práticas representa um enorme risco para as Associações. Uma das associações entrevistada esperou quase um ano para começar a receber o financiamento relativo a uma das suas residências, a qual já estava a funcionar por exigência da Segurança Social. Este atraso na atribuição do financiamento representou para a Associação um enorme esforço na gestão do seu orçamento. Mais tarde, a mesma Associação passou novamente por uma experiência semelhante – «de espada em cima da cabeça», como afirma uma das suas técnicas – quando quis implementar um Fórum sócio-ocupacional.

> A Segurança Social obriga o projeto a estar a funcionar para depois pagar. Ou seja, nós temos que ter renda, caução paga, utentes selecionados, técnicos no terreno e depois o dinheiro vem. Ele vem, veio, mas veio seis meses depois. Portanto, nós temos que ter bagagem financeira para avançar. Se não tivermos, o projeto não avança. Temos de andar com dinheiro à frente sem saber quanto tempo é que isso vai demorar. Nós tivemos uma Unidade de Vida mais de seis meses a funcionar sem um tostão da Segurança Social, com uma renda altíssima, com um mês de caução que tivemos que pagar logo no início do arrendamento... Isto rebenta com a estrutura financeira de qualquer instituição e cria um sentimento de espada em cima da cabeça: «será para o mês que vem? será que é para o mês que vem?» É muito complicado. E neste novo Fórum que abrimos, foi igual. Depois de termos o Fórum em funcionamento há dez, onze meses continuamos

> à espera... Quando se abre uma estrutura destas, podemos solicitar um financiamento para investimento – investimento significa comprar mesas e cadeiras e computadores e essas coisas que são precisas para uma coisa funcionar. E nós, portanto, temos o projeto em funcionamento já quase há um ano, foi em outubro do ano passado, e continuamos à espera desse financiamento para investimento (Psicóloga, técnica e dirigente da *Associação D*).

Esta forma de funcionamento dos acordos de cooperação leva a que muitas Associações não empreendam determinado tipo de projetos (em particular Unidades de Vida e Fóruns sócio-ocupacionais), dado o potencial de risco financeiro envolvido. Deste modo, a criação de determinado tipo de equipamentos sociais, essenciais no processo de desinstitucionalização, enfrenta grandes dificuldades de implementação.

> O número de respostas, que são tão necessárias, que todos nós já identificámos como necessidades, não aumenta [...] porque as instituições não se sentem seguras para avançar com os projetos. E não se sentem seguras porque nem sequer têm a capacidade financeira para o fazer. Enquanto estes projetos de Fóruns e Residências tiverem esta regra, que é a instituição ter que arrendar o espaço, a instituição ter que ter utentes lá dentro, só depois é que a Segurança Social avança o dinheiro, enquanto isto for assim, o número de respostas não vai aumentar. É um risco enorme para as instituições. [...] Nós já podíamos ter até mais respostas, mas temos que as pensar e muito bem (Psicóloga, técnica e dirigente da *Associação D*).

As exigências dos financiamentos públicos dificultam ainda mais as associações com escassos recursos e, sobretudo, as que são formadas por famílias e doentes. Se as associações de profissionais têm muitas vezes por detrás estruturas formais que lhes permitem aceder a outros recursos, as associações de familiares e doentes são incapazes de produzir as condições necessárias para concorrer a programas financiados por fundos estatais. É o caso de uma das associações de familiares entrevistada, que, embora aspirasse a desenvolver uma unidade residencial para doentes, limitou sempre a sua ação a programas de apoio emocional às famílias – os únicos que conseguia desenvolver com escassos recursos financeiros e trabalho voluntário.

As diferenças entre os dois tipos de associações (de familiares e de profissionais) e o modo desigual de acesso a financiamentos são dadas por dois relatos nas entrevistas relativamente a objetivos semelhantes – um diagnóstico da incidência da doença mental nas respetivas áreas geográficas de intervenção. A Associação dirigida e composta por familiares pretendeu fazer um levantamento relativo às necessidades médicas e sociais de uma pequena área geográfica da sua cidade. Contou, para o efeito, com o apoio de duas alunas de uma Escola Superior de Enfermagem. Com esse diagnóstico pretendia, em última instância, pressionar o poder político para a necessidade de criar respostas sociais para as pessoas doentes e suas famílias. No entanto, dada a incapacidade de custear as despesas inerentes ao estudo (sobretudo custos relacionados com a deslocação das alunas), este ficou confinado à base de dados do Centro de Saúde, limitando-se a um reduzido número de casos, que se revelou manifestamente insuficiente para o desenvolvimento do projeto inicial.

Pelo contrário, uma Associação de profissionais, atuando na mesma região, cujo nascimento se desenvolveu no âmbito de uma instituição psiquiátrica, cedo conseguiu reunir apoio de entidades diversas ao nível local, regional e central no domínio da saúde e da segurança social para desenvolver um projeto semelhante. Aquando da sua génese, propôs-se realizar um diagnóstico das necessidades das pessoas com doença mental na zona centro do país, tendo para o efeito conseguido financiamento através de um projeto da União Europeia. Esse estudo permitiu chegar à conclusão de que as necessidades mais prementes passavam por apoios ao nível socioprofissional e, consequentemente, por desenvolver projetos e obter financiamentos neste domínio.

A escassez de recursos financeiros é um problema a montante do trabalho das associações, mas também um fator que desencadeia efeitos perversos nos seus modos de intervenção. Os reduzidos orçamentos levam algumas delas a proceder a uma seleção entre os potenciais utentes, escolhendo aqueles que sofrem patologias menos graves, que demonstram possuir uma maior autonomia e que possuem mais recursos financeiros.

Estas opções são tomadas em função não das necessidades das populações a atender mas, sim, dos constrangimentos internos das organizações. Ao selecionarem as pessoas com patologias menos graves e mais autónomas, por um lado, as Associações diminuem os gastos com os recursos humanos (já que existe uma menor necessidade de supervisão dos utentes) e, por outro, reduzem o risco de perda de comparticipações dos utentes, já que os mais autónomos têm uma maior capacidade de manter um emprego remunerado.

Relacionado com a questão das comparticipações dos utentes está ainda o critério, utilizado por algumas Associações, de escolher aqueles que detêm à partida mais recursos financeiros (pensões de reforma mais elevadas, por exemplo).

Deste modo, os grupos mais carenciados são duplamente desfavorecidos – pela sua escassez de recursos e pela ausência de apoios disponíveis – situação que levanta inúmeros problemas ao processo de desinstitucionalização.

> De entre todos os pobrezinhos, vamos escolher aqueles que têm mais dinheiro, o que é uma tristeza, mas é a conclusão... Pronto, é a nossa realidade. Eu não sei..., quando entrevistar as outras instituições, não sei se já lhe disseram isto, ou se vão dizer: «Olha, vamos selecionar quem tem mais condições.» Há uma série de critérios e, pronto, este também é um dos critérios. Mas essa possibilidade [de o doente comparticipar monetariamente] pode também, de um momento para o outro, desaparecer. Por exemplo, se a pessoa está empregada tem essa possibilidade, se perde o emprego... Nós temos situações assim, em que eles estão empregados, depois têm uma crise, ficam desempregados... (Psicóloga, técnica e dirigente da *Associação D*).

A escassez de recursos humanos

Um dos grandes problemas levantados pelas dificuldades financeiras é o das suas implicações ao nível dos recursos humanos. A escassez de recursos neste domínio é uma das principais limitações do trabalho das Associações. Os problemas são de dois tipos: dependência do trabalho voluntário, insuficiência de quadros técnicos.

Quando as Associações dependem essencialmente do trabalho voluntário – como é, predominantemente, o caso das associações de famílias –, a sua vulnerabilidade aumenta muito. O voluntariado é um recurso muito volátil, tanto mais que, neste caso, estamos a falar de pessoas com elevadas sobrecargas ao nível físico e psicológico, sendo elas, maioritariamente, familiares de portadores de doenças mentais.

A dependência do voluntariado compromete grandemente o trabalho desenvolvido pelas associações. Quando não existe disponibilidade dos voluntários, todo um conjunto de atividades pode ficar comprometido, dado que a escassez de meios não permite o recurso a trabalho remunerado. A impossibilidade de recorrer a outro tipo de trabalho que não o trabalho voluntário impede ainda algumas associações de expandir o leque das suas atividades, como nos foi relatado nas entrevistas. Apesar de serem constantemente solicitadas para ampliar o seu âmbito de intervenção, não o fazem por falta de meios humanos e financeiros. Assim sendo, nunca deixam de ser Associações de reduzida dimensão, com escassa capacidade de resposta às solicitações da comunidade e com um elevado risco de extinção.

> Nós reconhecemos que precisamos de profissionais, porque funcionar em regime de voluntariado é tremendamente difícil. [...] Precisávamos de ter uma Associação com outra dinâmica, com outra capacidade de intervenção, com outras estruturas, com quadros profissionalizados a trabalhar para atingir os seus objetivos. Uma Associação como esta, muito importante, não tem o reconhecimento nem a evidência social que deveria ter. Porquê? Porque não tem, como acontece com a *Associação W* [refere-se a uma associação de apoio à deficiência mental], instituições geridas por ela própria, com muitos quadros, movimentando muitos dinheiros, muitos valores, com uma grande capacidade de intervenção social, com apoios significativos porque tem uma obra também muito grande no terreno (Fundador da *Associação A*).

As entrevistas permitiram observar que as associações cuja atividade assenta exclusivamente no trabalho voluntário subsistem à custa da imensa dedicação e de inúmeros sacrifícios pessoais dos seus associados. Estas pessoas somam aos cuidados dos seus familiares o apoio a outras famílias, construindo quotidianos extremamente exigentes, dado que a maioria desenvolve, simultaneamente, uma atividade profissional. Os voluntários disponibilizam trabalho, tempo e recursos materiais pessoais (telefones, instalações, transportes, etc.).

> De todos os pedidos que temos de ajuda, respondemos a todas as pessoas. As pessoas telefonam-nos quando querem e têm as horas que quiserem de conversa ou de desabafo. Não há e-mail nenhum que fique por responder. E não é respondido em três meses. Máximo: 15 dias, porque, como lhe digo, eu não tenho capacidade de dar resposta a tudo tão imediatamente quanto necessário. Eu sou quem está na parte executiva [...]. Somos três pessoas a trabalhar voluntariamente, mas no ativo assim todos os dias sou só eu. [...] E eu posso dizer-lhe que todas as semanas recebemos pedidos de ajuda (Psicóloga, Fundadora da *Associação I*).

Esta disponibilidade total dos voluntários tem, no entanto, custos elevados e os relatos de esgotamento físico e psicológico são diversos. Uma das associações entrevistadas suspendeu entretanto as suas atividades dada a incapacidade de encontrar alguém que assumisse a Direção perante uma situação de doença do seu principal dirigente.

> Eu fui Presidente da Direção desde a Comissão Instaladora até há dois anos. Eu tive um problema de saúde em 2002, depois em 2004 houve uma intervenção, etc. Portanto, a resistência não é assim muita [...]. No último mandato passei

para a função de Presidente da Assembleia Geral e o Presidente, que hoje não me pôde acompanhar, também anda a fazer reabilitação e tratamentos, com um problema de saúde também grave, e é uma pessoa ainda um pouco mais idosa do que eu. [...] Eu desgastei-me imenso ao longo dos anos a bater às portas, a pressionar, a reunir com tudo o que é instituições, tanto aqui como em Lisboa, e nunca tivemos apoios. [...] Eu conseguia ter a instituição a funcionar porque entretanto me tinha aposentado em 1999, agora os familiares com atividades próprias e com os problemas de casa... [...] Amanhã há uma Assembleia em que vamos ver o futuro da Associação. Não há sequer candidatos, não há pessoas interessadas em liderar a Associação, mesmo que seja para manter o quadro das intervenções que temos tido, que continua a ser muito importante, apesar de tudo (Fundador da *Associação A*).

No caso das Associações que não estão dependentes do trabalho voluntário e que conseguiram (sobretudo por via dos acordos de cooperação com o Estado) criar os seus próprios quadros de pessoal, os problemas ao nível dos recursos humanos subsistem. Com efeito, praticamente todas as Associações afirmam que o número de técnicos remunerados não é suficiente para fazer face às exigências do trabalho inerente aos projetos desenvolvidos.

Neste momento, eu não estou como psicóloga, digamos assim, eu não faço um trabalho estruturado de psicologia, que acho que é necessário. Está a faltar esse profissional aqui na instituição, porque eu estou mais com a coordenação dos projetos. [...] E como também estou ligada à Direção, faço contactos com as outras entidades, para estabelecer parcerias para a realização dos projetos que temos e de novos... Está a faltar alguém na área da Psicologia ou então na área da gestão, para me libertar a mim, que não sou dessa área, e que não farei as coisas como uma pessoa ligada à gestão faria (Psicóloga, técnica e dirigente da *Associação B*).

Os constrangimentos ao nível dos recursos humanos são os principais responsáveis por as Associações apoiarem um reduzido número de pessoas. Programas com fortes impactos na inclusão social ficam, assim, seriamente limitados na sua esfera de ação. Por exemplo, o já referido programa "Acompanhamento pós-colocação no mercado de trabalho" tem apenas uma técnica disponível, o que leva a que, anualmente, só consiga acompanhar 10 utentes.

Sintetizando, o perfil de intervenção do movimento associativo revela: em primeiro lugar, a escassa participação de doentes e famílias, a sua vulnerabilidade e fraca capacidade de mobilização; em segundo lugar, uma orientação do trabalho das associações para a prestação de serviços de apoio; em terceiro lugar, uma complexa relação com a esfera pública – na origem das associações, na definição do seu perfil de intervenção, nas modalidades de financiamento. A pesquisa mostra que grande parte das associações surge como forma de colmatar lacunas existentes no sistema público de saúde e de desenvolver respostas que o Estado não consegue assegurar. No entanto, a intervenção da sociedade civil não pode ser encarada como um substituto da ação estatal no que esta comporta de garantia de universalidade e de direitos sociais.

As características das Associações que acima se apresentaram condicionam, em grande medida, o perfil da sua intervenção. A composição social das organizações e a sua reduzida dimensão, a dependência do financiamento estatal e a importância do trabalho voluntário são fatores geradores de potencialidades e de constrangimentos. Por um lado, o trabalho das associações apresenta inúmeras virtualidades, desenvolvendo atividades de apoio a doentes e famílias com estreita proximidade e continuidade. Por outro lado, as suas debilidades funcionais são produtoras de fragilidades que condicionam a capacidade de resposta e limitam as potencialidades de intervenção.

Apesar das limitações enfrentadas, o trabalho das Associações representa um importante contributo na procura de soluções alternativas ao modelo hospitalocêntrico, centrado na resposta psiquiátrica e distanciado das necessidades sociais de doentes e famílias. Constitui-se, assim, como um elemento essencial no processo de desinstitucionalização.

2. Como cuidar? Doença e trajetórias sociais e terapêuticas

Mapeados que estão os principais atores que prestam cuidados às pessoas entrevistadas, é objetivo deste ponto dar resposta às seguintes questões: como se mobilizam e se articulam os atores entre si? Qual o impacto das formas de mobilização e articulação na promoção da autonomia da pessoa com doença mental?

A análise aqui realizada centra-se nas trajetórias clínicas dos indivíduos, tomando como principal referência o momento da sua primeira experiência de institucionalização hospitalar. O primeiro internamento hospitalar revela-se um momento de viragem nas trajetórias das pessoas entrevistadas e das suas famílias e induz uma reconfiguração no tratamento da doença, no cuidado e na morfologia das redes. A análise desenvolve-se, assim, em torno de dois momentos marcados por esse acontecimento: a fase que antecede o primeiro internamento hospitalar – caracterizada pelo desconhecimento da doença, a perturbação e a desordem geradas por comportamentos disruptivos, a incapacidade de encontrar respostas para os problemas, o isolamento pessoal e familiar – e a fase posterior ao internamento hospitalar – analisam-se as causas da institucionalização e os seus impactos nas trajetórias sociais e clínicas, revelando as alterações nos modos de representar e lidar com a doença.

2.1. Antes do internamento: desordem e isolamento

Das entrevistas resulta claramente a ideia de que a reconstituição daquele que se entende ser o momento da génese da doença se constitui como um exercício difícil, complexo, que muito depende da experiência subjetiva de quem o procura fazer. Assim, não raras vezes, em torno de um mesmo caso, descobrimos testemunhos muito diferenciados quanto à atribuição das causas da doença, ao momento cronológico em que esta se manifesta pela primeira vez, bem como ao momento em que é reconhecida efetivamente como doença.

Não obstante a diversidade de versões e situações encontradas, a reconstituição da fase inicial da trajetória clínica – que vai do despoletar da doença até ao seu diagnóstico médico – permite-nos identificar importantes traços comuns relativamente ao modelo de cuidados predominante: a sobrecarga e o isolamento familiar, já caracterizados no ponto anterior deste capítulo, começam por se sentir numa fase prévia ao diagnóstico da doença e definem-se em torno da incompreensão e da intolerância perante a doença.

2.1.1. As primeiras manifestações da doença

Na maioria dos casos estudados, verifica-se ter decorrido um período de tempo relativamente longo entre o aparecimento das primeiras manifestações da doença – comportamentos ditos estranhos, que fogem ao padrão normal de conduta – e o reconhecimento, por parte da família e da própria pessoa, de que essas manifestações traduzem, efetivamente, a existência de uma doença psiquiátrica. Estão em causa comportamentos dos mais variados tipos, que vão desde a apatia, mais ou menos profunda, passando pela fobia ao contacto social e pelo complexo de perseguição, até à agressividade verbal ou física.

Esse hiato de tempo, em muitos casos, chegou a durar vários anos.

> – A minha doença foi-me diagnosticada muito depois de ela aparecer. Ou seja, ela apareceu-me tinha 29 anos e vivi sete anos para aí, sete, oito anos...
> – *...sem saber que a tinha?*
> – ...sem saber que a tinha.

– *Sem ser tratado...?*

– Exato. E a lutar contra ela no dia-a-dia numa luta enorme. E a trabalhar e assim. Era uma luta enorme! E depois tive um episódio mais violento e os médicos então acabaram por me diagnosticar a doença (Alberto).

Tal como revelam os testemunhos que a seguir se transcrevem, a tendência de muitas famílias, durante esta fase inicial, é a de justificar as atitudes da pessoa com argumentos que não questionam a sua saúde mental, mas, antes, a sua personalidade, os hábitos adquiridos, a educação recebida e o contexto familiar e social envolvente. Quando esses comportamentos ocorrem durante a adolescência ou juventude, essas justificações tendem ainda a ser enquadradas e reforçadas com os argumentos da "excentricidade própria da idade", "as más influências" ou "as más companhias".

A doença foi detetada em Lisboa, há aproximadamente dez anos, salvo erro. [...] Até lá, pronto... Portanto, foi quando ele de facto teve uma primeira atitude que foi... que foi... que serviu para... para... para detetar a doença, pronto... A atitude pública, vá lá... pessoal e pública... que permitiu essa leitura, ou esse diagnóstico. Até lá, nós, independentemente da classificação de feitios, por atitudes que teria, uma ou outra de vez em quando, nunca reconhecemos isso como uma doença, muito menos uma doença psiquiátrica, e uma esquizofrenia. [...] Era uma pessoa muito... muito persistente, tinha... Pronto, mas eu não vou... não vou... não... Ou seja, não me cabe a mim, não consigo... Nem consigo dizer que eram sintomas da esquizofrenia, até porque eu hoje vejo quando ele está em estado... mais descontrolado, [quando] não está tão calmo..., pronto, há alguns sintomas da doença, e eu vejo que... associo a muitas atitudes que ele já tinha antes de ser... diagnosticado... (Simão, irmão).

Ele já nessa altura [refere-se à fase das primeiras manifestações da doença] tinha editado... já tinha ganho um prémio qualquer ligado à poesia, com uma edição num livro... num livro e, portanto, porque era um poeta e, portanto, como era um poeta... Porque tudo era válido... tudo era válido... era poeta [risos]. E como nós temos esses... esses padrões... esses mitos [risos] de que a arte está ligada à loucura e ao... ao estranho e... e ao menos... e ao anormal..., aquilo... aquilo para mim era... com certeza fazia parte e, portanto, ele era assim e eu não era nada assim, eu... eu era o oposto, era muito certinho, aliás, a forma como... como a minha vida progrediu foi... foi... foi mesmo a diferença total, o outro lado... o outro lado, os 180°, não é? (Henrique, irmão).

Os dois irmãos, uma irmã mais nova e um irmão mais velho, que na altura viviam os três com a mãe, também [não conseguiam] compreender aquela problemática, porque a doença mental para eles é uma realidade completamente desconhecida, e consideravam mais a hipótese da droga, aliás mais gente, até a própria mãe, e falta de disciplina, a falta do pai, ausente há uns anos lá de casa (Afonso, pai).

– *E a Dona Irene e a outra sua irmã detetavam alguma coisa de diferente nela?*
– Não, senhora doutora, nunca lhe notei nada. Notei sempre que ela foi muito mais mimada, pronto, por mais pequenina, porque havia diferença de... Eu e a minha irmã, tenho dez anos de diferença dela e tenho quatro da outra. Portanto, ela era realmente uns anos mais... É mais nova do que a outra seis anos. Ela foi sempre mais mimada... mais pequenita, pronto, aquele género... (Irene, irmã).

– *Dona Laurinda recorda-se de [a sua irmã], já na infância, ter determinados comportamentos...?*
– Não, [ela] não era assim. Não... Era isso que eu ia dizer à sôtora: não, não era assim. Por isso é que na altura nós até achámos que foi um bocado, isso... porque foi numa altura em que ela andava no Ciclo que ela, de repente, começou a deixar de dormir, e a dizer que via bichos na parede. Na altura, nós, como foi aquela altura em que vieram para cá os drogados, o que é que nós pensámos? Que lhe tinham dado... Pronto, a nossa ignorância, não é? Que lhe tinham dado alguma coisa de droga, ou qualquer coisa, e que depois aquilo lhe afetou o cérebro (Laurinda, irmã).

– *Quando é que começaram a aparecer os problemas...?*
– Nós estávamos os dois no décimo ano, portanto tínhamos dezass... ele... eu tinha dezasseis. Ele já devia ter dezoito. Mas antes disso já havia bastantes problemas em casa, não é? Ele chumbou várias vezes, chumbou três anos. Havia muitos problemas de disciplina em casa, muitas discussões... Também é engraçado, ele... o meu irmão foi toxicodependente, não é? Também começou muito cedo... [...] O meu pai sempre teve uma obsessão muito grande pelo meu irmão. Talvez por ser o primeiro filho e rapaz ou porque razões seja. Ele sempre foi muito, muito pegado ao meu irmão. O meu irmão sempre foi muito protegido pelo meu pai. No... no... Ele podia fazer as asneiras que quisesse que nunca era castigado, nunca... Aliás, eu lembro-me muito bem de... de eu fazer queixa ao meu pai: «olha, [ele] fez isto ou fez aquilo» e... e a resposta era sempre: «ó [filho]... [utilizando o diminutivo do seu nome]» [risos], pronto. Hum... Isto só para ilustrar que havia uma proteção extrema e não é de eu... já naquela idade...

já naquela altura, sendo mais nova, via isto e toda a gente via, toda. Toda a gente percebia que havia ali qualquer coisa em demasiado. [...] Mas nunca foi levado muito... muito por mim. Nunca... nunca dei muita importância. Era assim e era assim. [...] Depois seja porque motivo for... que tenha sido na altura... Ele dava-se com duas ou três pessoas... dois ou três rapazes lá da rua e depois, a partir de uma certa altura, houve uma quebra completa com estes e passou a andar com outros. Foi nesta altura que... agora, suponho eu, por coisas que ele diz e tal, que começou com a droga (Teresa, irmã).

Não sendo o perfil mais comum, casos há, por contraposição aos descritos anteriormente, em que entre a manifestação dos primeiros sinais de doença e o seu reconhecimento decorre um período muito curto de tempo. Trata-se de casos em que a doença inaugura os seus sintomas com episódios de crise aguda, por vezes com contornos de grande violência. Em virtude da ausência ou relativa ausência de indícios prévios, a família é, então, apanhada pela surpresa e pelo choque, desarmada para enfrentar a nova situação.

Em 1987, aproximadamente, é diagnosticada uma esquizofrenia no meu filho, na altura com 17 anos. Ele vivia com a mãe, vivia e vive com a mãe, da qual eu estava separado já há 12 anos, desde 1975, mas que, obviamente, tive que acompanhar de perto, a situação de perto. Curiosamente, eu estava a fazer férias com ele, no Algarve, e foi lá que se manifestou a doença. Quer dizer, atitudes muito estranhas, etc., etc., etc., um discurso incoerente... Mas isto num espaço de poucos dias, porque ele já nos acompanhava... Do meu primeiro casamento, era o mais novo e ele gostava muito de estar connosco e, inclusive, ia connosco para férias... A incoerência no discurso foi de tal ordem... Uma viagem tormentosa do Algarve de regresso a Coimbra... foi logo de imediato que fui ter com um psiquiatra que determinou imediatamente o internamento [do meu filho], com um diagnóstico claro de esquizofrenia hebefrénica, que é uma situação dentro da esquizofrenia..., uma área que é a do prognóstico mais grave (Afonso, pai).

Diferenciam-se estas situações das anteriormente descritas pela violência do despoletar da doença, que leva a família a assumir instantaneamente a sua gravidade, conduzindo de imediato a pessoa para o acompanhamento médico devido. Nestes casos, o internamento avista-se, de imediato, como a resposta urgente. De resto, é de sublinhar que neste tipo de situações o itinerário de acompanhamento clínico encetado a partir do primeiro internamento é em tudo semelhante àquele que adiante se descreverá para as situações mais típicas. Ou seja, o tratamento médico, com os seus avanços e recuos, tende a centralizar-se na instituição hospitalar.

A dificuldade em reconhecer os comportamentos invulgares como sintomas de uma doença é tanto maior quando se associam à doença (*a priori* ou *a posteriori*) problemas com drogas ou com álcool. Nesses casos, a dificuldade de reconhecimento decorre, em grande medida, do predomínio de uma explicação aparentemente óbvia, que descarta a procura de outras explicações para a mudança de comportamento da pessoa e, por consequência, a procura de outros tratamentos que não apenas os direcionados para essas dependências. Com efeito, nestes casos, é frequente os esforços da família serem canalizados durante largos anos para esse tipo de terapias, sendo que os resultados, quando existem, tendem a ser temporários.

> Pronto, eu nunca tive a noção de que ele tinha esquizofrenia! Eu nunca tive, porque eu vi-o sempre normal. Ele fazia esses distúrbios, mas no resto era normal sempre! Ele fazia... Quando... quando fazia alguma coisa, fazia bem... Ele quando estudava, estudava bem... Pronto, eu nunca... eu nunca quis acreditar que ele tivesse essa doença. Que tivesse essa... a esquizofrenia... [Os distúrbios que ele fazia] associei sempre... sempre mais... à droga e não à doença... [Uma vez apanhei-o] a comprar droga... foi quando a polícia me chamou lá abaixo. Foi aí que nós tivemos a certeza que de facto que ele se metia na droga. E a partir daí tentámos a desintoxicação e... e nunca mais se deixou de ter tratamento. Nunca mais se deixou de ter tratamento. Foi aí até aos vinte e quatro, vinte e cinco anos, foi tratamento só antitóxicos quanto... quanto à droga (Aníbal, pai).

As famílias produzem uma normalização da desordem produzida pelos sintomas da doença, sustentada em justificações que sobrevalorizam as características da personalidade, a educação recebida, e o contexto social envolvente. A "naturalização" dos comportamentos da pessoa doente leva a que estes deixem progressivamente de ser encarados como invulgares para passarem a ser vistos como parte integrante do dia-a-dia.

Esta *adaptação* da família às primeiras manifestações da doença resulta em dois tipos diferenciados de estratégias: a passividade e inação, sem a tomada de qualquer tipo de medidas; a ação desadequada, resultante do desconhecimento e da impotência perante os problemas e que, não raras vezes, potencia efeitos negativos, designadamente, a agudização da situação clínica, dos conflitos entre a pessoa doente e a família e da sobrecarga familiar.

O caso que a seguir se mostra é um exemplo de passividade da família perante a manifestação continuada de comportamentos anómalos. As primeiras manifestações da doença (esquizofrenia), embora sendo consideradas problemáticas, foram integradas pela família como fazendo parte de características e opções individuais sobre as quais não era legítima qualquer intervenção. Diz um dos irmãos:

> – Eu não identificava a doença, mas apercebia-me de que havia uma degradação de vida. Mas era opção dele, quer dizer não via... não via isso como doença, era uma opção dele. Que eu ia intervir era na opção dele, como era opção do M... ou como foi opção do M [o outro irmão de ambos], em determinada altura, ter determinado tipo de atitudes e de gestos... Não... não... não vi isso como... como razão de eu estar a intervir, até porque ele não deixaria, eu não interviria porque achava que não devia intervir, e julgo que ele também não deixaria. Melhor: eu pensaria que ele não deixaria, pela razão... não por ser doente, mas, de facto, porque eu estava a intervir naquilo que não devia intervir.
> – *Por isso não houve tentativas?*
> – E, portanto, não houve tentativas da minha parte, não houve qualquer tipo de tentativas, julgo que da minha parte e que também não houve dos outros, tentativas de... de alterar aquilo que... era a vida dele (Henrique, irmão).

O caso de Paulo, pelo contrário, revela a procura incessante e infrutífera de soluções, por parte do seu pai, para resolver os continuados problemas levantados pelos seus comportamentos de dependência e de violência. Até ao momento em que Paulo foi internado, o pai desenvolveu estratégias de contínua vigilância sobre o filho, tentando evitar situações de conflito. A estratégia não evitou, no entanto, que Paulo se envolvesse, repetidas vezes, em situações problemáticas, designadamente com a polícia. As tentativas de controlo paternal agudizaram os conflitos entre ambos e fomentaram atitudes de enorme agressividade e episódios de violência dirigidos ao pai. A estratégia prosseguida teve, ainda, impactos muito negativos na vida pessoal do pai. A sobrecarga resultante do cuidado continuado e da constante vigilância teve consequências desastrosas na sua atividade profissional, vida relacional e na sua própria saúde mental.

É nesta fase inicial de manifestação da doença que se inicia o fechamento social identificado no ponto anterior. A família mantém os sobressaltos quotidianos sob reserva, tenta manter uma aparência de ordem perante a desordem vivida, não a partilhando com elementos exteriores ao núcleo familiar restrito. Conforme os relatos indicam, o fechamento da família sobre si mesma constitui-se como uma estratégia de enfrentamento da incompreensão e intolerância por parte de quem se encontra do lado de fora. A tendência é para este fechamento se manter nas fases sequentes, mesmo depois de a doença ter já sido clinicamente diagnosticada.

> – *O Senhor Aníbal, portanto, procurou alguma reserva junto de outros familiares?*
> – Eu procurei reserva, porque embora tentasse informar de início a família... mas não compreendiam.
> – *E quando diz a família, está-se a referir a quem?*
> – Tenho irmãs, tenho irmãs. Sim, [estou a referir-me] mais a elas. Porque não... Pronto, não, não faziam ideia... não fazem ideia do que é uma doença destas... Havia quem dissesse que eram maus hábitos, que nunca se ensinou a fazer nada e que se lhe deu tudo e não sei que mais e tal [...]. Mantive sempre [muita reserva]. Isso ainda... ainda hoje, ainda hoje não se...
> – *Na altura, não partilhava com as pessoas o que se estava a passar?*
> – Aa... muito pouco. Muito pouco, porque... Pronto, eu não sabia se de um momento para o outro ele próprio ia conviver com eles e tal... E para não... Porque... aa... há pessoas que não... não... não lidam bem com estas situações. Não aceitam ou vêm-nas mal, não é?
> – *Está a falar das doenças psiquiátricas?*
> – Psiquiátricas e da droga. Porque... porque lá nunca ninguém... e na família não falam em doenças psiquiátricas. É a droga, é a droga. Foi a droga. Mais nada. Pronto.
> – *Ou seja, ninguém vê no Paulo uma pessoa com uma doença psiquiátrica?*
> – Não, não, não.
> – *Isso faz com que o responsabilizem mais, é isso?*
> – Sim, sim. Pois, está claro. Se eu tento dizer que ele tem alguma deficiência, não... Foi a droga, não é mais nada. Pronto, eu prefiro não dizer nada (Aníbal, pai).

Paradoxalmente, não obstante esse fechamento, é do exterior que vem muitas vezes o alerta para a estranheza dos comportamentos da pessoa e consequente necessidade de encaminhamento médico. É perante a pressão externa que algumas famílias despertam, finalmente, para a gravidade da situação e o reconhecimento de uma doença que urge ser tratada.

> – A namorada do meu irmão mais novo, que é agora a atual mulher, a minha cunhada, falou ao meu irmão [nessa altura] que eu devia recorrer a um psicólogo ou a um psiquiatra, porque não era normal eu estar nessas condições e

não passar de ano e estar ali em casa... pronto. Foi ela até a primeira a alertar o meu irmão.
– *A formação dela era a mesma que a do seu irmão? Medicina?*
– Medicina também, era colega do meu irmão. E o meu irmão achou por bem marcar uma consulta com um professor dele, psiquiatra, para ver como é que as coisas se iriam desenrolar e o que é que eu dizia, e o que é que ele... E os conselhos que me iriam dar e a medicação e essas coisas todas (Iolanda).

Noutros casos, porém, não só não se atende à avaliação vinda de fora do núcleo familiar restrito como essa avaliação se torna motivo de conflito, que, no limite, chega mesmo a conduzir à rutura do relacionamento. Assim, os efeitos da doença ainda não diagnosticada vão para lá da relação da pessoa entrevistada com a sua família, estendendo-se à relação entre os membros da família e à relação com a rede social mais ampla. É disto bem revelador o testemunho de Clara, irmã de uma entrevistada com diagnóstico de esquizofrenia. Nele se revela, ademais, a importância de que se reveste, nestas situações, a presença de um agente mediador, exterior ao conflito.

– Até na rua falava sozinha... Eu comecei a ver essas situações... E fui falar até com o senhor Y, [na altura marido dela] e ele dizia que ela estava bem. E eu sabia que não. Portanto, aí tínhamos opiniões diferentes. E portanto, houve assim...
– *A dona Clara terá sido das primeiras pessoas a tomar uma iniciativa, no sentido de...?*
– Eu tive que ir falar com a namorada do meu sobrinho para ela me ajudar... Foi ela que me ajudou, porque eles não... Achavam que... Não queriam que ela fosse internada, porque era uma situação muito violenta, que ela não queria. Mas ela não... Ela não estava com capacidades para pensar por ela mesma... para decidir... Tinha que ser alguém a decidir...
– *Então, foi a dona Clara que diligenciou o internamento?*
– O internamento, não, mas pelo menos fui falar com a menina, para ela me ajudar... Eu não a conhecia, a menina, mas achei que ela...
– *Já tinha tentado falar com eles? Com [o marido e o filho dela]?*
– Já. E não fui bem recebida. Não fui bem recebida. Já há anos atrás, os meus pais queriam... A minha mãe foi falar com o senhor ao emprego...
– *Com quem? Com o marido dela?*
– [Sim] e ele não quis nem sequer... Foi fazer o contrário, aquilo que não se pode fazer... Foi dizer-lhe a ela que [a] queriam internar. Portanto... Que não se pode dizer a uma pessoa assim. Portanto, os meus pais foram falar... A minha mãe e o meu irmão mais velho foram falar com o senhor [o marido dela] para

que ele nos ajudasse a interná-la. E ele, o que foi fazer, foi... estragou, pronto, a situação porque foi dizer que os pais queriam fazer aquilo... Ele nunca mais entrou em casa dos meus pais. Nunca mais comeu o que quer que fosse lá em casa. Portanto, e ela revoltou-se...
– *E a conversa que a Dona Clara teve com a namorada do seu sobrinho resultou, então? Foi nessa sequência que ela foi internada? Portanto, ela terá convencido...?*
– Sim, sim. Foi só assim que consegui. Porque [ela] não deixava... a família... Ela não se aproximava da família. Ela portanto... Isto já foi...Os meus pais quiseram interná-la, aqui há uns anos atrás... E ela a partir daí... Como ele [o marido] lhe foi contar a intenção dos meus pais..., ela revoltou-se contra... contra a família.
– *Contra os seus pais e irmãos?*
– ...e irmãos (Clara, irmã).

À dificuldade de reconhecimento precoce da doença pela família, acresce uma outra, a qual, em geral, se arrasta por muito mais tempo e tende a constituir-se como um dos maiores entraves à intervenção clínica: a negação da doença e da necessidade de tratamento pela própria pessoa com doença mental. Nesse caso, o maior obstáculo a transpor é essencialmente convencer a pessoa a receber cuidados de saúde adequados.

A incapacidade para ultrapassar esse obstáculo conduz ao adiamento indefinido do início de um tratamento, que se prolonga, em geral, até ao momento (por norma muito distante do início dos primeiros sinais da doença) em que uma crise aguda leva a um primeiro internamento hospitalar. Só a partir de então, com avanços e recuos, se enceta um tratamento adequado ao diagnóstico de doença mental.

2.1.2. A busca incessante de soluções

A fase que antecede o primeiro internamento hospitalar é errática e envolve uma busca incessante de soluções, na esfera formal e informal, de moto próprio ou com o apoio de profissionais médicos. As diligências tomadas e as estratégias desenvolvidas são múltiplas, nem sempre bem informadas, algumas vezes duvidosas do ponto de vista ético. A família é a protagonista, quase sempre solitária. A pessoa doente, os seus direitos e a sua autonomia são, muitas vezes, esquecidos, ultrapassados pelo desespero familiar.

Portanto, houve uma fase em que a minha mãe ia lá a casa [dela] todos os dias dar-lhe o jantar e pôr-lhe umas gotas que aconselharam a pôr-lhe, a ver se, pronto, se ela... Punham-lhe na sopa para ver se ela ficava mais lúcida... Foi o

> que foi aconselhado pelo médico de família. Ela não sabia. Portanto, mas mesmo assim, quando desconfiou não quis mais a ajuda da minha mãe, não quis... não quis ir ao médico, deixou de ir a casa dos meus pais. Ela não entrava em casa dos meus pais (Clara, irmã).
>
> Era sempre [o meu pai] que lidava com os médicos. Com... com os médicos, com a medicação... Havia vezes que... Isto é confidencial... Houve medicação que o meu irmão tomou sem saber. Era o meu pai que lá lhe... colocava a medicação na comida ou o que fosse. Na sopa... [risos]. [...] Já não me lembro por que razão era... que houve essa necessidade, de lhe dar medicamentos sem ele saber. Mas já não me lembro porquê. Não sei se era ele que se sentia... Hum, não sei... Que sentia algum efeito que não gostava e não queria tomar... (Teresa, irmã).

Nesta fase inicial – como, de resto, nas posteriores – os serviços de cuidados primários detêm um papel muito residual. Nos poucos casos em que estes surgem na trajetória terapêutica, o recurso tem um caráter pontual, esporádico, a partir do qual não se consegue uma resposta contínua ou um encaminhamento efetivo para outras soluções terapêuticas, designadamente as do foro hospitalar.

A ausência de um papel relevante dos serviços de cuidados primários nesta primeira fase da doença fica a dever-se, em grande medida, à resistência da própria pessoa ao acompanhamento. “Empurrada” para o médico de família, com quem, em muitos casos, não tinha uma relação prévia, a pessoa facilmente se recusa a cumprir o tratamento médico prescrito e a regressar à consulta. Conforme mostram alguns testemunhos, transfere-se frequentemente a relação conflitual existente na esfera doméstica para o espaço terapêutico. No centro dos problemas surgem as mesmas questões: o equilíbrio entre a urgência de um tratamento clínico e o respeito pela autonomia individual. A toma de medicação desempenha aqui um papel crucial.

> Com o meu médico de família aborreci-me com ele duma maneira, porque se ele não aceitou... Eu que dizia que me fazia mal [o medicamento que me tinha receitado] e ele a querer receitar-me, não ouvindo... não ouvindo aquilo que eu estava a pedir. Deixei de lá ir. Não respeitou a minha decisão. Eu é que tomo, sou eu é que sinto, sou eu é que vejo quem é que eu sou, a tomar os medicamentos, não era ele. Nunca mais lá fui. Não é um bom médico, não é respeitador, não... Para mim, não foi. Insistiu em que eu tomasse o mesmo, a dizer que aquilo não me fazia mal... Irritei-me! (Cândida).

No conjunto das pessoas entrevistadas, mais comum do que o recurso aos serviços de cuidados primários é o recurso a consultas de psiquiatria na esfera privada. A conjugação de diferentes fatores justifica a opção pelos serviços privados de saúde, que, sendo mais comum entre as famílias detentoras de maiores níveis de recursos económicos, não deixa de se verificar igualmente nas famílias com menos recursos (à custa de grandes sacrifícios): em primeiro lugar, a ausência de reconhecimento de competências nos cuidados primários (personificados pelo *médico de família*) para tratar este tipo de problemas de saúde. Em segundo lugar, o elevado tempo de espera para consultas de psiquiatria na esfera pública. Em terceiro lugar, o estigma associado aos departamentos de psiquiatria dos Hospitais Gerais e aos grandes Hospitais Psiquiátricos, do qual a família procura proteger-se e à pessoa doente e, consequentemente, a maior facilidade em convencer a pessoa a aceitar tratamento num consultório privado, onde se espera obter uma maior reserva e uma maior garantia de anonimato, reduzindo a possibilidade de discriminação e estigmatização.

Os discursos de Aníbal e de Afonso confirmam a relevância deste último fator. O primeiro fala da sua própria experiência enquanto pai, o segundo fala da sua experiência enquanto ex-dirigente de uma Associação de Apoio a Famílias, onde ganhou uma noção mais ampla da realidade a este nível.

> – *Apoios no hospital, nessa primeira fase da doença, não os procurou? Não pensou nisso?*
> – Não, ele não queria. Ele não queria vir para o hospital. Tinha que... Ele não queria. Tinha que ser mesmo lá fora, nos particulares (Aníbal).
>
> Eu já me desloquei a montes de famílias, para ter uma intervenção com os pais, com os irmãos, com os próprios doentes e por isso conheço bastante a realidade... parte desta realidade. Porque há muita gente, muitas famílias com receio até do estigma que recorrem a médicos privados e que tratam das coisas muito a nível particular, mesmo com instituições particulares e, portanto, não têm visibilidade (Afonso, pai e ex-dirigente associativo).

O percurso terapêutico na esfera privada é, de um modo geral, marcado por uma mudança contínua de profissionais e de fármacos, que nunca parecem ter impactos eficazes. Nos testemunhos recolhidos, essa ineficácia é comummente atribuída à relutância da pessoa em seguir o tratamento farmacológico prescrito, seja pelos efeitos secundários produzidos, seja pela persistente recusa em aceitar que está doente. A circulação por múltiplos médicos psiquiatras, em consultas privadas, corresponde a uma busca incessante da família para encontrar a solução que finalmente surta o efeito desejado. O tratamento farmacológico desempenha aqui um papel central. Diferentes profissionais clínicos representam diferentes medicações. As famílias anseiam pelo fármaco que a pessoa doente aceite tomar, lhe devolva o desejado equilíbrio e reponha a ordem familiar.

Esta busca é, na maioria das vezes, infrutífera e solitária. Dada a escassez de outros apoios e a solidão na prestação dos cuidados, a família torna-se dependente da esfera clínica. O consultório psiquiátrico é a única porta aberta, o único interlocutor disponível.

> Houve uma fase, isto quando ele tinha dezassete, dezoito anos, em que ele esteve em casa uma série de vezes, não saía de casa. E ele antes de estar doente tinha-me pedido essa moto. Uma DT. E eu, na altura, para o tirar de casa prometi-lhe tudo: «Compro-te a mota». Ele não queria. Eu trouxe uma revista de motas para casa, ponho lá em cima da mesa... [ri-se]. Às tantas ele pôs-se para ali a olhar para aquilo horas e horas... Disse-me: «Compra-me a moto». Eu fui a correr ter com o médico. Digo-lhe: «Ó doutor, ele agora quer uma moto». A gente não tinha outra maneira de o meter no hospital, o médico foi assim: «Olhe, compre-lhe a moto, também pode acontecer que não seja muito grave o acidente, é a maneira de o meter no hospital» [ri-se]. Não sabia como fazer e foi assim (Aníbal, pai).

A dependência da psiquiatria privada é frequentemente acompanhada por uma avaliação negativa do acompanhamento que esta provê. Doentes e familiares veem-se reféns de rotinas e terapias que não apresentam progressos, não promovem a autonomia e não minimizam os impactos da doença nas suas vidas.

> Quando cheguei ao psicanalista, estranhei logo na primeira e na segunda sessão que ele não falava. Sentávamo-nos em dois sofás, lateralmente. Eu tinha um bocado ainda aquela ideia... Eu tinha ainda aquela ideia do sofá. Não, sentávamo-nos lateralmente e... e pronto. E confesso que fui a dez sessões e desisti... e desisti porque... confesso que não vi... não vi e não senti... [pausa]. Pode ser que os efeitos tivessem vindo a longo prazo, eu não sei, eu não sei... O que é um facto é que não gostei e pareceu-me... que, a certa altura, o psicanalista começava a dizer aquilo que eu queria. E vou mais longe: eu agora, estes cinco anos, como conheci vários psiquiatras, parece-me que, a certa altura, o psiquiatra diz muito daquilo que nós queremos ouvir. Provavelmente, provavelmente. Se nós queremos ouvir que as coisas são pretas, ele diz: «Ah, mas sabe que a maioria das coisas são pretas e tal» (Vasco).

– Encontrei médicos bastante... comerciais! Lá fora. Lá fora. [Com] um à-vontade muito grande. Eu aparecia à porta do consultório: «Não se preocupe que isso não é nada. Entra logo isto e tal...» Bom... [ri-se]
– *Mas, na verdade, não ajudavam?*
– Aa... Não... Não, não... Hum... Caiu-se numa rotina que nunca mais se saía dali... (Aníbal, pai).

De um modo geral, os primeiros passos no sentido do tratamento não contemplam a procura de outros profissionais para além dos médicos psiquiatras, nem a procura de suporte em outros espaços terapêuticos, como Associações ou IPSS (Caldeira, 1979). Estão assim ausentes, nesta prolongada fase inicial, atores como os psicólogos, terapeutas ocupacionais e técnicos de serviço social, com competências diferenciadas das dos psiquiatras, que, quando articuladas entre si, potenciam uma intervenção mais completa e integrada, com repercussões nas várias esferas da vida da pessoa com doença mental e da própria família.

2.1.3. Os efeitos da intervenção tardia

Caracterizando-se a fase inicial da doença pela ausência de um diagnóstico clínico e de um acompanhamento terapêutico adequado, a tendência é para que a doença se agudize rapidamente, associando-se uma elevada degradação da vida da pessoa e da sua família.

Um dos efeitos que mais cedo se manifesta é o desleixo com os cuidados de higiene pessoal e com o espaço doméstico. Com efeito, com o passar do tempo, e sobretudo nos casos dos entrevistados com esquizofrenia, práticas tão simples como a toma diária do banho ou a manutenção de uma organização mínima no ambiente doméstico deixam de fazer parte da rotina, tornando-se motivo frequente de conflitos familiares. Perdem-se também, com frequência, hábitos de vida saudáveis, como uma disciplina no sono e na alimentação.

A minha mãe não se preocupava com nada. Nem [com] a roupa, nem [com] o filho... Nada, nada, nada... Tomava banho, porque a gente tinha que lhe dizer para ela tomar banho. E o Y [na altura marido dela] tinha que lhe dar alguma coisa, ou dinheiro ou assim, para ir comprar o tabaco... Tinha que a chantagear. Porque ela chegou a um ponto que já nem tomava banho nem nada. O Y: «Queres dinheiro? Queres ir comprar tabaco, ou assim? Vai tomar banho, ou assim...» Porque senão... não, não dava... E depois o Y fazia isso... Ui! Havia discussões! (André, filho).

> Chegou a ponto de ela se recusar, por exemplo, a comer... Não comia... Estava magra, magra... Portanto, achava que... Pronto, não sei o que é que se passou na cabecinha dela, mas sei que ela quase que deixou de comer. Ela não se alimentava... Só fumava! Fumava muito e bebia café. Portanto, era a primeira alimentação da manhã e depois não comia. Ela houve uma altura que só se via os ossos. Ela pesava quarenta, nem quarenta quilos (Clara, irmã).

> No outro dia estive 36 horas sem dormir. Trinta e seis horas sem dormir. E só fui para a cama porque a minha mãe me disse... obrigou-me a dormir. Deu-me um comprimido para eu dormir. Senão, eu tinha ficado acordado mais tempo. [...] Estou bem, não me apetece ir deitar. A minha mãe é que disse: «Oh Júlio, já viste há quanto tempo é que tu estás sem dormir? Trinta e seis horas» (Júlio).

Para muitas pessoas entrevistadas, o desenvolvimento da doença traduziu-se numa significativa perda de competências cruciais para o desenvolvimento de uma rotina quotidiana e para a manutenção da autonomia individual. Por exemplo: conduzir o veículo automóvel, tomar um transporte público, fazer compras, preparar as refeições e gerir o orçamento pessoal ou familiar.

> Nos primeiros cinco anos, seis, aqui em Coimbra, quando acordava de noite, não sabia onde estava. A gente quando acorda de noite começamos a localizar-nos. Começamos a localizar-nos na orientação das janelas, na rua. E eu não sabia onde estava, pensava que estava em Lisboa, outras vezes nem sequer sabia. Acho que isso tem a ver com a capacidade de adaptação que eu perdi. Isso tem a ver também com a perda da capacidade de orientação. Eu perdi muitas coisas, muito disso assim que me surgiu a doença. Houve um período em que eu me meti no carro e dei a volta pelo país inteiro de carro. E nunca me perdi. Poucas vezes me servia do mapa, sabia sempre orientar-me. Depois perdi essa faculdade. [...] Ainda hoje em dia, tenho muita dificuldade em orientar-me. [Mesmo com a medicação] da nova geração, inclusive. Tenho alguma dificuldade em orientar-me. Por exemplo, de carro, percorro sempre as mesmas ruas, as de Coimbra, não arrisco muito, não... Não me consigo mesmo orientar. [Não vou para sítios] que não conheço (Alberto).

> Tenho medo de me perder no *Shopping*. Ainda no outro dia fui mais a minha irmã ao *Shopping*. Tive medo de me perder lá dentro e depois não saber onde é que é a entrada, onde é que é a saída. Ainda não estou... Ainda não estou bem [...]. [Já] vou de autocarro, mas vou sempre aflita. O andar no autocarro, com muita gente, houve um tempo que eu não conseguia (Cândida).

A Delegação de Saúde [tirou-me a carta] em virtude de uma queixa do meu pai. Pronto, andava completamente descontrolada. Agora, vou ver se faço testes psicotécnicos para ver se tenho reflexos para voltar a conduzir, depois de ter ido a uma Junta Médica, agora, em novembro. Agora, vou fazer os testes na próxima semana a Lisboa, vamos lá ver (Iolanda).

A gestão do dinheiro torna-se um problema grave para algumas pessoas com diagnóstico de doença bipolar, e isto em virtude da tendência para o consumo excessivo nas fases de euforia. Registam-se vários casos de pessoas que contraíram dívidas de tal forma elevadas que chegaram ao ponto de esgotar as poupanças que tinham, de terem que recorrer a empréstimos bancários ou solicitar a ajuda da família para não incorrer em incumprimento.

É assim: financeiramente [a minha mãe] tem-me ajudado bastante, porque fiz uma asneira com o cartão Jumbo e foi ela que pagou. Foram dois mil euros que arderam. A minha mãe é que pagou. [...] Infelizmente, todas as dívidas que eu fiz, a gente não podia pagar e foi a minha mãe que pagou (Matilde).

Eu cheguei a dar cabo do *plafond* do cartão de crédito... De... de... do meu marido ter que levantar quase seiscentos contos do empréstimo e hoje estou a pagar cento e vinte euros e custa-nos a pagar, mas ele também nunca criticou (Helena).

A ausência de um tratamento precoce da doença agudiza sintomas como a perda de competências relacionais. Progressivamente, perdem-se capacidades de interação com os outros, o que contribui para agravar o isolamento. Conforme dão conta os excertos que se seguem, práticas anteriormente banais, como ir ao café do bairro, tornam-se motivo de angústia e são abandonadas. Estes fatores contribuem decisivamente para a redução das redes sociais e o confinamento relacional à família restrita, que atrás se descreveu.

Eu andava sempre com um aperto no coração horrível. Eu ia ao café... ao café..., só conseguia dizer: «Queria um café» ou «Queria um descafeinado». Não conseguia dizer mais nada. Tinha medo que as pessoas falassem comigo, porque eu não conseguia falar. Estava sempre muito angustiado e muito fechado dentro de mim. Parecia que tinha uma pedra dentro de mim... [gesticulando] (Paulo).

Com a doença, fomentei mesmo [um] isolamento. É. Sentia-me desconfortável e, ainda agora, muito desconfortável com as pessoas às vezes (Alberto).

Só queria estar era... estava bem era no sofá. Não queria ver ninguém, queria estar isolado. Sozinho... Mais ninguém (Francisco).

Com repercussões no fechamento da rede familiar e social, o agudizar da doença traduziu-se, nalguns casos, na ocorrência de comportamentos mais ou menos violentos, quer verbais, quer físicos. Nestes casos, o esgotamento emocional, a incapacidade de lidar com tais situações ou simplesmente a incompreensão e a intolerância levaram a que algumas pessoas da rede social da pessoa com doença mental optassem por se afastar de forma mais ou menos permanente.

Ela tem duas irmãs. Segundo me parece, todas elas acabaram por se incompatibilizar com a mãe e, sucessivamente, também com ela. Porque ela, face à sua doença, também nem todas as pessoas a suportam, porque tem momentos em que é de agressividade verbal. E, depois, nem sempre fala verdade nessas alturas, e gerou-se, creio eu..., portanto, uma animosidade familiar muito grande, em que a família optou por se apartar (Florbela, vizinha).

– *Ela nunca a procurou, desde que se afastou dela há mais de 30 anos?*
– Procurou-me uma vez aqui. E eu disse-lhe que não me voltasse a procurar que eu não quero...
– *O que é que ela lhe queria?*
– Não sei, senhora doutora! Não me pergunte que eu não sei.
– *Foi há quantos anos, lembra-se? Mais ou menos...*
– Sei lá... não faço ideia. Alguns seis, sete. Não sei.
– *Como é que a achou, nessa altura?*
– Infelizmente o aspeto dela é sempre péssimo. Vi-a aí fazer um dia um escândalo de terror, deitada aí no chão a gritar pela rua. Esteve aqui nesta zona. Depois foi para aí, foi quando foi para o centro comercial fazer lá o que fez. Ela quis bater ao meu pai lá – segundo a minha [outra] irmã me disse, que eu não assisti lá a nada (Irene, irmã).

Ao mesmo tempo que comprometem a configuração da rede social, os comportamentos agressivos têm impactos fortes na inserção profissional das pessoas com doença mental. A perda do emprego ou a perda da capacidade para desenvolver uma ocupação, seja ela remunerada ou não, são uma das repercussões da manifestação da doença.

Fui ajudante de motorista numa firma de entrega de gás ao domicílio. E... [pausa prolongada] estive lá até me ser diagnosticada a doença. Até muito tarde, passei lá sete anos, sei lá, ou que foi... Sete anos, não... cinco, seis. Cinco, seis, talvez. [...] Aliás, não... Espere lá. Eu já não me lembro das datas... Mas pronto, ainda lá trabalhei alguns anos, nessa firma. Porque eu, primeiro, fui ajudante de motorista, depois fui para motorista mesmo. E andava sozinho praticamente. Era. Na carrinha. E fazia de motorista e de ajudante. E pronto, passei lá muitos anos até me ser diagnosticada a doença [em 1999], tinha eu 35 anos ou coisa assim do género. Portanto, passei... Trinta e cinco, 36. Pronto, passei dos 29 aos 36 sem estar medicado, sem nada; sem apoio, sem orientação médica. Desde os 29 até aos 36. Isso numa... Tornava-me conflituoso. Eu abandonei o trabalho porque estava a ser muito conflituoso, abandonei o trabalho (Alberto).

– A minha mãe trabalhou sempre... Já não trabalha há seis anos, para aí...
– *A doença incapacitou-a para o trabalho?*
– Ah, sim, sim, claro. Isso... lógico. A minha mãe... Ela chegou a abrir aqui [em nossa casa] um salão de estética. E... e pronto, começou a discutir com as clientes e elas começaram com conversas e diálogos estranhos e... só histórias tristes, pronto... Eu chegava a casa e depois as pessoas falavam comigo: «olha que a tua mãe não...» E eu: «Bom, não é possível...» Porque a minha mãe dizia que não. A minha mãe, eu acreditava sempre nela. E nem é acreditar... E depois eu não queria acreditar que a minha mãe... «A minha mãe assim, é impossível...» E não sei quê, e pronto... Mas pronto... Só comecei mesmo a ver que a minha mãe estava completamente doente... há quatro, cinco anos para cá é que a minha mãe descambou completamente. As conversas com as clientes... As pessoas pensavam que estavam a falar com uma pessoa normal, que a minha mãe era... só que começavam a ter uma conversa e a minha mãe quando tem a mania que tem razão... Ui [risos]! Depois era discussões, e ela tratava-as mal, e essas coisas.
– *E essa foi a última atividade que a sua mãe teve?*
– Foi, foi. Foi, foi a última. Foi para aí há cinco anos, seis... para aí... (André, filho).

A incapacidade de manter uma atividade laboral decorre, também, da perda de faculdades cognitivas (memória, concentração, raciocínio, etc.) e competências relacionais. É de salientar que a dificuldade em manter uma atividade laboral se verifica, em geral, muito tempo antes de a doença ser diagnosticada e de se iniciar o seu tratamento de forma continuada.

Nunca trabalhei. Trabalhei três meses à experiência, mas fui despedido porque eu não aguentei. Foi em... em março. Foi de janeiro a março e era oito horas a trabalhar num computador em AUTOCAD... mas torrava... torrava-me o cérebro! Era muito tempo à frente do computador todos os dias, todos os dias, todos os dias. Depois, socialmente, também não conseguia muito expandir-me com os outros colegas que lá trabalhavam, também. Ao fim de três meses ele disse que não gostava do meu perfil profissional, nem gráfico, e que não... não queria que eu continuasse (Paulo).

– Eu quando trabalhava na [loja de eletrodomésticos], o meu patrão apercebeu-se, apercebia-se: «Você não... Você não.... Há aí qualquer coisa que você não é normal». Ele dizia-me isso. «Há aí qualquer coisa. Você não é normal. Há aí qualquer coisa...» E não sei o quê... Estava-me sempre a dizer isto. E eu: «pronto, está bem!» Porque havia coisas, havia pequenas coisas, havia pequenas coisas que eu não... que eu não... Para já, eu não gostava de lá trabalhar. Era um frete, era um frete. E depois..., embora eu desse o meu melhor, porque é assim, eu estava receber... O meu patrão até..., embora fosse rígido, era uma pessoa com princípios e eu dava o meu melhor... dava o meu melhor. Mas pronto, não deu, não deu.
– *Que tipo de comportamentos é que tinha que ele não compreendia ou achava que eram estranhos?*
– Olhe, quando não tinha nada para fazer, quando não tinha nada para fazer... Eu gosto muito de fazer contas de cabeça para me entreter. Então, quando não tinha nada para fazer, punha-me a olhar para o ar e tal... tal... tal... E houve uma vez até que ele chega ao pé de mim: «Olhe para você. Parece um passarinho... [risos]. Parece um passarinho.» E eu: «Oh senhor J, então não tenho... não há... está parado e tal»; «há sempre alguma coisa para fazer...» e não sei quê. Depois quando ele me mandava lá a baixo, à garagem, que aquilo havia lá um armazém, para ir buscar ou caixas de vídeos ou de... de... de... daqueles, daqueles, daqueles aparelhos de leitores de DVD. Aquilo era uma prateleira para aí assim [exemplifica com as mãos], até meio da largura desta sala com várias... E eu... Ele mandava-me buscar uma e eu estava lá que tempos... Eu estava lá se fosse preciso 20 minutos, 25 minutos e não conseguia achar aquilo. E eu: «Oh senhor J, não está lá em baixo!»; «vá lá ver outra vez». E eu ia lá ver outra vez, estava lá mais 20 minutos e não conseguia achar aquilo. Mandava lá o meu colega, o meu colega em 5 minutos trazia aquilo para cima. Mas isso acontecia sucessivamente. Sucessivamente. E pronto, eram pequenas coisas que...
– *Mas isso era porque a sua concentração não estava boa? A memória...*
– Era. Era, era, era. Era, era. Não era a memória, era a concentração, era a concentração. Pronto, não era capaz de me concentrar naquilo que estava a ver... Já era um frete que eu estava a fazer (Júlio).

Como se pode constatar na parte dedicada à caracterização sociográfica das pessoas entrevistadas, são muito poucas as que, à data da entrevista, têm uma ocupação remunerada (apenas 3 casos em 20) ou que se encontram a estudar (apenas 1 caso em 20). A grande maioria encontra-se desempregada, com reforma antecipada ou com uma pensão por invalidez. Regista-se mesmo um caso de um jovem com apenas 26 anos, com diagnóstico de esquizofrenia, que se encontra nesta última situação.

O fechamento no espaço doméstico, a perda de autonomia e independência criam condições favoráveis ao agravamento dos sintomas da doença ao mesmo tempo que aumentam a tensão, a sobrecarga e os conflitos no interior da família.

A procrastinação do início do tratamento e o consequente agravamento do estado clínico acaba por se refletir, em determinada altura, na ocorrência de uma crise de tal forma violenta que o internamento surge, então, como inevitável. É nestas circunstâncias que a grande maioria das pessoas entrevistadas toma contacto pela primeira vez com a realidade hospitalar psiquiátrica. Como se verá em seguida, este contacto configura-se como um marco muito importante nas vidas das pessoas com doença mental e das suas famílias, representando um momento de viragem nas suas trajetórias.

2.2. O internamento e depois

O primeiro internamento hospital representa uma inflexão nas histórias de vida das pessoas entrevistadas e das suas famílias porque a partir dele é possível identificar um conjunto de mudanças com impacto positivo nas suas trajetórias sociais e clínicas. Em primeiro lugar, o internamento implica, finalmente, o reconhecimento da existência de uma doença e da necessidade do seu tratamento. Em segundo lugar, alivia a sobrecarga familiar, ampliando a rede de prestação de cuidados e permitindo, simultaneamente, a sua capacitação para uma prestação de apoio mais adequada.

A entrada do Hospital como ator na prestação de cuidados amplia as possibilidades de tratamento, produzindo um efeito catalisador, conseguindo-se, em alguns casos, que a pessoa passe a receber tratamentos de caráter psicossocial e não apenas de carácter farmacológico. Apesar de menos frequente, dada a escassez de respostas na comunidade, esse efeito estende-se, por vezes, para fora do Hospital, e a pessoa passa a receber apoio (sobretudo psicossocial) de organizações da sociedade civil.

2.2.1. As causas

O primeiro internamento surge, em geral, na sequência de uma crise aguda com um nível de gravidade nunca antes verificado. Entre as situações mais frequentes que levaram à tomada desta diligência, encontram-se: i) recusa persistente em sair da cama e realizar a satisfação das necessidades mais básicas (como a alimentação); ii) tentativa de suicídio; iii) descontrolos na via pública, com manifestações comportamentais bizarras como gritar, gesticular alvoraçadamente e falar sozinho; iv) episódios de autoflagelação; v) episódios de violência física contra outrem.

As primeiras diligências no sentido de providenciar o internamento quase sempre partem da família. Nalguns casos, existe recurso ao médico de família, que toma as providências necessárias para o encaminhamento. Noutros casos, mais comuns, a família solicita a ajuda dos serviços de emergência médica ou dirige-se às urgências de um Departamento de Psiquiatria de um Hospital Geral ou diretamente a um Hospital Psiquiátrico. Finalmente, num número reduzido de casos, as providências foram tomadas pelo médico psiquiatra que acompanhava o caso na esfera privada. Na maioria das situações, em virtude de a pessoa se encontrar em estado de inconsciência ou sem capacidade para resistir, o internamento aconteceu sem a interposição de dificuldades da sua parte.

> Comecei a... a... autoflagelar-me [silêncio]. Furava as narinas com alfinetes e... e essas coisas assim... Até porque eu fui... Quando fui internado foi por causa disso... Porque eu cheguei a casa uma vez assim meio... meio descompensado, completamente, e comecei a furar-me todo. E comecei a ter um comportamento agressivo e... e depois é que a minha mãe chamou o INEM, porque eu estava mesmo alterado, chamou o INEM e... e eu fui para o hospital. Depois levaram-me para o [hospital do] Lorvão e pronto (Júlio).
>
> – *Quando é que foi internado pela primeira vez?*
>
> – Eu saí, se não me engano, em 1998 do trabalho, porque andava cheio de conflitos, e já foi em 1999 que tive um episódio violento com os vizinhos de cima, porque já estava com alucinações e assim. Imaginava que me batiam no teto, que estavam a bater no teto e... Seguiu-se um episódio violento que meteu a polícia, e a polícia levou-me ao hospital, e foi-me diagnosticada a doença.
>
> – *Foi imediatamente após o abandono do trabalho que veio essa crise?*
>
> – Foi, foi. De alucinações. Mas quase imediato, foi poucos dias depois, surgiu-me... as alucinações.
>
> – *Portanto, essas alucinações terão sido potenciadas pelo episódio do emprego...?*

– Talvez, eu hoje em dia interpreto um bocado assim. Talvez nunca tivesse sentido se... se não tivesse largado o emprego. Mais tarde ou mais cedo, alguma coisa havia de vir, porque a doença é incurável, não é? E, portanto, alguma coisa viria. Não haveria excessos... ou de alguma forma a procurar ajuda médica.
– *Foi internado então em que...?*
– No Júlio de Matos em Lisboa.
– *O Alberto não foi por livre iniciativa, portanto foi um internamento compulsivo?*
– Foi a polícia... Foi a própria polícia que me levou ao... Porque eu na altura... As alucinações era que me estavam a bater no teto, a fazer barulho no teto e quando a polícia surgiu, eu disse ao polícia: «Não, mas vamos falar ali com a minha vizinha – do mesmo piso – que ela de certeza que ouve os barulhos.» E o polícia foi muito paciente mesmo, foi comigo falar com a tal vizinha, que era muito amiga minha, uma senhora muito amiga de lá e perguntei-lhe se ela tinha ouvido alguma coisa e ela disse: «Não, nunca ouvi nada.» Então, aí comecei a compreender: «Bem, alguma coisa não está boa comigo.» E o polícia também disse, compreendeu, disse logo: «Oh, pronto, já estou a ver tudo.» Foi a frase do polícia: «Já estou a compreender tudo.» Então, levaram-me, levaram-me primeiro para a esquadra, fizeram um auto... Abriram um auto e depois levaram-me para o hospital, para as urgências do hospital.
– *Quer dizer que o Alberto, quando falou com essa vizinha, teve alguma perceção de que...*
– Quando... Depois da resposta dela, tive uma perceção de que...
– *...de que não estava bem.*
– ...de que não estava bem.
– *Nunca se tinha lembrado antes de falar com ela, de lhe perguntar...?*
– Não, nunca falei [...]. Eu estava completamente alucinado, foi um... Eu comecei a sentir... É uma história, não lhe vou contar os pormenores... Por exemplo, envolvia carros que chegavam e buzinavam e não me deixavam dormir e coisas do género. Eu estive três dias sem dormir. Às tantas, já não comia. Estive três dias sem comer antes do... Porque imaginava que me queriam mal e tinha alucinações e que havia ruídos que me perturbavam e assim. E vozes, ouvia vozes a construírem esse enredo, não é? E pronto, e depois num dia de manhã, depois de passar a noite em claro, porque achava que me queriam mal e que me queriam arrombar a porta de casa e assim. Um dia de manhã, acordo e tenho a alucinação de que, pelas vozes que ouvia, tinha câmaras dentro do apartamento. Que os miúdos que estavam ali fora tinham entrado e tinham posto câmaras dentro do apartamento e que eu comecei a ver...
– *...que estava a ser vigiado.*

> – ...que estava a ser vigiado. Eu entrei em desespero e saí com uma faca na mão e aleijei um rapaz que lá estava, coitado, não tinha nada a ver com o assunto.
> *– Essa situação foi para tribunal ou...?*
> – Há de ir, há de ir (Alberto).

O internamento hospitalar surge, para muitas famílias, como a única solução depois da busca de múltiplos caminhos que resultaram sempre em mais problemas. A sobrecarga física e emocional, o desespero e a impotência levam a estratégias ética e moralmente questionáveis, que colocam em causa os direitos e a autonomia individual das pessoas com doença mental, tal como é revelado no extrato que se segue:

> – Olhe, o primeiro internamento foi provocado porque ele fazia distúrbios, sentia-se muito mal... E, então, eu combinei... Foi com o Doutor Y que combinámos o internamento com... começar-lhe a dar... [Ele] lanchava à tarde todos os dias em casa e, então, nós combinámos começar a misturar-lhe no sumo que ele bebia gotas de *Haldol*. E foi assim que ele chegou às vinte gotas, trinta gotas... Porque ele não queria ir ao médico nem ao hospital. Não queria ser internado. E foi assim que nós conseguimos interná-lo aqui. Foi com esse estratagema de metermos o *Haldol* no sumo... Foi assim que ele foi internado da primeira vez.
> *– O* Haldol *é um medicamento para a esquizofrenia?*
> – É, é, mas quando é em muita quantidade as pessoas não se sentem bem. Ele chegou a uma certa altura que não parava, não é? Sentia-se mal, muito mal e... Penso que chegou a sentir-se tão mal que começou... Acho que partiu lá em casa, foi nessa altura... Pôs as almofadas... Aquelas... As portas dos roupeiros têm aquelas almofadas..., pôs tudo dentro... [ri-se]. Foi então que ele veio para aqui. O *Haldol* trata, mas quando é de mais também faz sentir... Pronto, eu penso que ou há de ser uma dose muito alta ou uma dose muito pequena... para... não é? Ele começou a tomar uma, duas, três, quatro, cinco, todos os dias, não é? Ia alterando mais uma, mais uma, mais uma... Ele não sabia que tomava. Ele não sabia.
> *– Ele tinha outra medicação que tomava livremente sem ser essa?*
> – Não sei se ele tinha, mas ele nesta altura não queria tomar medicação nenhuma. Não queria, não queria tomar medicação nenhuma.
> *– Portanto, essa combinação com o médico... com a situação da toma do* Haldol...*, portanto, conseguia meter o medicamento...?*
> – Sim, sim. Sim. O *Haldol*, sim, sim. Ia fazendo isso progressivamente.
> *– Quer dizer que o objetivo era mesmo... desde o início, que ele fosse internado...?*

– Sim, nessa altura era o que nos interessava, era interná-lo. Pronto, porque o médico lá fora já não conseguia fazer nada. Só internar.
– *Nunca pensaram em fazer um internamento compulsivo?*
– Foi, foi este que nós fizemos.
– *Acabou por ser compulsivo no sentido de que envolveu a polícia...?*
– Não, não foi. Não foi, não. Não, com o *Haldol* depois fui eu... Fui eu que o meti dentro do carro e ele veio por aí fora.
– *Ele ficou num estado de inconsciência, foi...?*
– Mais ou menos, mais ou menos. É, não ficou completamente....
– *Mas foi na sequência de ele fazer um distúrbio, também?*
– Sim, sim, sim. Foi, foi. Na altura o distúrbio provocado pelo excesso de *Haldol* que ele estava a tomar. Sentiu-se de facto muito mal...
– *Portanto, à partida o médico que sugeriu isso sabia que isso ia acontecer? Que ele entraria nesse estado...?*
– Sim, sim, sim, sim. Pois. Sim, sim, sim. Não havia... não havia outra alternativa (Aníbal, pai).

Se, para algumas famílias, perante o reconhecimento continuamente adquirido da gravidade da situação, este primeiro internamento constitui um alívio da elevada sobrecarga inerente aos cuidados e da recorrente impotência para encontrar um tratamento adequado, para outras, todavia, o primeiro internamento é vivido como um verdadeiro choque, uma surpresa, tendo correspondido ao despertar para a gravidade da situação e, não raras vezes, para o próprio reconhecimento da doença.

– *Quando é que as coisas eclodiram? Que memórias é que tem da situação que, no fundo, vos alertou para a situação do [vosso irmão]?*
– Eu julgo que foi uma crise forte que ele teve. Uma crise forte com um vizinho, portanto, teve uma situação com o vizinho... uma crise forte. Depois a [nossa] irmã telefonou a dizer que ele estava hospitalizado e pronto... aí apercebemo-nos que estava doente e que era uma pessoa doente (Henrique, irmão).

2.2.2. Os impactos

Em geral, é com o primeiro internamento hospitalar que surge o diagnóstico da doença. Apesar do impacto negativo que se experimenta ao ouvir falar de uma doença do foro psiquiátrico (e, muito particularmente, nos casos em que se trata de esquizofrenia), o diagnóstico acaba, muitas vezes, por representar um alívio para a família e também para o doente, já que os comportamentos passam a ter uma explicação cientificamente reconhecida, que transporta a esperança do tratamento e da reposição do equilíbrio.

O internamento induz uma (re)interpretação da experiência vivida. Por um lado, abre-se um novo campo de conhecimento sobre o vivido. Finalmente existe uma explicação para o inexplicável, a sensação de incompreensão diminui, a responsabilização e culpabilização individual, também. A esperança que comporta o diagnóstico e a possibilidade de tratamento reduzem o sentimento de impotência e aumentam a esperança.

Se para muitas das pessoas entrevistadas a busca de informação sobre a doença recém-diagnosticada não se revela importante, mantendo-se uma atitude de fechamento a esse respeito, para outras, em geral, as mais qualificadas, a possibilidade de conhecimento é crucial, iniciando-se, então, durante esta fase, uma nova etapa das suas vidas, com uma busca mais ou menos constante de informação sobre a doença clinicamente determinada.

> – Portanto, digamos que [antes da doença aparecer] tinha aquilo que se chama o senso comum, não é? A informação corrente, aquilo que corre no dia-a-dia, mas pronto... nada fundamentada, nem nada cientificamente provado. [...] Eu confesso, eu... eu por natureza... eu sou uma pessoa que gosto de ler, gosto de me informar... Pus-me ao caminho, não é? Vou... vou pesquisar, vou ler, vou ver...
> – *Foi a partir daí que começou o processo de investigação da doença? Começou a investigar, começou a...*
> – Comecei a tentar... a conhecer as características da doença (Amália, esposa).

Por outro lado, o internamento abre caminho para uma reformulação das auto e heterorrepresentações da pessoa com doença mental. A institucionalização acarreta consigo um rótulo que muda a forma como a pessoa se vê a si própria e a forma como passa a ser vista pelos outros. Apesar de, na grande maioria dos casos, a história da doença ser muito anterior ao primeiro internamento, é só a partir deste momento que ela é incorporada na vida da pessoa e da sua família de forma permanente. Se anteriormente a situação podia ser mantida sob reserva e confinada ao espaço doméstico, o internamento dificulta esta possibilidade e expõe publicamente a doença. Os impactos negativos são fortemente sentidos. A estigmatização social, a discriminação, especificamente, a discriminação laboral passam a integrar a vida destas pessoas.

> As pessoas não aceitam! [...] Mesmo que sejamos bons, que sejamos profissionais, somos discriminados. «Deu entrada no Sobral Cid? Então é maluca.» «Ai esteve

no Sobral Cid? Então, pode-se ir embora que eu não a quero cá... porque vem um cliente e conhece-a em como foi do Sobral Cid, já não quer ser atendido...» Eu cheguei a estar a trabalhar na pizzaria e a pessoa chegar lá e perguntar: «Então, quem é que é a sua cozinheira?» E a patroa dizer: «Sou eu.» Mas era a Helena [referindo-se a ela própria] que fazia o comer. Porque se ela dissesse que [tinha sido] a Helena, já não comiam. [...] Eu não tenho vergonha de dizer que venho ao Sobral Cid! A pessoa: «Ai, o Sobral Cid... Hospital dos doidos!» As pessoas tinham muito preconceito. Anda-se com o logótipo nas costas. As pessoas olhavam de lado: «Coitada, esteve internada no Sobral Cid.» Só que eu cheguei a perguntar a muita gente: «Vocês conhecem o Sobral Cid?» «Ah, não. Não conheço.» «Ah, então não fale do que não conhece.» [...] Se eu tivesse tido um acidente nesta altura [em] que estive aqui internada, aí a culpada era eu, não era mais ninguém. Porque andava lá um manfio, que é um chavalito novo lá da [aldeia], queria arranjar o carro, e uma vez eu ouvi ele a dizer no café: «Vou bater contra a mulher do Y [o marido de Helena], que ela vai-me pagar o carro, porque ela está dada como doida.» Porque eu ouvia as pessoas a falar. Eu ouvia as pessoas a falar, eu sabia que tinha um logótipo do Sobral Cid nas costas. Ainda se passasse uma pessoa por mim de carro e me visse aí de carro, ia dizer ao meu marido: «Ela vai ali de carro, ela vai doida, ela é capaz de matar alguém» (Helena).

No entanto, nem todos os impactos do internamento são negativos. O internamento hospitalar representa uma abertura de portas em termos de possibilidades terapêuticas e de cuidados que as pessoas e os seus familiares valorizam positivamente.

2.2.3. A reconfiguração da rede de cuidados

Para a grande maioria das pessoas entrevistadas, é a partir do primeiro internamento hospitalar que se inicia o itinerário de acompanhamento médico da doença, e isto não obstante o facto de se ter começado a conviver com ela muito tempo antes. O internamento representa, no entanto, um momento de viragem para a trajetória terapêutica de todas as pessoas entrevistadas. Se para a maioria representa o início do tratamento clínico, para o pequeno grupo que tinha iniciado esse percurso anteriormente, o internamento hospitalar corresponde a um marco a partir do qual se abrem possibilidades para tratamentos mais eficazes. Tendo até esse momento a resposta sido encontrada na esfera clínica privada, a institucionalização corresponde ao primeiro contacto com a esfera pública dos cuidados de saúde mental.

Como testemunha um pai, não obstante o acompanhamento prévio que o filho tinha recebido na esfera privada, com uma incessante circulação por diversos psiquiatras, apenas com o primeiro internamento no hospital público se abriram as portas de um tratamento bem-sucedido. Só a partir da sua institucionalização, o filho começa a aceitar a necessidade de tratamento. Assim, apesar do choque sofrido com o seu primeiro contacto com a realidade hospitalar, este pai avalia o primeiro internamento como um passo decisivo na recuperação do seu filho.

– *Em relação ao primeiro internamento, veio aqui para o Hospital Sobral Cid?*
– Vim, vim. Sim, foi, foi para aqui.
– *Que memórias é que tem desse internamento? As coisas correram como esperava?*
– Ora bem, aquilo a mim traumatizou-me bastante, não é? Porque nunca tinha estado num hospital... [psiquiátrico]. Estive naquele pavilhão... onde havia indivíduos a chegar e... Até ali a fazer distúrbios, a partir e a espumarem-se e não sei que mais e tal... Essas doenças de...
– *Psiquiátricas...?*
– Psiquiátricas, esquizofrenias, de álcool... Pronto, e depois... Depois, olhe, foi assim o caminho.
– *O seu filho esteve muito tempo internado durante esse período?*
– Esteve aí três semanas. Sim, não deve ter sido mais. Não deve ter sido mais.
– *Como é que foi...?*
– Foi aqui que ele, então, começou a tomar medicamentos, que ele... Foi a partir daqui que aceitou. Depois começou a aceitar (Aníbal, pai).

Quer para aqueles que já tinham tido algum tipo de acompanhamento psiquiátrico, quer para aqueles que o iniciam apenas a partir daí, o primeiro internamento constitui-se como um momento crucial na reconfiguração do mapa dos cuidados e, consequentemente, nos modos de enfrentamento da doença por parte da pessoa e da sua família. Com a entrada do Hospital como ator na rede de cuidados, esta amplia-se, passando a integrar apoios formais. A nova configuração da rede abre novos caminhos para as trajetórias terapêuticas e sociais das pessoas doentes e dos seus familiares. Ao mesmo tempo que diminui a sobrecarga familiar, a ampliação da rede permite uma maior capacitação para o cuidado, criando possibilidades de articulação entre apoios formais e informais.

O primeiro internamento funciona como um catalisador na obtenção de apoio e de tratamento clínico. A entrada da pessoa no sistema público de saúde tem consequências na obtenção de dois tipos de apoio formal: por um lado, ao nível do tratamento médico – após o momento de institucionalização os doentes passam a ser seguidos nas Consultas Externas do Hospital. Isto representa para alguns o abandono da procura sucessiva e infrutífera de respostas médicas na esfera privada e, para a maioria, o desenvolvimento de uma estratégia continuada de acompanhamento clínico com efeitos duradouros.

Por outro lado, a institucionalização permite também, embora menos frequentemente, o desenvolvimento de estratégias de reabilitação psicossocial – algumas pessoas passam a ser integradas em programas de reabilitação dentro do hospital ou na comunidade, sob o encaminhamento do primeiro.

A integração do sistema público de saúde na rede de apoios não implica, porém, o envolvimento continuado dos cuidados de saúde primários. Com efeito, o papel dos Centros de Saúde, em particular dos médicos de família, continua a revestir-se, após o primeiro internamento, de um caráter residual e instrumental. Tendencialmente, os doentes e suas famílias apenas recorrem a estas unidades de saúde para a obtenção de receitas de medicamentos ou de atestados e credenciais médicas. De resto, recorre-se ao médico de família apenas quando se tem alguma doença "física", como é enunciado no primeiro excerto de entrevista:

> *– E em relação ao médico de família, tem recorrido a ele?*
> – Sim, sim, nas receitas e medicamentos que preciso e tudo. Ele passa-me os medicamentos.
> *– Mas ao longo...*
> – Ou algum problema que tenha... Eu agora tenho uma hérnia inguinal, vou ter que ser operado. E ele já me tratou de tudo, pronto [...]
> *– Mas o médico de família, em relação à doença psiquiátrica, que papel é que ele tem tido na sua vida? Portanto, se calhar até foram vários médicos diferentes ao longo deste tempo todo, não é? Mas teve algum papel importante ao longo das várias fases da doença? Era uma pessoa a quem a sua mãe ou a quem o próprio Ricardo recorria? Ou para isso existia o Hospital Psiquiátrico, portanto, o Hospital Sobral Cid?*
> – Sim, eu sempre me cingi ao Hospital Sobral Cid e à minha psiquiatra.
> *– O médico de família nunca teve um papel...?*
> – Só nos medicamentos. Para prescrever-me os medicamentos. Mas, à parte dos medicamentos, não... não teve assim um grande papel. A não ser mesmo alguma doença que eu tenha fisicamente (Ricardo).

> *– Alguma vez houve uma relação próxima com a médica de família?*
> – Houve, houve.

– *Em que período é que isso aconteceu? Durante quanto tempo?*
– A partir do momento em que eu não consegui obter *Xanax* aqui [no hospital]. Eu obtinha [risos]... eu ia lá e pedia com um dia de antecedência para me passarem os *Xanax* porque não tinha (Iolanda).

– *Desde que foi internada pela primeira vez, já não recorre a médicos psiquiatras sem ser aqui...*
– Não. Não, não, não. Não, não vale a pena porque estes já estão habituados à minha doença porque eu já sou internada aqui e tudo. Não vale a pena andar aí a pagar... a outros médicos para começar tudo de novo, não é? Como aprendemos já aqui...
– *Aqui já a conhecem...*
– Pronto. Aqui já me podem ajudar melhor.
– *E... e o médico de família...?*
– Se precisar de uma receita, vou. Ele apoia-me naquilo que é preciso e... pronto. É isso (Felicidade).

Após a *alta* do primeiro internamento hospitalar, o acompanhamento terapêutico que se passa a receber do hospital (e a partir do hospital) é bastante heterogéneo. Da análise das entrevistas sobressaem percursos muito diferenciados, com impactos igualmente diferenciados na promoção da autonomia das pessoas.

O que se faz em seguida é uma análise dos principais *perfis de acompanhamento* identificados, mostrando as suas especificidades quanto aos modos de mobilização e articulação, bem como à forma como eles se refletem nas vidas dos doentes e das suas famílias.

3. Os perfis de acompanhamento terapêutico a partir do Hospital

As trajetórias terapêuticas das pessoas entrevistadas são marcadas pela centralidade dos cuidados hospitalares. Como se viu, a entrada do Hospital na rede de cuidados constitui um momento de viragem nas biografias que escutámos. Assim, foi possível identificar uma série de perfis de acompanhamento terapêutico, resultantes de diferentes formas de integração no cuidado hospitalar e de diversos modos de articulação entre prestadores de cuidados.

A configuração dos perfis de acompanhamento resulta de um conjunto de constrangimentos que condiciona as trajetórias das pessoas entrevistadas e que atrás já enunciámos. O protagonismo do Hospital nos cuidados é construído em torno de inúmeros obstáculos, internos e externos à instituição, de caráter individual e coletivo. Em primeiro lugar, a resistência do doente ao tratamento e à toma da medicação, decorrente da rejeição da doença e/ou da violência com que se manifestam os efeitos secundários dos medicamentos. Ainda a nível individual, outro obstáculo é o elevado grau de deterioração com que, frequentemente, as pessoas chegam aos cuidados hospitalares, consequência, como anteriormente se viu, do atraso no reconhecimento e início do tratamento da doença. É de notar que uma elevada deterioração do doente ao nível psíquico/cognitivo (frequentemente, deixa de conseguir raciocinar, falar e escrever), familiar, laboral, social, etc. torna a intervenção terapêutica muito mais exigente e diminui-lhe significativamente as probabilidades de sucesso.

Outro constrangimento que condiciona o perfil de acompanhamento reside na vulnerabilidade do contexto familiar. Frequentemente, a entrada no Hospital é concomitante com o desgaste físico e emocional da família, produto do convívio demasiadamente longo com a doença não diagnosticada e não tratada, registando-se, no limite, situações de afastamento e abandono, fruto desse mesmo desgaste. Nesta situação, ocorre, necessariamente, a centralidade do tratamento hospitalar, ao mesmo tempo que acrescem as suas dificuldades em cumprir os seus propósitos terapêuticos perante a escassez de agentes próximos da pessoa, capazes de se constituírem como parceiros terapêuticos quando aquela se encontra em ambulatório.

A centralidade do Hospital passa, assim, largamente, pela ausência de outros atores formais e informais capazes de assegurar um acompanhamento adequado. Em primeiro lugar, a escassez de respostas de reabilitação psicossocial na comunidade impede o reencaminhamento da pessoa para um programa terapêutico na comunidade. Em segundo lugar, o peso do estigma em todos os domínios da vida social (relações de sociabilidade com a vizinhança, inserção laboral, frequência do sistema de ensino, etc.) é verdadeiramente constrangedor dos esforços realizados pelo Hospital no sentido de reinserir a pessoa socialmente.

Assim, para além do internamento, foi possível identificar quatro perfis de acompanhamento terapêutico que têm no Hospital o ator principal: acompanhamento psiquiátrico em Consultas Externas; acompanhamento psiquiátrico em Consultas Externas conjugado com acompanhamento de outros atores do Hospital; acompanhamento no Hospital de Dia; acompanhamento pós-alta do Hospital de Dia. Cada um destes perfis apresenta diferentes características e tem impactos diferenciados nas vidas das pessoas com doença mental e das suas famílias.

Antes de se proceder à caracterização dos vários perfis, sublinhe-se que a transição entre eles, quando existente, ocorre de uma forma gradual e ascendente, do primeiro para o último. Ou seja, geralmente o itinerário hospitalar inicia-se pelo acompanhamento nas consultas externas e, em função da capacidade do hospital e da iniciativa e capacidade de mobilização da pessoa e da sua família, vão sendo integradas outras formas de apoio. Com efeito, salvo uma exceção,[6] os/as entrevistados/as cujos itinerários terapêuticos passam pelo acompanhamento no Hospital de Dia[7] iniciaram o seu itinerário através das consultas externas e, em geral, tiveram uma experiência de articulação entre as Consultas e outras formas de intervenção no Hospital. Refira-se, no entanto, que nem todas as pessoas entrevistadas transitaram por todos estes perfis. Uma significativa parte dos/as entrevistados/as, apesar da antiguidade do seu contacto com o Hospital, nunca conheceu outra realidade para além das Consultas Externas.

3.1. O acompanhamento das Consultas Externas

Este perfil de acompanhamento terapêutico constitui-se como o mais limitado de todos, uma vez que consiste num acompanhamento meramente psiquiátrico, de caráter essencialmente farmacológico. Corresponde ao perfil base do acompanhamento hospitalar, quando não se está numa situação de internamento completo.

Após a alta do internamento, a pessoa é encaminhada para este serviço a fim de ser, periodicamente, consultada por um médico psiquiatra. De acordo com os testemunhos das várias pessoas entrevistadas, a periodicidade das consultas é, em geral, definida pelo psiquiatra, de acordo com a perceção que este tem das necessidades terapêuticas da pessoa. Em casos excecionais, em que existe uma relação relativamente mais próxima com o profissional, a rigidez

---

[6] Esta exceção corresponde ao caso do Vasco, pessoa com diagnóstico de doença bipolar. Trata-se de um caso em que o acesso ao Hospital de Dia ocorreu de uma forma informal, por intermédio de uma amiga que é médica psiquiatra no CHPC. Vasco não passou, pois, como os/as demais entrevistados/as pelo serviço das Consultas Externas. O acompanhamento psiquiátrico prévio, antes de ser inserido no Hospital de Dia, era proporcionado de forma informal pela referida psiquiatra, fora do contexto hospitalar.

[7] O número relativamente elevado de entrevistados/as cujos itinerários terapêuticos passam pelo Hospital de Dia (que corresponde a 9 em 20 casos) decorreu de um dos critérios de seleção das pessoas a entrevistar, que previa, precisamente, o recrutamento de um número aproximadamente igual (7 casos) de casos acompanhados pelo Hospital de Dia, quer em regime normal, quer em regime de pós-alta. Este número não pode, pois, de forma alguma, ser interpretado como representativo do peso que estes dois perfis representam efetivamente no quadro geral do acompanhamento do Hospital, tanto mais que é conhecida a reduzida capacidade do serviço do Hospital de Dia em dar resposta às necessidades da instituição – segundo se apurou aquando da realização das entrevistas a capacidade máxima de atendimento era de 23 utentes.

do espaçamento programado das consultas é rompida com alguma facilidade pela pessoa ou pela sua família quando se sente a necessidade de antecipar a intervenção psiquiátrica.

Não abundam, todavia, os relatos que dão conta da existência de uma relação de proximidade com o médico psiquiatra. Pelo contrário, abundam, sim, os relatos que dão conta de uma relação moldada pelo distanciamento, pela frieza e pelo cronómetro do relógio. Com alguma frequência, ouvimos relatos em que as pessoas denunciam o facto de os médicos psiquiatras que as acompanham neste serviço, nalguns casos há mais de dez anos, nunca lhes terem dado a oportunidade de contarem as suas histórias de vida, ou, pelo menos, partes dela.

Das narrativas deste tipo de atendimento identifica-se um retrato de consulta que consiste numa rápida avaliação do estado da pessoa («anda a dormir bem?» «deixou de sentir aqueles efeitos secundários do medicamento X?», etc.) de forma a proceder a um ajustamento do programa farmacológico. Em geral, todo este processo não demora mais do que 10 minutos. Como o excerto de entrevista a seguir transcrito revela, existe uma conformação generalizada com este modelo de atuação médica, assim como uma sobrevalorização das práticas que não estão em conformidade com ele.

> – As consultas nunca duram muito tempo, mas com [o meu médico atual], duram um pouco mais. Aí um quarto de hora, vinte minutos talvez. Com os outros médicos, eram coisa de cinco, sete minutos. Não sei. Nunca durava mais de dez minutos, as consultas com os outros. Com ele dura bastante tempo. Ele escreve muito... Ele escreve na consulta, nos relatórios dele, que ele faz. Escreve muito. Os outros médicos ou escreviam nos intervalos das consultas ou não escreviam... Ou escreviam logo que iam para a sala.
> *– O Alberto tem a perceção de qual será a razão das consultas durarem pouco tempo...?*
> – Têm muitas pessoas. Acredito que seja por terem muitas pessoas, porque eles... A atividade deles não é só consulta externa, eles dão assistência nos vários pavilhões. Alguns têm consultórios também e isso está previsto por lei. E, então, praticamente é a manhã, ali só ao princípio da tarde é que podem dar as consultas e é muita gente para isso, está a perceber?
> *– Então, dever-se-á a esse condicionamento...?*
> – Eu acho que sim, que é muito por isso também. E depois porque não é do foro deles, está a perceber? Ter uma conversa dessas, não... A psiquiatria é uma coisa... faz parte da medicina e, como medicina que é, tem a ver com o físico das pessoas, não é? Mesmo que seja mental, tem que ter... Pronto, ao fim e ao cabo é um médico (Alberto).

Neste contexto, em que a interação com o médico é exígua, é muito escassa a articulação com a família. À semelhança da relação entre o médico e a pessoa doente, tudo depende da "sorte" que se tem com a atribuição do médico, que pode ser mais ou menos atencioso às questões que vão para lá da componente farmacológica. São raros os relatos em que a família das pessoas entrevistadas desenvolveu uma relação de proximidade com o médico psiquiatra, que nela viu um parceiro terapêutico.

Este perfil de acompanhamento caracteriza-se pela ausência de articulação com outros atores terapêuticos exteriores à psiquiatria, interiores ou exteriores à instituição hospitalar. Está-se, assim, perante um perfil de acompanhamento que se confina às paredes do hospital e à psiquiatrização da doença mental. Deste modo, os efeitos produzidos por este tipo de acompanhamento ficam muito aquém do desejável, não se traduzindo em impactos verdadeiramente significativos no tratamento da pessoa com diagnóstico de doença mental.

Tendo apenas este tipo de acompanhamento como suporte terapêutico, a pessoa continua muito vulnerável, recaindo frequentemente, ao ponto de o internamento hospitalar completo se tornar inevitável. Este acompanhamento reflete-se, então, em trajetórias clínicas marcadas pelo chamado fenómeno "porta giratória": a um internamento segue-se outro, com períodos intercalares relativamente pequenos. Casos há, como os que em baixo se mostram, em que se atingiu um número impressionante de internamentos, tendo em conta os períodos de vida relativamente tão curtos.

> Tenho cinquenta internamentos aqui e agora estou cá outra vez (Olívia, 48 anos).

> – Eu já era tão conhecida ali [refere-se à Clínica Agudos/Feminina] que eu já estava em casa. As funcionárias já diziam que um mês sem mim já não era o mesmo.
> – *Quer dizer que praticamente todos os meses...?*
> – Ai, eu estava aqui. Eu, durante seis anos, tive dez tentativas de suicídio, tive quinze internamentos aqui.
> – *Quinze internamentos, de mais ou menos quanto tempo?*
> – Ah, não chegava a quinze dias de diferença uns dos outros. Eu já era tão conhecida pelos psiquiatras, que quando chegava eles já sabiam o meu problema, já me mandavam logo para aqui, já nem perguntavam mais nada (Helena, 34 anos).

> Ia às consultas [externas] com a Doutora Y... Então, ela falava... e ela receitava-me... receitava-me. Pronto, depois era internamentos atrás de internamentos

e aquilo... Sei que... poucas melhoras tinha... Estava... Poucas melhoras tinha (Francisco, 44 anos).

– *Quantos internamentos é que já teve?*
– Dezasseis... Sim, a contar com este, tenho dezasseis (Diogo, 26 anos).

Este modelo de acompanhamento não representa uma mudança efetiva nas trajetórias de vida das pessoas. A tendência é para que se mantenha a desestruturação da vida familiar e pessoal. No entanto, a diferença relativamente ao período em que ainda não se tinha qualquer acompanhamento hospitalar reside num conjunto de aspetos que representam uma importante conquista para a pessoa com doença mental e para a sua família: a estabilidade durante períodos de tempo mais longos; a facilidade em acionar o apoio médico, não deixando que a pessoa fique períodos prolongados sem receber qualquer tipo de tratamento.

Apesar dos avanços sentidos pela família na presença deste modelo de acompanhamento, o alívio da sua sobrecarga é ainda ligeiro e, em geral, temporário. Com efeito, com a prevalência deste perfil estritamente biomédico, continua-se a não dar resposta à generalidade dos problemas anteriormente sentidos, de caráter *biopsicossocial*.

3.2. O acompanhamento em Consultas Externas com a integração de outros atores hospitalares

Algumas pessoas entrevistadas conheceram um segundo perfil de acompanhamento hospitalar, que representou, para elas e para as suas famílias, um acréscimo de impactos positivos relativamente aos produzidos pelo perfil anterior. Trata-se de um perfil que conjuga o acompanhamento psiquiátrico prestado nas Consultas Externas com a intervenção de outros atores terapêuticos do hospital: psicólogos, técnicos de serviço social e terapeutas ocupacionais. A intervenção destes novos atores surge, no entanto, de uma forma pontual e, frequentemente, descontínua.

A intervenção dos técnicos de serviço social configura-se como a situação mais comum, servindo, essencialmente, para resolver questões avulsas da vida das pessoas, como seja a articulação com a Segurança Social para tratar de questões como a obtenção do Rendimento Social de Inserção ou de uma Pensão de Invalidez.

O recurso à terapia ocupacional é menos comum e surge nos itinerários clínicos das pessoas entrevistadas como uma forma de dar resposta à solicitação de apoio para o desenvolvimento de uma atividade que permita à pessoa manter-se ocupada, readquirir competências perdidas ou adquirir uma formação profissional que facilite a sua posterior inserção no mercado de trabalho. Acontece também, em muitos casos, que a emergência deste apoio surge como uma espécie de alternativa paliativa ante a incapacidade de ajudar a pessoa a obter uma atividade laboral remunerada. Sublinhe-se, ainda, que a intervenção destes atores surge, frequentemente, na sequência da iniciativa da própria pessoa – que geralmente toma conhecimento da existência destes programas de modo informal, por intermédio dos seus pares no hospital – e da sua família, e não tanto da dos agentes hospitalares.

> – Decidi, através de uma colega de internamento, vir para aqui para o pavilhão 18 [das terapias ocupacionais] para os cursos..., porque pagavam-me também uma bolsazinha e mantinha-me ocupada durante o dia inteiro. De Secretariado.
> *– Foi através de quem?*
> – Eu tive essa... essa informação através de uma colega que eu tive num internamento. Num dos internamentos. [...] Ela tinha ficado no 3.º ano de Matemáticas e eu, na altura, tinha ficado no 3.º ano de Direito. Ela tinha conseguido depois emprego no Hospital da Universidade, depois de tirar este curso aqui. Eu então pedi ao Doutor X – e à assistente social – para fazer... para ver se conseguia ingressar no curso aqui (Iolanda).
>
> Vi-me muito mal, apertado financeiramente, e tentei tirar um curso aqui no pavilhão 18, onde dão formação. E [a assistente social] encaminhou-me para fazer um curso. Ela encaminhou-me para isso (Alberto).

Finalmente, a rara intervenção dos psicólogos aparece por via do encaminhamento de alguns médicos psiquiatras, que se apercebem da necessidade de a pessoa receber este tipo de apoio. Está-se aqui, uma vez mais, muito dependente da sensibilidade que estes têm para a orientação de terapias alternativas à biomédica. Como revela um dos excertos de entrevista que a seguir se transcreve, tal como acontece com os médicos psiquiatras, nem sempre a pessoa acerta à primeira com o psicólogo que lhe é atribuído para o desenvolvimento do programa psicoterapêutico. Nesses casos, desiste-se da terapia ou acaba-se por solicitar uma mudança para outro psicólogo.

> – Aquela psiquiatra é uma pessoa acessível que... Pronto, senti que ela se preocupava comigo e que percebia o que eu lhe estava a dizer e porque é que eu estava assim. Pronto, senti que havia *feedback*, que ela me dava *feedback*.
> *– Ela fazia também, de alguma forma, também o papel de psicóloga? Ou seja, ela... O trabalho dela era mais do que receitar medicamentos?*

– Sim, ela também conversava muito. Também conversávamos muito e mais naquela fase [em] que eu estava ali, internada por ela. Mas eu acho que o trabalho de psicólogo é diferente. Sim, porque depois chega a um ponto que o trabalho do psiquiatra é mais... É ver se a medicação está em ordem. Eu vejo isso um bocadinho pela doutora Y. Também já estamos juntas há muito tempo. E, depois, também depende. Há pessoas com quem eu falo mais do que com outras. E não sei porquê, com aquela psicóloga eu abria-me muito. E agora, com esta nova que eu tenho...
– *Aqui do Hospital Sobral Cid?*
– Sim, ainda só tive duas consultas, mas gostei imenso. E eu, quando fui lá internada, passado pouco tempo... Depois do internamento, a Doutora Y aconselhou-me a psicóloga. Só que eu desisti, porque não gostava de ir. Para mim, ir lá à consulta era... era terrível. Não me sentia lá bem, não me apetecia... Não me sentia à vontade para falar dos meus problemas, das minhas ansiedades. E não gostava. E então desisti. Falei com a doutora Y e disse-lhe que não queria continuar, porque não estava lá bem. Além disso, se eu não me sentia bem, não fazia sentido ir. E depois, como em 2009, no ano passado, aconteceu aquelas... aqueles episódios depressivos, eu achei, e a minha família, que se calhar eu precisava de um apoio mais regular do que aquele que eu tenho com a doutora Y. E pedi-lhe novamente uma psicóloga. E ela, então, remeteu-me para outra e estou a gostar muito (Inês).

A avaliação é, em geral, muito positiva, considerando-se a intervenção do psicólogo como um marco no tratamento hospitalar, a partir do qual a pessoa sente muitas melhorias na doença e, consequentemente, nas várias esferas da sua vida. O psicólogo passa a ser, não raras vezes, o maior suporte que se tem no hospital, a quem se recorre em primeiro lugar quando se tem uma crise. Uma eventual falta de articulação entre a terapia psicoterapêutica, proporcionada pelo psicólogo, e a terapia farmacológica, proporcionada pelo psiquiatra, nas consultas externas, pode, porém, originar situações de crise, como aquela que Alberto relata no excerto de entrevista que se segue. Nesse excerto sobressai ainda, de forma muito clara, a importância que tem, para o indivíduo com doença mental, o ser-se ouvido e tido em conta no seu próprio processo terapêutico – o que, no caso em questão, foi proporcionado pela psicóloga que o acompanhava à data da entrevista.

– *Há quanto tempo é que está com a psicóloga?*
– Já estou há um ano e três meses... para aí quatro. Há um ano e quatro meses. Ou um ano e meio, deve andar talvez por aí. [...] Eu senti-me muito melhor. Isso foi desde... Logo a partir da primeira consulta, senti-me muito melhor, porque ela obriga-nos a falar das coisas. Há coisas de que eu não gosto de falar e ela

obriga-nos a falar das coisas. E é quase cruel nesse aspeto. Mas o médico, o doutor X, o meu médico na altura, ainda, ele perguntou-me quem era a minha psicóloga e eu disse-lhe que era a doutora Y, e ele disse: «Ah, essa psicóloga é excelente. Não tem papas na língua. Diz o que tem que dizer. E é por isso é que ela anda sempre com estagiários à volta e assim...». O comentário dele foi esse. E é verdade, ela obriga-nos a falar das coisas. Ela não tem... não tem meias medidas. Pronto, a maior evolução que eu senti foi logo a partir da primeira consulta. Depois a partir daí senti evoluções um pouco mais..., menos acentuadas.

– *Menos acentuadas...?*

– Mas ainda melhoria. E... Mas depois acabei por me sentir muito bem, porque o médico depois ajustou a medicação e eu passei a sentir-me muito bem e foi só... Depois tive aquele episódio mais violento e que recordo-me disso. Depois tive um episódio mais vio... Pouco durou essa melhoria, porque tive um episódio violento.

– *E esse episódio terá tido a ver com o reajustamento da medicação? Não associa?*

– A minha psicóloga já associou essas duas coisas... com um comprimido que é o *Abilify*, que ela diz que nem sempre resulta e pode ter coisas negativas. O meu médico diz que não, ele inclusive voltou-me a receitar isso. Pronto, só não sei até que ponto é que será verdade ou não.

– *Como é que é são as consultas? A psicoterapia, no fundo?*

– É psicologia clínica. Falámos, também falei um pouco da minha vida. Há aqueles que fazem mesmo uma história de vida. E... e falou, obriga-nos a falar das coisas. Se eu digo: «Não me sinto bem», ela pergunta-me: «Porque é que você não se sente bem?» Eu digo: «Não me sinto bem porque A»; «E porque é que sente A?» Quer dizer, anda à volta disso, obriga-nos a falar das coisas e...

– *Obriga-o a refletir...?*

– Obriga-me a refletir. Tentar racionalizar as coisas, acho que é nesse aspeto que sou sempre... Aprendi mesmo a racionalizar mais as coisas do que... E a ver que as coisas racionalizadas realmente ganham um aspeto ridículo, que não... Pouco importante. Não...

– *É nesse sentido que a psicologia o ajuda?*

– Ajuda muito, ajuda muito. É assim uma espécie de... Eu agora já não dou muito... Agora às vezes as conversas são muito... são muito... informais. Mas para ela são formais com certeza, ela sabe onde ir buscar as coisas, não é? Mas parecem, para mim, parecem informais, falamos de coisas variadíssimas da vida. E... Mas ela... É o saber, é o saber que... tenho ali um apoio, está a perceber? Mesmo que já não... que já não sinta melhorias de uma consulta para outra, saber que tenho ali um apoio, é muito bom para mim. Que tenho ali uma... Como é que eu hei de dizer?

– *Um suporte emocional?*

– É um suporte emocional, não... É uma coisa... É um apoio que vai acontecendo sempre de tempos a tempos. Isso acalma-me um bocado. Tanto mais que ela foi... Tive novamente um episódio de violência, antes do internamento e foi a primeira pessoa com quem eu tentei falar, foi com ela (Alberto).

Apesar da presença de diferentes agentes terapêuticos neste perfil de acompanhamento, a articulação entre eles, embora mais presente do que no perfil anterior, continua a rarear. É ainda de referir que essa articulação é nula quando se trata de agentes terapêuticos exteriores ao hospital.

Este perfil representa, porém, um significativo progresso relativamente ao anterior no que respeita à articulação dos agentes terapêuticos com a família. Essa maior articulação, quando de facto existe, produz efeitos muito positivos, desde logo pelo efeito da diminuição do número de internamentos e/ou do maior espaçamento entre os mesmos.

Este perfil de acompanhamento revela-se, no entanto, incapaz de resolver os problemas estruturais das vidas destas pessoas – que muito obstam ao sucesso das terapias dirigidas especificamente à doença, quer farmacológicas, quer psicoterapêuticas –, designadamente a obtenção de uma atividade remunerada e a rutura com o isolamento social que domina as suas vidas. Com efeito, este perfil, à semelhança do anterior, padece da ausência de articulação com o mundo que existe para lá dos muros do hospital. Tudo ou quase tudo se desenvolve intramuros: as terapias ocupacionais, o estabelecimento de articulação com a família, os programas psicoterapêuticos, etc. A ausência do estabelecimento de pontes com a comunidade leva a que, por mais agentes terapêuticos que sejam introduzidos no acompanhamento da pessoa, esta tenha muita dificuldade em sair do *círculo* em que entrou por via da doença mental.

3.3. O acompanhamento pelo Hospital de Dia

Este perfil de acompanhamento terapêutico é aquele que apresenta resultados mais positivos nas trajetórias das pessoas entrevistadas. Ele supera largamente as insuficiências e as inoperâncias dos dois primeiros, já apresentados, bem como daquele que será apresentado mais adiante.

Com um regime de permanência parcial, variável em função das necessidades da pessoa, o Hospital de Dia[8] oferece uma equipa multidisciplinar, que

[8] O modo de funcionamento do Hospital de Dia foi já descrito em capítulo anterior, pelo que as informações que aqui se prestam a seu respeito limitam-se às características mais essenciais que melhor ajudam a perceber as suas potencialidades e as suas limitações enquanto perfil de acompanhamento.

monitoriza de forma permanente a situação *biopsicossocial* da pessoa. Essa é, claramente, a grande virtualidade deste tipo de acompanhamento, como foi dado conta por inúmeros relatos. O acompanhamento é, simultaneamente, realizado por médicos psiquiatras, por enfermeiros, por psicólogos, por terapeutas ocupacionais e por técnicos de serviço social.

Outra das grandes virtualidades reside na variedade de programas ocupacionais desenvolvidos diariamente: treino de competências da vida diária, psicodrama, histórias de vida partilhadas; atividades para manutenção ou recuperação de capacidades cognitivas; técnicas de relaxamento; atividades de sociabilidade; etc.

Este perfil distingue-se ainda de todos os outros pela forte articulação que procura estabelecer continuamente com a família. A família é chamada frequentemente ao diálogo com os vários agentes terapêuticos, acreditando-se que, assim, se potencia o trabalho desenvolvido no interior da instituição. Um aspeto negativo, porém, sobressai na avaliação que as pessoas com doença mental e suas famílias fazem a respeito deste trabalho de ligação à vida familiar: a falta de privacidade. Com efeito, uma das práticas regulares deste serviço consiste na organização de reuniões gerais de famílias, onde se pretende recriar um espaço de profunda partilha e identificação entre estas. Pelos vários testemunhos recolhidos, estas reuniões tornam-se frequentemente espaços de constrangimento para doentes e famílias, em virtude da exposição que sentem como desmesurada.

Uma outra característica marcante do Hospital de Dia reside no forte incentivo e orientação que é dado à pessoa com doença mental para que reorganize a sua vida fora do hospital. Este trabalho é feito, designadamente, com exercícios práticos, em que se procura levar a pessoa a comprometer-se com determinados objetivos relativos a aspetos da sua vida que precisa de trabalhar. Assim, por exemplo, se a pessoa tem tendência para se isolar, ela leva como tarefa de fim de semana a missão de convidar um familiar para um café; se tem dificuldade em sair de casa, leva como tarefa fazer uma caminhada ao ar livre; se se afastou de pessoas amigas, leva como tarefa esforçar-se por retomar tais ligações, começando com o estabelecimento de um telefonema.

Finalmente, é ainda característica distintiva deste tipo de acompanhamento o facto de se verificar uma forte preocupação em ajudar a pessoa a resolver problemas de caráter estrutural, tais como a inserção laboral e a obtenção de um certificado de formação profissional, etc. Assim, são grandes os esforços que se fazem no sentido de estabelecer uma articulação com organizações/instituições da comunidade, capazes de ajudar a cumprir esses objetivos. Esta ligação é, no entanto, como já atrás se referiu, muito difícil, dada a escassez de respostas na comunidade. Assim, os esforços conduzidos pelo Hospital de Dia são frequentemente inglórios.

Um dos impactos mais importantes deste perfil de acompanhamento é, claramente, a estabilidade clínica que permite alcançar. Com efeito, os relatos a este respeito são unânimes: todas as pessoas entrevistadas que experienciaram este tipo de acompanhamento revelam que, em anos e anos de tratamentos e de cuidado hospitalar, nunca antes tinham logrado uma estabilidade tão prolongada, traduzida na ausência da necessidade de internamentos completos.

Outro impacto marcante reside na reaquisição de competências para gerir a vida diária. Com efeito, são muitos os relatos que dão conta da reconquista de hábitos que se tinham perdido, tais como uma disciplina de acordar cedo e sair de casa diariamente, cuidar da aparência, cuidar do espaço doméstico e da família, etc. Reconquista-se a capacidade para reorganizar a vida. Comummente, dadas as trajetórias de vida dramáticas produzidas pela doença, as pessoas entrevistadas chegaram a este serviço hospitalar com a vida pessoal, familiar e social completamente desestruturada. Com o acompanhamento multidisciplinar e permanente aí desenvolvido, conseguiu-se, em muitos casos, reverter essa situação, alcançando patamares de segurança e estabilidade que se julgavam impossíveis.

Finalmente, no que respeita às suas potencialidades, este perfil de acompanhamento corresponde, inequivocamente, àquele que proporciona o maior alívio da sobrecarga familiar. São inúmeros os relatos de familiares a este nível, com um reconhecimento consensual sobre a importância de modelos terapêuticos como este. Aqui fica um, entre muitos, desses testemunhos.

> Desde que ele veio aqui para o Hospital que... O tratamento que ele tem tido... todo o tratamento lhe tem ajudado bastante. Ele nunca me dizia... que queria acabar o curso, nem que... Nem queria trabalhar. Ele agora já me diz que quer trabalhar. Isso não tenho dúvida nenhuma. Aliás, foi talvez o grande marco da vida dele, não é? Porque embora ele não esteja bem..., até porque não é autónomo, mas melhorou... muito! Muito, muito, muito, muito. Está... está..., como eu costumo dizer, está como o dia... dia para a noite. É, é. Completamente. [Todo o trabalho que aqui se faz, desde a medicação..., portanto, o acompanhamento da medicação, as atividades] tudo foi... foi... foi excelente (Aníbal, pai).

Regista-se, porém, um relevante contraponto a todos os impactos positivos enunciados – que pode ser considerado como a maior limitação deste perfil de acompanhamento –, a saber, a promoção de uma maior dependência institucional. Com efeito, tratando-se de um espaço terapêutico tão protegido, verifica-se

– nos vários testemunhos de pessoas com doença mental e suas famílias – a presença permanente da angústia de se vir a perder este suporte, o que se sabe ser inevitável, dado o facto de esta modalidade prever nos seus regulamentos o seu caráter temporário e transitório para a comunidade.

3.4. O acompanhamento pós-alta do Hospital de Dia

Este perfil corresponde à procura, por parte do hospital, de uma diminuição de eventuais efeitos negativos que possam advir da rutura da ligação da pessoa com a instituição. Trata-se, pois, de uma forma de suavizar o processo de desinstitucionalização – relativo à permanência da pessoa no Hospital de Dia – mediante uma transição gradual para um acompanhamento menos permanente e menos integrado.

Este perfil passa, então, pela manutenção de um acompanhamento – por parte da equipa multidisciplinar daquela instituição – durante um determinado período de tempo sequente à *alta médica*. Sendo definido em função das necessidades identificadas, esse período pode ser muito variável. Há casos de pessoas entrevistadas que são acompanhadas por este regime há quase um ano.

Consiste, então, num programa terapêutico que prevê: i) consultas periódicas de psiquiatria (geralmente de mês a mês, diminuindo gradualmente) ainda no Hospital de Dia (antecedendo a transição para as Consultas Externas), com o médico com que se criou uma relação de proximidade; ii) reuniões periódicas (geralmente de mês a mês, diminuindo gradualmente) com a equipa do Hospital de Dia e outras pessoas com diagnóstico de doença mental, pares neste mesmo regime, para partilha das experiências de transição e obtenção de orientações técnicas a esse respeito.

Este perfil prevê um suporte ao nível do estabelecimento de contactos com organizações da comunidade que possam dar uma resposta alternativa ao acompanhamento que a pessoa tinha no hospital. Como foi já sobejamente referido, pela escassez de respostas, esta é a tarefa mais difícil com que se depara a equipa hospitalar, muito particularmente os profissionais do serviço social.

A principal virtualidade deste perfil reside no facto de evitar uma rutura demasiado abrupta da pessoa com um tipo de acompanhamento marcante, durante um período de tempo relativamente longo.

Este perfil não consegue, todavia, prevenir os efeitos do vazio que a pessoa começa a encontrar com o seu progressivo afastamento. Dada a ausência de respostas alternativas, equiparadas às que se tinham no Hospital de Dia, a pessoa volta frequentemente ao início, com o retomar de um acompanhamento meramente farmacológico, providenciado pelos psiquiatras das Consultas Externas.

Corre-se, então, o risco de se perder muito daquilo que se tinha conseguido reconquistar. Eleva-se, em última análise, o risco da institucionalização, em virtude da maior propensão a fases de instabilidade e de crise.

A finalizar, deixa-se o testemunho de Helena, que à data da entrevista transitava por este perfil de acompanhamento terapêutico. A propósito da rutura com o acompanhamento do Hospital de Dia, refere:

> Ficamos ao deus-dará! E se ouvir mais testemunhos, sabe o que eu estou a dizer! Mandam-nos para um mar onde há tubarões... Se tivermos uma boia, saltamos para cima da boia. Se não, temos que ir para dentro da boca dos tubarões! Aqui há dias, eu vi um... Comprei um DVD: era sobre um casal que foi passar umas férias. E depois foram fazer uma viagem de barco. E quem estava a contar os passageiros não contou aquele casal. Estavam numa área de tubarões. Quer dizer, tantas horas que eles ficaram no mar, que... Só quando o barco chegou à praia... Foi em África que isso aconteceu... um filme. Quer dizer, a história em si é comovente, mas as pessoas a falar não tem jeito nenhum. Aa... Ao fim de quinze dias... de dois dias é que notaram que aquele... que aquele casal tinha ficado no mar. Quer dizer, no fim de eles estarem comidos pelos tubarões... porque ele morreu com... por hipotermia e ela desligou-se do oxigénio e foi ao fundo. Só quando eles estavam na boca dos tubarões... é que a pessoa do hotel deu por falta do casal. O senhor do bar que encontrou os sacos deles debaixo do... do coiso... e mostrou a abrirem o tubarão e a tirarem a máquina fotográfica deles lá de dentro. É o que acontece connosco aqui! Vamos para o mar, mandavam-nos para dentro de água... Nós vamos fazer uma visita ao mar, esquecem-se lá de nós, esquecem-se lá de nós... Os tubarões vêm e comem-nos. Só dão por nossa falta quando encontrarem a nossa máquina fotográfica dentro do estômago do tubarão. Porque é assim: se nós tivermos uma recaída temos que cá vir pedir. Porque se nós agarrarmos o telefone... Olhe... aconteceu a [minha amiga] M telefonar uma vez para as Consultas Externas, para o doutor Y: «A Helena precisa de ajuda. A Helena está doente», «Ela que venha a uma urgência. Ela que venha uma urgência.» Então, porque é que ele não disse: «Ela que venha já que eu atendo-a» [ou] «Eu hoje estou a ter umas consultas, eu não a posso consultar. Ela que vá a uma urgência.» Era assim! É assim! (Helena).

CONCLUSÃO: OS IMPASSES E OS DESAFIOS

Partimos para este estudo com um conjunto de preocupações bem objetivadas. A filosofia desinstitucionalizadora da doença mental que resulta do reconhecimento dos efeitos muito negativos do confinamento institucional exige, para ser eficaz, um conjunto de condições que nem sempre as reformas conseguem assegurar e, por isso, corre o risco de fracassar. Para que o processo de desinstitucionalização promova a melhoria da qualidade de vida das pessoas com doença mental alguns fatores são fundamentais: a desdiferenciação dos cuidados de saúde mental, no sentido de passarem a incluir dimensões não exclusivamente clínicas, a sua descentralização e integração nos cuidados gerais de saúde, o reconhecimento da natureza complexa da doença mental (entre o biológico e o social), a manutenção (sempre que possível) das pessoas com perturbação mental no seu meio ou a sua reinserção social quando institucionalizadas e o envolvimento da família e outros cuidadores informais no processo terapêutico.

A partir daqui duas grandes questões centraram as preocupações do estudo: como é que as reformas de orientação desinstitucionalizadora estão a ser levadas à prática? como é que as pessoas com perturbações mentais graves estão a ser cuidadas?

Tendo em conta o que se conhece da sociedade portuguesa e tendo em vista os condicionalismos mencionados, partiu-se de hipóteses muito gerais que a investigação permitiria testar. Assim, quanto à primeira das duas questões, admitiu-se que a) a ação do Estado se caracterizaria pela sua debilidade e ineficácia; b) as políticas revelariam uma discrepância entre os seus pressupostos e os seus resultados; e c) as reformas, embora inspiradas no modelo da desinstitucionalização, não o teriam conseguido concretizar. Quanto à segunda das questões, as hipóteses a confirmar seriam a de que: a) a ação da família e das redes sociais primárias se caracterizaria pela sua flexibilidade e eficácia; e a de que b) uma desinstitucionalização limitada implicaria uma sobrecarga para as famílias.

Um sobrevoo histórico pelas políticas de saúde mental em Portugal, tal como fizemos no Capítulo I, mostrou a particular dificuldade, no campo da saúde mental, em levar a cabo programas que consistentemente apoiem as pessoas com perturbações, assegurando-lhes os cuidados especializados de que necessitam. Em primeiro lugar, porque legislar para esses cuidados não tem sido uma prioridade na agenda política; segundo, porque as políticas de saúde mental ou as suas reformas, quando legisladas, não são levadas à prática ou, quando o são, sofrem distorções que as descaracterizam; e, terceiro, porque os recursos mobilizados para as executar são escassos ou mal distribuídos, inviabilizando o acesso generalizado a quem precisa de cuidados. Por vezes, à falta de vontade política – e porventura devido a isso – associam-se as resistências dos profissionais, os receios da população, a impreparação das famílias, o alheamento das organizações, os interesses instituídos e outros tantos obstáculos que matam as boas leis e reformas que já tivemos.

Os casos analisados da Lei de 1963, da Lei de 1998 e do recente Plano de Acção para a Reestruturação dos Serviços de Saúde Mental constituem boas ilustrações do modo como estes obstáculos se conjugam por forma a colocar a respetiva execução num impasse.

Vimos como os diplomas legislativos estão em regra muito à frente da denominada "realidade prática", tornando alguns articulados de difícil aplicação, por estarem ultrapassados quando finalmente se tenta aplicá-los. É, flagrantemente, o caso da lei de 1963.

De uma forma geral, os diplomas aprovados vão todos num sentido de regionalizar, descentralizar e de integrar a saúde mental no sistema geral de saúde. Contudo, muito pouco se avançou nesse sentido e regrediu-se mesmo, por exemplo, ao extinguir os Centros de Saúde Mental em 1992. A sua extinção com integração das suas competências nos Hospitais Gerais, embora tenha tido um lado positivo – a integração no sistema geral de saúde –, pela forma administrativa como se processou retirou autonomia à saúde mental.

Assim, os três períodos referidos por Sampaio Faria (n.º 3 do Capítulo 1) – hospitalização psiquiátrica; regionalização e descentralização; integração dos cuidados de saúde mental na saúde pública e rede de cuidados de saúde primários – parecem conviver na situação atual. Por isso, a herança do sistema hospitalar psiquiátrico não parece fácil de ultrapassar enquanto não estiverem criadas as alternativas efetivamente necessárias para que se possa cumprir o atual plano de reforma psiquiátrica. Se em muitos casos as causas das dificuldades se prendem com a escassez de meios materiais e humanos, em outros, como se viu, os problemas resultam antes de divergências quanto ao processo e à filosofia das reformas e manifestam o poder de resistência das organizações representativas dos profissionais médicos. Falta de diálogo e corporativismo exacerbado são fatores bem conhecidos de insucesso das reformas e, portanto, deveriam ser evitados. A inércia de muitos anos em que a reforma foi sendo sucessivamente adiada consolidou, para além de uma atitude de ceticismo generalizada, acomodações e estratégias de contorno que hoje se manifestam em resistências e defesa de interesses instalados que estão a impedir o avanço planeado desta reforma e a desgastar os profissionais e a opinião pública. O risco de um novo falhanço, que uma execução limitada da reforma representaria, não está afastado do horizonte.

Quando se estuda uma instituição em concreto, como foi o caso, as dificuldades da implementação das reformas tornam-se mais claras e, simultaneamente, mais complexas.

1. A história do Hospital Sobral Cid foi marcada por avanços e recuos na missão de recuperação e integração social dos doentes, por níveis elevados de institucionalização até meados da década de 1970 e por mudanças muito lentas na abertura da instituição ao exterior, em paralelo com uma grande indefinição a nível das políticas de saúde mental.

2. A adesão dos dirigentes e profissionais à filosofia da Reforma atualmente em curso parece ser elevada, mas é notória a avaliação bastante crítica que fazem do modo como a reforma foi apresentada e como está a ser executada: reduzida participação dos profissionais neste processo, exiguidade dos recursos para lhe dar execução, falta de decisão ou vontade política em ultrapassar os obstáculos institucionais, descrédito na capacidade de a levar a cabo em tempo útil e receio de que o desmantelamento anunciado dos hospitais possa não ser acompanhado pela criação das respostas alternativas para os doentes. Daqui resulta uma certa resistência corporativa oscilando entre uma recusa das mudanças e uma atitude cautelar de "esperar para ver" e, em consequência disto tudo, uma colaboração discreta sem comprometimentos excessivos.

Em geral foi sublinhada pelos dirigentes e profissionais entrevistados a contribuição relevante que o HSC pode continuar a dar num novo quadro organizacional saído da reforma, com base nos argumentos de que: a) num cenário de desinstitucionalização, o conhecimento acumulado das doenças e dos doentes por gerações de profissionais dos hospitais psiquiátricos não pode ser perdido; b) os objetivos de manutenção dos doentes nas suas comunidades e de descentralização dos cuidados podem beneficiar, na sua realização prática, das experiências dos profissionais que, no quadro dos hospitais psiquiátricos, fizeram a ligação com os doentes, as famílias e os seus meios de origem, promovendo a capacitação destes para a autonomia e a vida social; c) o risco de estigmatização social dos doentes continua a ser muito elevado para quem recorre, mesmo que episodicamente, a um Hospital Psiquiátrico. Mas o estigma está igualmente disseminado por outros espaços da vida social e não vai desaparecer por encanto se não for combatido com tenacidade nos seus pressupostos irracionais. A experiência dos profissionais, de diferente formação, ganha no contacto frequente com a perturbação mental em contexto hospitalar, pode ser uma ajuda valiosa nessa tarefa; d) a necessidade de cuidados especializados em fases agudas far-se-á sempre sentir e obrigará a ter respostas institucionais, ainda que temporárias, para recuperação dos doentes. A qualidade destes cuidados é tanto maior quanto souber integrar ação terapêutica de ponta com ação formativa junto de serviços de proximidade, das estruturas da comunidade e das famílias para prevenir ou controlar as crises; e, finalmente, e) para as categorias de doentes mais vulneráveis à institucionalização (os doentes residentes e os inimputáveis) é imperativo encontrar respostas alternativas ao internamento de longa duração nos hospitais psiquiátricos, mesmo que se reconheça que a sua manutenção possa ser garantida com níveis de qualidade razoáveis. Mas é igualmente imperativo que essas outras respostas correspondam a um ganho de qualidade de vida e proporcionem efetivamente condições de existência dignas.

Os impasses por que está a passar a reforma e o agravamento das condições políticas para fazê-la avançar nas melhores condições colocam, de facto, um conjunto de questões muito delicadas.

Algumas têm que ver com o envolvimento na reforma dos atores que mais de perto lidam com os doentes. Pode fazer-se uma reforma no sentido da proximidade de cuidados sem que sejam ouvidas e mobilizadas as organizações de doentes e familiares, as autarquias ou os centros de saúde? Pode fazer-se uma reforma no sentido de incorporar outras dimensões da doença mental sem a participação de profissionais não médicos?

Outras têm que ver com o nível de aprofundamento da reforma. A desinstitucionalização truncada, sem criação de alternativas de cuidados fora das instituições psiquiátricas ou com criação de falsas alternativas (instituições de menor escala ou mais descentralizadas) é preferível para os doentes? Alivia as famílias e os cuidadores informais?

E outras ainda têm que ver com a escolha do melhor modelo para evitar os efeitos negativos da institucionalização. Será que a transferência dos casos agudos para os Departamentos de Psiquiatria dos Hospitais Gerais só por si resolve os problemas da estigmatização? A criação na comunidade de espaços residenciais para doentes sem autonomia evita por si só a institucionalização? E os hospitais psiquiátricos? Não podem evoluir eles próprios para espaços abertos, como os hospitais de dia, onde se concentrem competências especializadas e multidisciplinares?

A questão dos recursos (designadamente financeiros) é frequentemente invocada como a condicionante maior do sucesso desta reforma (tal como também o tinha sido relativamente àquelas que a precederam). E associada a esta ideia desenvolve-se uma outra – a de que os cuidados na comunidade são mais baratos do que os cuidados hospitalares. Qualquer uma delas negligencia o peso de outras condicionantes que interferem igualmente nos resultados da intervenção, como, entre outras, os aspetos organizacionais, a contingência burocrática, a dominação profissional, a hegemonia do discurso biomédico, a psiquiatrização dos cuidados e a persistência de representações sociais estigmatizadoras. Quando se analisam os impasses e as hesitações na realização das metas da atual reforma, são estas questões de fundo que estão, em geral, por detrás da questão dos recursos.

Também a opinião das pessoas com perturbação mental e a sua vivência da instituição psiquiátrica importa muito para uma avaliação das políticas de saúde mental tal como chegam aos cidadãos e, por isso, as entrevistas procuraram explorar as suas experiências.

A avaliação que os entrevistados fazem da relação com a instituição é muito complexa e baseia-se em múltiplos fatores.

Muito sumariamente, pode concluir-se que a imagem que as pessoas têm de um hospital psiquiátrico é atemorizadora e a sua reação a procurarem ajuda nele é, em regra, a de evitar, adiar ou contrariar. Os medos, as incertezas e o sentimento de perda de dignidade não se desvanecem ao primeiro contacto, antes acompanham as pessoas durante muito tempo. A instituição, mais mobilizada para a imposição de rotinas terapêuticas do que para contrariar o desenraizamento dos doentes, mostra ter dificuldade em contrariar estes sentimentos.

A perda de contacto com o seu mundo habitual e o reconhecimento de que no hospital os pares são também doentes agudiza a sensação de isolamento e enraíza a noção de que não existe alternativa fora da instituição. A ideia da inevitabilidade da intervenção médica sobre a qual assentam as conceções sobre o papel do doente e do médico também não ajuda a desdramatizar a situação, antes a agudiza, quando o viés biologista obscurece a relação de ajuda e promoção de autonomia.

Por fim, a perceção de que fora do hospital, regressados a casa, não existe um acompanhamento dos doentes que permita manter a recuperação conseguida no internamento contribui para que a dependência perante o hospital se reforce ainda mais. A relação positiva que muitas pessoas entrevistadas referem ter tido com os profissionais do Hospital resulta mais da boa vontade que estes mostraram em prestar ajuda do que da fruição de uma organização fiável de acompanhamento pós-alta.

Em que medida a instituição se abriu e permite hoje uma relação mais próxima com os doentes? A observação realizada ao longo do estudo e as entrevistas mostram que o modo como se processa a relação com os doentes no interior do Hospital revela ainda a persistência de alguns efeitos negativos da institucionalização, apesar das enormes mudanças ocorridas na instituição.

Os aspetos críticos da relação entre a disciplina da instituição e a autonomia dos doentes que foram usados para avaliar essa relação – as metodologias de ativação dos doentes, a relação com os profissionais e o modo de imposição das terapêuticas – mostraram que a ativação dos doentes é uma faca de dois gumes, que tanto pode funcionar como uma condição essencial para a sua recuperação, contrariando a tendência para a inação mórbida, quanto como um procedimento para gerir e disciplinar os comportamentos imprevisíveis dos internados. A ativação nem sempre é a mais adequada, atenta às diferentes situações destes (residentes, internados agudos, doentes em programas de reabilitação ou no hospital de dia): por exemplo, enquanto no caso dos doentes residentes (e em menor medida nos casos de internamentos prolongados) ela é praticamente inexistente, faltando programas personalizados de estimulação; no caso de doentes em reabilitação ou mesmo no hospital de dia as queixas são, por vezes, de que existe excesso de ativação ou então uma personalização deficiente.

A relação terapêutica pode manifestar uma divisão de trabalho profissional segundo a qual os decisores terapêuticos estão protegidos pelo distanciamento e a reserva face ao doente e os executantes terapêuticos estão próximos dos doentes, mas não têm grande margem de manobra para poderem adequar a intervenção ao perfil do doente. As práticas médicas nem sempre favorecem uma relação de confiança e a adesão dos doentes, sendo muito referidas a falta de informação clara sobre a doença, a dificuldade em aceder ao médico fora das datas preestabelecidas e a falta de liberdade de movimentos dos doentes no espaço do Hospital.

Em geral, os encontros com o médico são espaçados e de curta duração e a atitude deste, muitas vezes, parece desatenta e desinteressada, a informação prestada é parcimoniosa e raramente correspondente às expectativas e ansiedade dos doentes. Por isso, outros profissionais são procurados ou apreciados pela sua atenção, interesse e disponibilidade para ouvir.

A aceitação das terapêuticas, por outro lado, está fortemente relacionada com a informação que é dada. As pessoas entrevistadas têm relatos muito impressivos não só sobre o mal-estar próprio da doença como também sobre o mal-estar causado pela medicação e pelo programa terapêutico, incluindo neste os programas de ativação já anteriormente referidos. O apoio profissional no reconhecimento precoce das crises e o esclarecimento do que fazer nessas circunstâncias pode ter também um impacto muito positivo no quotidiano dos doentes, tornando-os mais autónomos e dando-lhes algum poder de controlo sobre a doença.

A segunda questão que inicialmente se colocou acerca do modo como as pessoas com perturbações mentais graves estão a ser cuidadas foi respondida através da caracterização dos principais agentes de produção de cuidados e dos seus respetivos modos de ação, identificando potencialidades e constrangimentos. Como é que esses atores se mobilizam e se articulam entre si? Como é que essa mobilização e articulação se refletem na promoção da autonomia da pessoa?

O estudo mostrou a reduzida dimensão e densidade das redes sociais das pessoas com doença mental. A doença mental produz um fechamento das redes sociais que começa antes do seu diagnóstico, mas que se intensifica com este, rompendo com muitos dos laços anteriormente estabelecidos. O eclodir da doença condiciona fortemente os laços relacionais dos indivíduos, restringindo as suas sociabilidades e limitando as suas possibilidades de apoio social e afetivo.

Os apoios surgem, sobretudo, no interior dos laços de parentesco e, especificamente, do parentesco restrito – pais, cônjuges, irmãos, filhos. No interior da família restrita, as mulheres são as grandes polarizadoras das relações e por quem passa a articulação entre diferentes laços e apoios. A escassez de nós na rede e a orientação para o parentesco restrito traduz-se numa forte sobrecarga familiar no enfrentamento da doença. Apesar da enorme capacidade de resposta e vitalidade que os laços de parentesco revelam, a ausência de mecanismos de suporte que capacitem as famílias para o cuidado tornam as suas respostas frágeis.

Por um lado, o isolamento social e a centralização nos cuidados esgota as famílias, reduzindo, ao longo do tempo, a sua capacidade de resposta; por outro lado, o apoio familiar traduz-se, por vezes, em mecanismos de proteção e controlo das pessoas com doença mental que, ao invés de promoverem a sua autonomia e integração social, sustentam mecanismos de dependência e reduzem os seus círculos sociais.

O desconhecimento acerca da doença mental, o estigma social que ela comporta e a ausência de respostas comunitárias transformam a família em agente principal do cuidado. O Hospital aparece como o único interlocutor neste percurso solitário. Para a população entrevistada o meio hospitalar tem funcionado como uma espécie de plataforma, a partir da qual (com avanços e recuos, de forma mais ou menos eficaz) se catalisam outros apoios para além do apoio médico. O primeiro internamento funciona como um marco, a partir do qual se dá uma viragem na trajetória do enfrentamento da doença.

O mapeamento das redes de cuidados revela três traços fundamentais: o domínio do modelo hospitalocêntrico, a ausência de respostas comunitárias, a desarticulação entre redes formais e informais. Os três fatores prejudicam a inserção social e a autonomia das pessoas com doença mental e carecem de intervenção.

Os resultados do estudo, aqui sinteticamente enunciados, permitem-nos apresentar algumas notas finais sobre o sentido que essa intervenção deve ter. Elas referem-se a dimensões da intervenção relacionadas com a informação, com o modelo e a origem das respostas e com a participação dos doentes e das suas famílias.

Informação e educação sobre a doença mental

A informação e educação sobre a doença mental para a população em geral e para os técnicos e profissionais das áreas sociais e da saúde, em particular, é fundamental para que, por um lado, o estigma social se reduza e, por outro, exista um reconhecimento precoce da doença.

Uma maior capacitação para identificar precocemente a doença e "saber como agir" contribuirá para que não se chegue a situações de grande desestruturação da vida pessoal e familiar, se providenciem cuidados de maior qualidade e eficácia e se reduzam obstáculos sociais à integração.

A reestruturação do modelo hospitalocêntrico

A centralização na resposta hospitalar e a escassez de alternativas obriga a pensar cuidadosamente uma rutura abrupta com o modelo, não obstante as suas limitações, deficiências e inoperâncias.

O papel dos cuidados primários

O estudo mostrou que os cuidados primários têm um papel residual e instrumental no enfrentamento da doença mental. No âmbito de uma reestruturação dos serviços de saúde mental, será muito importante repensar o papel dos cuidados primários na doença mental, designadamente no suporte inicial, ao nível do reconhecimento da doença e do encaminhamento para outros atores ou espaços terapêuticos.

As respostas na comunidade

O estudo mostrou como são escassas e frágeis as respostas comunitárias e como, nestas circunstâncias, o risco de os efeitos da desinstitucionalização recaírem apenas sobre as famílias é elevado. No entanto, revelou também algumas potencialidades de resposta. As Associações e IPSS dirigidas à doença mental têm realizado um trabalho relevante, com elevado impacto no alívio da sobrecarga familiar. No âmbito de uma reestruturação dos serviços de saúde mental, é importante compreender como se poderá potenciar o trabalho destes agentes e utilizar a sua experiência como orientação para a criação de novas respostas.

Um modelo mais democrático

O estudo mostra que é necessário transformar os indivíduos e as famílias em parceiros dos processos. Para que exista uma efetiva inclusão das pessoas com doença mental é necessário que elas não sejam meros objetos de intervenção mas, sim, sujeitos com capacidade de decisão sobre as suas trajetórias. Para tal, é necessário capacitar as famílias e formar técnicos e profissionais. É necessário superar um modelo biomédico fechado e fazê-lo evoluir no sentido de incorporar as dimensões psicológicas, sociais, ambientais, simbólicas ou outras que envolvem o adoecer mental. É necessário assumir que o trabalho multidisciplinar, a diversidade de respostas e a articulação entre atores, formais e informais, são elementos-chave para o sucesso do tratamento das pessoas com doença mental e para a promoção da sua autonomia.

Uma pesada agenda e, decerto, um desafio para as famílias, redes e serviços...

REFERÊNCIAS BIBLIOGRÁFICAS

Almeida, Ana Nunes (1993), *A fábrica e a família – famílias operárias no Barreiro*. Barreiro: Câmara Municipal do Barreiro.

Almeida, Ana Nunes (2003), "Família, conjugalidade e procriação: valores e papéis", *in* Jorge Vala, Manuel Villaverde Cabral e Alice Ramos (orgs.), *Valores sociais: mudanças e contrastes em Portugal e na Europa*. Lisboa: Imprensa de Ciências Sociais/ICS, pp. 47-93.

Alves, M. Fátima (1998), *A família como suporte da política de saúde mental em Portugal*. Dissertação de Mestrado, Instituto Superior de Serviço Social do Porto.

Alves, M. Fátima (2001a), "As famílias de pessoas com doença mental", *in* Luisa Ferreira da Silva (org.), *Acção Social com Famílias*. Lisboa: Universidade Aberta.

Alves, M. Fátima (org.) (2001b), *Acção social na área da saúde mental*. Lisboa: Universidade Aberta.

Alves, M. Fátima (org.) (2011), *A Doença Mental nem Sempre é Doença*. Porto: Afrontamento.

Andreotti, Alberta *et al.* (2001), "Does a Southern European Model Exist?", *Journal of European Area Studies*, 9(1): 43-62.

AR – Assembleia da República (1998), Lei n.º 36/98, de 24 de julho, «Lei de Saúde Mental», *Diário da República*, n.º 169, série I-A, de 24 de julho. Disponível em <http://dre.pt/pdfgratis/1998/07/169A00.pdf>.

Assembleia Nacional (1963), *Diário das Sessões*, n.ºs 63 e 73 a 79. Disponível em <http://debates.parlamento.pt/catalog.aspx?cid=r2.dan>.

Bachrach, Leona, (1976), *Deinstitutionalization: An analytical review and sociological perspective*. Rockville, MD: National Institute of Mental Health. Disponível em <http://www.eric.ed.gov/PDFS/ED132758.pdf>.

Barreto, Byssaia (1970), *Uma Obra Social Realizada em Coimbra*. Coimbra: Coimbra Editora.

Barton, Russell (1959), *Institutional Neurosis*. Bristol: John Wright.

Basteiro, Sílvia; Gil, Carmen; Marín, Remédios (2003), *Guia para familiares de doentes mentais* (trad. Mário C. Hipólito). Lisboa: FNAFSAM – Federação Nacional das Associações de Famílias Pró-Saúde Mental.

Bombarda, Miguel (1898), *A Consciência e o Livre Arbítrio*. Lisboa: Livraria de António Maria Pereira.

Bombarda, Miguel (1909), "Projecto de Lei de Protecção dos Alienados", *A Medicina Contemporânea*, Série II, Tomo XII, abril, 129-146.

Brasil, Ministério da Saúde (2004), *Saúde Mental no SUS: os centros de atenção psicossocial*. Brasília: Ministério da Saúde. Disponível em <http://www.ccs.saude.gov.br/saude_mental/pdf/SM_Sus.pdf>.

BRIGHAM, Amariah (1847), "The Moral Treatment of Insanity", *American Journal of Insanity*, 4, 1-15.

CAILLÉ, Alain (2000), *Anthropologie du don. Le tiers paradigme*. Paris: Desclée de Brouwer.

CALDEIRA, Carlos (1979), *Análise sociopsiquiátrica de uma comunidade terapêutica*. Dissertação de Doutoramento, Faculdade de Medicina da Universidade Clássica de Lisboa.

CID, José de Matos Sobral (1983), *Obras*, Vol. I. Lisboa: Fundação Calouste Gulbenkian.

CID, José de Matos Sobral (1984), *Obras*, Vol. II. Lisboa: Fundação Calouste Gulbenkian.

CNRSSM – Comissão Nacional para a Reestruturação dos Serviços de Saúde Mental (2007), *Relatório – Proposta de Plano de Acção para a Reestruturação e Desenvolvimento dos Serviços de Saúde Mental em Portugal – 2007-2016*. Disponível em <http://www.portaldasaude.pt/portal/conteudos/a+saude+em+portugal/publicacoes/estudos/relatorio+saude+mental.htm>.

CNRSSM (2008), *Plano Nacional de Saúde Mental 2007-2016. Resumo Executivo*. Disponível em <http://www.portaldasaude.pt/NR/rdonlyres/300D4AA7-D323-4121-9193-380B114CF62C/0/resumoexecutivofinalcompleto.pdf>.

COELHO, Ana (2008), *Unidade de Lorvão. Caracterização da População Residente. Relatório de Estágio*. Lorvão: CHPC.

CONDORCET, Marquês de (1946), *Quadro dos Progressos do Espírito Humano*. Lisboa: Cosmos.

DEGENNE, Alain; FORSÉ, Michel (1994), *Les résaux sociaux*. Paris: Armand Colin.

DGS – DIREÇÃO-GERAL DA SAÚDE (2004), *Rede de Referenciação de Psiquiatria e Saúde Mental*. Lisboa: DGS. Disponível em <http://www.dgs.pt/upload/membro.id/ficheiros/i007439.pdf>.

EISENBERG, L. (1997), "A very British kind of social psychiatry", *British Journal of Psychiatry*, 171, 309-313

EISENBERG, L.; KLEINMAN, A. (1981), *The relevance of Social Science for Medicine*. Dordrecht, The Netherlands: D. Reidel.

ENTRALGO, Lain (1982) *El diagnostico Medico*. Madrid: Salvat.

EY, Henri (1955), "Introduction à la Psychiatrie", *in* Henri Ey (org.), *Traité de psychiatrie clinique et thérapeutique*. Paris: E.M.-C. Psychiatrie.

FARIA, J. G. Sampaio (1990), "Sistemas de saúde mental na Europa no início da década de 90: principais tendências evolutivas", *Arquivos do Instituto Nacional de Saúde*, Vol. XV: 5-26.

FERNANDES, H. Barahona (1959), "Orientação Médica do Hospital Júlio de Matos", *O Médico*, n.os 385 a 388.

FERNANDES, H. Barahona (1980), "Reflexões sobre a experiência clínica terapêutica", *Psiquiatria Clínica*, 1(2), 77-91.

FERRERA, Maurizio (1996), "The Southern Model of Welfare in Social Europe", *Journal of European Social Policy*, 6(1), 17-37.

FISCHER, Claude S. (1982), *To Dwell Among Friends. Personal Networks in Town and City*. Chicago/London: The University of Chicago Press.

FOUCAULT, Michel (1961), *Folie et déraison. Histoire de la folie à l'âge classique*. Paris: Librairie Plon.

GODBOUT, Jacques T. (1992), *L'esprit du don*. Paris: Éditions La Découverte.

GODBOUT, Jacques T. (2000), *Le don, la dette et l'identité*. Paris: La Découverte.

GOFFMAN, Erving (1961), *Asylums: Essays on the Social Situation of Mental Patients and Other Inmates*. New York: Doubleday Anchor.

Graça, Luís (2000), "A emergência da hospitalização psiquiátrica em Portugal (1848-1971)". Disponível em <http://www.ensp.unl.pt/luis.graca/textos176.html>.

Granovetter, Mark S. (1973), "The Strength of Weak Ties", *American Journal of Sociology*, 78, 1360-1380 (republicado em Samuel Leinhardt (org.) (1977), *Social Networks. A Developing Paradigm*. New York: Academic Press, pp. 347-367).

Granovetter, Mark S. (1982), "The Strength of Weak Ties: A Network Theory Revisited", *in* Peter V. Marsden e Nan Lin (orgs.), *Social Structure and Network Analysis*. Beverly Hills, CA: Sage, pp. 105-130.

Hespanha, Pedro (2010), "A reforma psiquiátrica em Portugal: desafios e impasses", *in* Breno Fontes e Eliane da Fonte (orgs.), *Desinstitucionalização, Redes sociais e Saúde Mental: análise de experiências da reforma psiquiátrica em Angola, Brasil e Portugal*. Recife: Editora Universitária UFPE, pp. 137-162.

Hespanha, M. José; Hespanha, Pedro (2011), "O papel das redes sociais nas políticas sociais. O caso da Rede Nacional de Cuidados Continuados e Integrados", *in* Sílvia Portugal e Paulo Henrique Martins (orgs.), *Cidadania, Políticas Públicas e Redes Sociais*. Coimbra: Imprensa da Universidade, pp. 83-104.

Joaquim, Teresa (2000), "Saúde das Mulheres: cuidar dos outros, cuidar de si", *Ex-Aequo. Revista da Associação portuguesa de Estudos sobre Mulheres*, 2/3:191-206. Celta Editora. Oeiras.

Klaesi, Jakob (1922), "Über die therapeutische Andwendung des Dauerschlafes mittels Somnifen bei Schizophrenen", *Zeitschrift für die gesamte Neurologie und Psychiatrie*, 74.

Lamb, Richard H. (1993), "Lessons learned from deinstitutionalisation in the US", *British Journal of Psychiatry*, 162(5), 587-592.

Lanteri-Laura, Georges (1972), "La chronicité dans la psychiatrie française moderne", *Annales ESC*, 2, 548-568.

Lemieux, Vincent (1999), *Les réseaux d'acteurs sociaux*. Paris: PUF.

Lemos, Magalhães (1907), "Assistance des Aliénés en Portugal", *Revue de Psychiatrie et de Psychologie Expérimentale*.

Martin, Claude (1996), "Social Welfare and the Family in Southern Europe", *South European Society & Politics*, 1(3), 23-41.

Martin, Claude (1997), "La Comparaison Des Systèmes De Protection Sociale En Europe. De la classification à l'analyse des trajectoires d'État providence", *Lien Social et Politiques – RIAC*, 37, 145-155.

Martins, Paulo Henrique; Fontes, Breno (orgs.) (2004), *Redes sociais e saúde: novas possibilidades teóricas*. Recife: Editora Universitária da UFPE.

Matos, Júlio de (1908), "Os Alienados em Portugal", *Notas sobre Portugal*. Lisboa: Imprensa Nacional, pp. 669-683.

Matos, Júlio de (1911a), "Assistência aos Alienados em Portugal", *A Medicina Contemporânea*, Série-II, Tomo XIV, 145-152.

Matos, Júlio de (1911b), *Elementos de Psiquiatria*. Porto: Lello & Irmão.

Mendonça, Manuela (2006), *Hospital Sobral Cid – Das Origens ao Cinquentenário. História – Imagens – Memórias*. Coimbra: Minerva.

Mercklé, Pierre (2004), *Sociologie des réseaux sociaux*. Paris: La Découverte.

MILARDO, Robert (1988), "Families and Social Networks: An Overview of Theory and Methodology", *in* Robert Milardo (org.), *Families and Social Networks*. Newbury Park, CA: Sage, pp. 13-47.

MILLAR, Jane; WARMAN, Andrea (1996), *Family Obligations in Europe*. Oxford: Family Policy Studies Center.

MS – MINISTÉRIO DA SAÚDE (1999), Decreto-Lei n.º 35/99, de 5 de fevereiro, «Estabelece a organização da prestação de cuidados de psiquiatria e saúde mental», *Diário da República*, n.º 30, série I-A, de 5 de fevereiro. Disponível em <http://dre.pt/pdfgratis/1999/02/030A00.pdf>.

MS – MINISTÉRIO DA SAÚDE (2006a), Despacho n.º 11 411/2006, de 26 de abril, que cria a Comissão Nacional para a Reestruturação dos Serviços de Saúde Mental, *Diário da República*, n.º 101, II série, de 25 de maio. Disponível em <http://dre.pt/pdfgratis2s/2006/05/2S101A0000S00.pdf>.

MS – MINISTÉRIO DA SAÚDE (2006b), Decreto-Lei n.º 101/2006, de 6 de junho, «Cria a Rede Nacional de Cuidados Continuados Integrados», *Diário da República*, n.º 109, série I-A, de 6 de junho. Disponível em <http://dre.pt/pdfgratis/2006/06/109A00.pdf>.

MS – MINISTÉRIO DA SAÚDE (2008), Decreto-Lei n.º 28/2008, de 22 de fevereiro, «Estabelece o regime da criação, estruturação e funcionamento dos agrupamentos de centros de saúde do Serviço Nacional de Saúde», *Diário da República*, n.º 38, I série, de 6 de junho. Disponível em <http://dre.pt/pdfgratis/2008/02/03800.pdf>.

MS – MINISTÉRIO DA SAÚDE (2010), Decreto-Lei n.º 8/2010, de 28 de janeiro, «Cria um conjunto de unidades e equipas de cuidados continuados integrados de saúde mental [UCCISM] [...]», *Diário da República*, n.º 19, I série, de 28 de janeiro. Disponível em <http://dre.pt/pdfgratis/2010/01/01900.pdf>.

MS/MTS – MINISTÉRIOS DA SAÚDE E DO TRABALHO E DA SOLIDARIEDADE (1998), Despacho conjunto n.º 407/98, de 18 de junho, que aprova as «Orientações reguladoras da intervenção articulada do apoio social e dos cuidados de saúde continuados dirigidos às pessoas em situação de dependência», *Diário da República*, n.º 138, II série, de 18 de junho. Disponível em <http://dre.pt/pdfgratis2s/1998/06/2S138A0000S00.pdf>.

MTSS/MS – MINISTÉRIOS DO TRABALHO E DA SOLIDARIEDADE SOCIAL E DA SAÚDE (2010), Despacho 15229/2010, «Estabelece as competências, no âmbito da UMCCI, da equipa de projecto encarregue da prossecução das incumbências relativas às respostas de cuidados continuados integrados de saúde mental», *Diário da República*, n.º 195, II série, de 7 de outubro. Disponível em <http://dre.pt/pdfgratis2s/2010/10/2S195A0000S00.pdf>.

PCM – PRESIDÊNCIA DO CONSELHO DE MINISTROS (2008), Resolução do Conselho de Ministros n.º 49/2008, que aprova o Plano Nacional de Saúde Mental (2007-2016), *Diário da República*, n.º 47, I série, de 6 de março de 2008. Disponível em <http://dre.pt/pdfgratis/2008/03/04700.pdf>.

PEREIRA, Gaspar Martins (1995), *Famílias portuenses na viragem do século (1880-1910)*. Porto: Afrontamento.

PEREIRA, J. Morgado (1999), "Notas sobre a evolução dos Serviços de Psiquiatria no Hospital Sobral Cid", *Revista de Psiquiatria*, vol. XII, nº 3, 18-23.

PEREIRA, Luisa (2007), *Unidades de Residentes*. Relatório de Estágio. Coimbra: HSC.

Pina Cabral, João (1991), *Os contextos da Antropologia*. Lisboa: Difel.

Pina Cabral, João (2003), *O homem na família. Cinco ensaios de Antropologia*. Lisboa: ICS.

Portugal, Sílvia (2006), *Novas Famílias, Modos Antigos. As redes sociais na produção de* bem-estar. Tese de Doutoramento em Sociologia, Faculdade de Economia da Universidade de Coimbra.

Portugal, Sílvia (2007), "Contributos para uma discussão do conceito de rede na teoria sociológica", *Oficina do CES*, nº 271.

Rádio Condestável (2010), "Figueiró dos Vinhos – Unidade de Saúde Mental aproxima doentes à comunidade". Disponível em <http://www.radiocondestavel.pt/site/index.php?option=com_content&task=view&id=3675&Itemid=31>.

Rhodes, Martin; Palier, Bruno (1997), "Conclusion générale", *in* MIRE, *Comparer les Systèmes de Protection Sociale en Europe du Sud*, Vol. 3: Rencontres de Florence. Paris: MIRE, 607-612.

Rodrigues, Bárbara (2009), *Entrando em Saúde Mental. Do Estigma à Humanização: Práticas, dinâmicas e vivências no caminho da reinserção social*. Relatório de Mestrado em Sociologia. Coimbra: FEUC. Disponível em <http://hdl.handle.net/10316/12045>.

Rodrigues, Marta (2010), *A marginalização da Doença Mental – O Estigma: Sick or Bastard*. Relatório de Mestrado em Sociologia. Coimbra: FEUC.

Rosen, George (1968), *Madness in Society – Chapters in the historical sociology of mental illness*. New York: Harper and Row.

Santos, Boaventura de Sousa (1990), *O Estado e a sociedade em Portugal (1974-1988)*. Porto: Afrontamento.

Santos, Boaventura de Sousa (1993), "O Estado, as relações salariais e o bem-estar social na semi-periferia: o caso português", *in* Boaventura de Sousa Santos (org.), *Portugal: um Retrato Singular*. Porto: Afrontamento, pp. 17-56.

Silva, L. Ferreira (org.) (2001), *Acção Social com Famílias*. Lisboa: Universidade Aberta.

Silva, L. Ferreira (2008), *Saber Prático de Saúde, Racionalidades Leigas de Saúde em Portugal*. Lisboa: Universidade Aberta.

Simmel, Georg (1955), *Conflict & The Web of Group-Affiliations*. New York: The Free Press.

Simon, Hermann (1937), *Tratamiento ocupacional de los enfermos mentales*. Barcelona: Salvat.

Sousa, Jerónimo (2007), "Deficiência, Cidadania e Qualidade Social. Por uma Política de Inclusão das Pessoas com Deficiências e Incapacidades", *Cadernos Sociedade e Trabalho*, nº 8, pp. 38-56.

Stanton, Alfred; Schwartz, M. S. (1954) *The Mental Hospital: A Study of Institutional Participation in Psychiatric Illness and Treatment*. New York: Basic Books.

Swain, Gladys (1977), *Le Sujet de la folie: naissance de la psychiatrie*. Paris: Calmann-Lévy.

Szasz, Thomas (1961), *The myth of mental illness*. New York: Hoeber-Harper.

Tempo Medicina (2008a, 20 de outubro), "Psiquiatras e sindicatos médicos chumbam proposta sobre cuidados continuados de saúde mental – Projecto é desadequado". Disponível em <http://www.tempomedicina.com/Arquiv.aspx?Search=projecto+%C3%A9+desadequado>.

Tempo Medicina (2008b, 27 de outubro) "Caldas de Almeida responde às críticas de psiquiatras e sindicatos – Maior parte dos serviços locais de que necessitamos já existe". Disponível em <http://www.tempomedicina.com/Arquiv.aspx?Search=Caldas+de+Almeida+responde+%C3%A0s+cr%C3%ADticas>.

Tempo Medicina (2008c, 29 de dezembro), "É fácil fechar difícil é criar serviços". Disponível em <http://www.tempomedicina.com/Arquiv.aspx?Search=%C3%89+f%C3%A1cil+fechar+dif%C3%ADcil+%C3%A9+criar+servi%C3%A7os>.

Tempo Medicina (2008d, 22 de dezembro), "CHPC preparado para novos desafios". Disponível em <http://www.tempomedicina.com/Arquiv.aspx?Search=CHPC+preparado+para+novos+desafios>.

Tempo Medicina (2008e, 22 de dezembro), "Passagem à prática é 'problema sério'". Disponível em <http://www.tempomedicina.com/Arquiv.aspx?Search=Passagem+%C3%A0+pr%C3%A1tica+%C3%A9+%C2%ABproblema+s%C3%A9rio%C2%BB>.

Tempo Medicina (2009a, 2 de fevereiro), "Estudo coloca Portugal na cauda da região da OMS-Europa – Poucos psiquiatras e pouco dinheiro". Disponível em <http://www.tempomedicina.com/Arquiv.aspx?Search=Poucos+psiquiatras+e+pouco+dinheiro>.

Tempo Medicina (2009b, 23 de fevereiro), "Saúde mental recebe injecção de 5 milhões de euros". Disponível em <http://www.tempomedicina.com/Arquiv.aspx?Search=Sa%C3%BAde+mental+recebe+injec%C3%A7%C3%A3o>.

Thornicroft, Graham; Bebbington, Paul (1989), "Deinstitutionalisation. From Hospital Closure to Service Development", *British Journal of Psychiatry*, 155, 739-753.

Torrey, E. Fuller (1989), *Nowhere to go. The Tragic Odyssey of the Homeless Mentally Ill.* New York: Harper and Row.

Tosquelles, François (1967), *Structure et rééducation thérapeutique.* Paris: Éditions Universitaires.

UMCCI (2010a), "Esclarecimento adicional à Nota Informativa n.º 2-A/UMCCI/2010, de 01 de Setembro, sobre doentes do foro mental – tipologias de resposta específicas". Disponível em <http://www.umcci.min-saude.pt/SiteCollectionDocuments/Esclarecimento_adicional_Nota%20Informativa2-A-UMCCI-2010_doentes_foro_mental.pdf>.

UMCCI (2010b), "Nota Informativa n.º 2/UMCCI/2010, de 27/07/2010, Doentes do foro mental – Tipologias de resposta específicas". Disponível em <http://www.umcci.min-saude.pt/SiteCollectionDocuments/Nota_Informativa_n%C2%BA_2-UMCCI-Julho2010.pdf>.

Vasconcelos, Pedro (1998), "Vida familiar", *in* José Machado Pais (coord.), *Gerações e valores na sociedade portuguesa contemporânea.* Lisboa: ICS.

Wall, Karin (1998), *Famílias no campo. Passado e presente em duas freguesias do Baixo Minho.* Lisboa: D. Quixote.

Wellman, Barry (1985), "Studying Personal Communities", *in* Peter V. Marsden e Nan Lin (orgs.), *Social Structure and Network Analysis.* Beverly Hills, CA: Sage, pp. 61-103.

Wellman, Barry; Carrington, Peter J.; Hall, Allan (1991), "Networks as personal communities", *in* Barry Wellman e S. D. Berkowitz (orgs.), *Social Structures. A Network Approach.* Cambridge, UK: Cambridge University Press, pp. 130-184.

Wing, J. K. (1990), "The Functions of Asylum", *British Journal of Psychiatry*, 157, 822-827.

Wing, J.; Brown G. (1970), *Institutionalism and Schizophrenia.* Cambridge, UK: Cambridge University Press.